# 自衛隊海外派遣と日本外交

## 冷戦後における人的貢献の模索

庄司貴由

日本経済評論社

iii

目次

# 凡　例

・引用文中の「……」は筆者による省略を意味する。
・未公刊文書のなかには、作成者と開示請求番号の記載形式が異なるものがある。
・なお、未公刊文書の基本的な記載形式は次の通りである（文書名以後）。
歴史資料としての価値が認められる文書
外務省外交史料館――「文書名」開示文書整理番号、外務省外交史料館蔵、日付。
情報公開請求開示文書
総理府（内閣府）国際平和協力本部事務局――「文書名」府平番号、日付。
外務省――「文書名」情報公開番号、開示請求番号、日付。
防衛庁（防衛省）・自衛隊――「文書名」情報公開防官文番号、日付。
警察庁――「文書名」警察庁甲情公発番号、日付。
・前後一行空けて引用している文章の中には、原文に句読点がないものがある。その場合、文末のみ適宜補った。

# 略語一覧

＊本文中掲載当時の名称としている。

| | | |
|---|---|---|
| AMDA | The Association of Medical Doctors of Asia | アジア医師連絡協議会 |
| CIVPOL | Civilian Police | 文民警察官 |
| EC | European Communities | 欧州共同体 |
| EU | European Union | 欧州連合 |
| G7 | Group of Seven | 先進七ヵ国蔵相・中央銀行総裁会議 |
| JICA | Japan International Cooperation Agency | 国際協力事業団 |
| MINURSO | United Nations Mission for the Referendum in Western Sahara | 国連西サハラ住民投票監視団 |
| ODA | Official Development Assistance | 政府開発援助 |
| ONUMOZ | United Nations Operation in Mozambique | 国連モザンビーク活動 |
| ONUSAL | United Nations Observer Mission in El Salvador | 国連エルサルバドル監視団 |
| PKF | Peacekeeping Forces | 平和維持軍 |
| PKO | Peace-Keeping Operations | 平和維持活動 |
| RENAMO | Mozambican National Resistance | モザンビーク民族抵抗運動 |
| RPF | Rwandan Patriotic Front | ルワンダ愛国戦線 |
| SRSG | Special Representative of the Secretary-General | 国連事務総長特別代表 |
| SWAPO | South-West Africa People's Organization | 南西アフリカ人民機構 |
| UNAMIR | United Nations Assistance Mission for Rwanda | 国連ルワンダ支援団 |
| UNFICYP | United Nations Peacekeeping Force in Cyprus | 国連キプロス平和維持隊 |
| UNGOMAP | United Nations Good Offices Mission in Afghanistan and Pakistan | 国連アフガニスタン・パキスタン仲介ミッション |
| UNHCR | United Nations High Commissioner for Refugees | 国連難民高等弁務官事務所 |
| UNIIMOG | United Nations Iran-Iraq Military Observer Group | 国連イラン・イラク軍事監視団 |
| UNMISS | United Nations Mission in the Republic of South Sudan | 国連南スーダン共和国ミッション |
| UNOMIL | United Nations Observer Mission in Liberia | 国連リベリア監視団 |
| UNOSOM Ⅱ | United Nations Operation in Somalia Ⅱ | 第二次国連ソマリア活動 |
| UNPROFOR | United Nations Protection Force | 国連保護軍 |
| UNTAC | United Nations Transitional Authority in Cambodia | 国連カンボジア暫定統治機構 |
| UNTAG | United Nations Transition Assistance Group | 国連ナミビア独立支援グループ |

# 序章　自衛隊、文民派遣問題の始まり

## 問題の所在

私は、只今議題となつ《ママ》た自衛隊の海外出動を為さざることに関する決議案について、その趣旨説明をいたさんとするものであります。先ず決議案文を朗読いたします。

自衛隊の海外出動を為さざることに関する決議

本院は、自衛隊の創設に際し、現行憲法の条章と、わが国民の熾烈なる平和愛好精神に照し、海外出動はこれを行わないことを、茲に更めて確認する。(1)

一九五四年六月二日、防衛庁設置法案と自衛隊法案が参議院本会議で可決された後、改進党の鶴見祐輔議員は、参議院が、決して自衛隊を海外へ派遣しないと決議したことを明らかにした(2)。

祖父母たちの世代が示したこの決意の意味と理由を、今日のわれわれも少なからず理解できる。太平洋戦争による焦土から誕生した戦後日本は、その過ちと悲劇を二度と繰り返さないという強烈な決意の下、「戦争の放棄」、「戦力の不保持」、「交戦権の否認」を規定した世界的にも稀有な平和憲法を戴き、再出発を果たしたばかりだった。

だが、国際情勢の急変によって、日本は理想と現実の狭間に立たされる。早くも一九五〇年に朝鮮戦争が勃発し、ダグラス・マッカーサー（Douglas MacArthur）連合国軍最高司令官は警察予備隊を創設、一九五二年には海上保安庁下に海上警備隊が発足、数度の再編を経て、先の決議からおよそ一ヵ月後の一九五四年七月一日に陸海空の自衛隊が発足する。(3)

冒頭の決議は、東西二極構造に否応なく巻き込まれ、事実上の再軍備を余儀なくされていった祖父母たちの、それでもなお、決して戦争には加担しないという必死の意思表示だったようにも思える。

翻って、現在の日本に目を向けよう。

内閣府国際平和協力本部事務局と防衛省の発表によれば、これまで陸上任務だけでも延べ一万五〇〇〇名以上の自衛隊と文民が海外に派遣されてきた。(4) およそ六〇年前からは想像もつかないほどの変貌ぶりである。かつて、ピーター・カッツェンスタイン（Peter J. Katzenstein）は「日本が多国籍の平和維持活動への参加を拡大するとは――多くの観察者が政策におけるそのような変更は冷戦後の時代への必要な適応であることを示唆しているとしても――、考えにくい」と予想したが、(5) 藤重博美が「隔世の感」と言い表し、(6) リチャード・サミュエルズ（Richard J. Samuels）が「国際社会に貢献する意欲は、もはや小人並みではない」と指摘するほど、(7)「考えにくい」事態が現実のものとなったのである。

いったい何が起こったのだろう。これが本書の出発点である。およそ半世紀前、自衛隊を海外に派遣しないと固く誓った国民が、なぜこれほどまでに変貌を遂げたのか。いつ、誰が、なぜ、何を、どうした結果、このような事態が起こったのだろうか。

歴史を繙けば、誰でも顕著な事実に気付く。端緒は冷戦終結直前の一九八九年、ナミビア派遣であり、以来、日本は人的貢献の道を歩み始める。

さらに、法制度・政策枠組みに目を転じると、一九八八年、竹下登内閣の「国際協力構想」を皮切りに、一九九二年に宮澤喜一内閣で成立した「国際連合平和維持活動等に対する協力に関する法律」（国際平和協力法）、そして二〇〇三年、小泉純一郎内閣の「イラクにおける人道復興支援活動及び安全確保支援活動の実施に関する特別措置法」（イラク特措法）に至るまで、自衛隊の国際協力に関して決定的に重要な政策構想、および法制度が、この一〇年余りで提示、また整備されている。もちろん、近年では防衛庁の省昇格、(8)それに伴う自衛隊の平和維持活動（PKO: Peace-Keeping Operations）の「付随的な任務」から「本来任務」への移行、(9)国際協力に係る恒久法の検討(10)など重要な動きもみられるが、それらは基本的に従来の枠組みを強化するものであって、変容させるものではない。その意味で、今日に至るまで、日本の国際協力における人的貢献は、おおむねこの時期に整備された法制度・政策枠組みに則って実施されているのである。変貌は、間違いなくこの一〇余年の間に生じている。

同時期、竹下内閣から小泉内閣までで実に一一人の首相が誕生しているが、(11)人的貢献の観点から重要な変化を起こしたのは、竹下登、海部俊樹、宮澤喜一、村山富市、小泉純一郎率いる五つの内閣である。たとえば、初の文民派遣を実現したのは竹下内閣だった。最終的に廃案になったとはいえ、自衛隊の国際協力に係る法案を最初に国会に提出したのは海部内閣である。宮澤内閣は法律を成立させ、初めて自衛隊と文民警察官の派遣を同時に実現した。また、村山内閣は初の「人道的な国際救援活動」に着手し、小泉内閣は戦後初めて停戦合意が欠如した地域に自衛隊を派遣した。こうして、派遣主体においては、自治体職員を中心とした選挙監視要員から始まり、文民警察官、自衛隊へ。活動地域においては、アフリカ、東南アジアから、中東へ。遂行任務においては、選挙監視活動から、国連平和維持活動、「人道的な国際救援活動」、そして「テロとの戦い」へ。いずれの側面においても、彼らによって飛躍的な拡大を遂げているのである。

ならば五人の首相たちが主人公かといえば、実はそうではない。彼らには、連続性、あるいは共通性を見出せるどころか、与党構成、キャリア、政策的志向性など、共通点よりもむしろ相違点の方が目にとまる。さらに、宮澤、村山、小泉は、前任者の政策構想に不満を抱いていた。宮澤は海部内閣の国連平和協力法案の廃案に与し、小泉は宮澤内閣で郵政相の立場にありながら、文民警察官の犠牲者発生で宮澤の政策に異を唱えた。そもそも村山に至っては、それまで非武装中立を掲げ、自衛隊を違憲としてきた日本社会党の党首であった。

いったいわれわれは、どこに視点を定めるべきなのだろうか。先取りするならば、本書の仮説は外務省である。筆者の渉猟した文献や未公刊文書、そして聞き取りを行った関係者の証言に拠るかぎり、国際社会が直面する多様な問題に対し、より実効性のある組織・人材をもって関与・貢献し、日本の安全を保障するとともに、国際的プレゼンスを向上させようと、条件付きながら一貫性のある取り組みを行ってきたのは、外務省以外に見当たらない。むろん、外務省のみで一連の変容を引き起こしたわけではない。あくまで外務省を中心に政治過程を描写することで、人的貢献の実態をより明確に理解できるという趣旨である。

それでは五内閣の時代、日本政府、とりわけ外務省は、いかにして自衛隊海外派遣の拡大を担ったのだろうか。米ソ冷戦構造が崩壊し、内政、外交ともに激変を遂げ、次々と新たな要求が突き付けられるなか、外務省をはじめ、国内の調整作業は、果たしてどのような道程を辿ったのであろうか。

## 研究史の構図

### (1) 湾岸危機をめぐる内政

冷戦後日本の国際協力、ひいては人的貢献の展開について、従来、どのように解されてきたであろうか。次に、この点を検討しておきたい。

まず、一九五二年から九〇年までの国会審議の歴史に着目し、冷戦後の人的貢献をめぐる議論を検討したものとして、香西茂の研究が重要である。香西は、湾岸危機を多様な意見が表明される契機とし、政府・与野党のみならず、国民各層にも、平和維持活動に対する幅広い支持があったと述べている[12]。

次に、湾岸危機における日本の対応を歴史的・時系列的に論じた北岡伸一は、政府・与党による国民への説明・説得、すなわち合意形成過程に着目し、彼らが「とくに国民に対して有効な選択肢を提示するというリーダーシップの側面において、大いに欠けるところがあった」と断じた[13]。

さらに、北岡が意図的に考察から除外した、米国の圧力や憲法、国民意識も含めて分析したのが、コートニー・プリントン（Courtney Purrington）らであった[14]。とりわけプリントンは、海部や宮澤が自衛隊の国際協力を成し遂げるために、日本の安全保障政策の修正を試みるのみならず、将来の国際危機にも対応できるよう政治改革も実行しようとしている点に注目しつつも、与野党双方からの抵抗で容易に実現できないだろうと論じている[15]。

一方、歴史的にではなく、グレアム・アリソン（Graham T. Allison）の政策決定モデルを用いた分析として、ピーター・ウーリー（Peter J. Woolley）の研究が挙げられる。ウーリーは、政府・与党による意思決定の要因として自衛隊の機能・能力に着目し、日本政府が、なぜ海上自衛隊の掃海艇派遣という「特殊な政策オプション（peculiar policy option）」を選択したのかを解明するには、従来の研究が採用した合理的行為者モデル（Rational Actor Model）でも、政府内（官僚）政治モデル（Governmental Politics Model）でもなく、組織過程モデル（Organizational Behavior Model）が最も有益な分析ツールになると指摘する[16]。そして自衛隊の陸海空各部門のうち、海上自衛隊のみが、海外での実質的な訓練経験があり、掃海艇派遣が完了し得ると官邸側を納得させるだけの計画立案、経験、業績を持ち合わせていたため、海自に派遣命令が届けられたと結論付けたのである[17]。

だが、全体像に迫るには、政府・与党の視角だけではなく、その他の行為主体の役割も分析の射程に含めなければならない。野党は、いかにして政府・与党の動向を牽制し、影響を与えたのか。また、日本の経済界は当時の状況をどのように認識していたのか。

これらの疑問を解明すべく、野党の動向を分析したものとして、水藤晉の論文が挙げられよう。水藤は、湾岸戦争が社会党と公明、民社両党の間の溝をより一層広げたと指摘し、法案作成時についても「社会党は、法案作成能力の欠如を露呈することにもなった」と評している[18]。また、財界人たちの認識や対応を整理・分析した阿部和義は、対米関係の悪化を憂慮し、早急な対応を政府に求めた財界が、(1) 非戦闘状態、(2) 合法性、(3) アジアの了解、の三条件を満たすという前提に基づき、最大公約数的に掃海艇派遣に意見を集約させたと論じた[19]。

湾岸危機の勃発を契機とし、日米で進められてきた人的貢献をめぐる議論の多くは、各行為主体の勢力関係に大きな関心を寄せ、体系的な内政構造の把握を目指したものであった。こうして今に至る議論の礎が築かれたのである。

## (2) 国際平和協力法成立過程と諸問題

湾岸戦争終結後、クウェート政府が掲載した感謝広告に国名がなかった日本は[20]、より一層法的根拠の成立を目指すようになる。一九九二年六月一五日にようやく成立した国際平和協力法をめぐっては、これまでもいくつかの研究が蓄積されてきた[21]。なかでも、山内敏弘は、法案審議過程における「強行採決」に着目したうえで、「国会が『言論の府』として機能することを自公民三党によって妨げられた」と批判し、国民に対する法案内容の説明という点でも問題が残されたと論じた[22]。

また、水島朝穂は、法律施行後のカンボジア、モザンビーク派遣の経験も踏まえ、「法律上、政府の判断でいかなる地域にも派遣することが可能」と断じ、「実施計画の内容に疑問があっても、それが国会で十分にチェックされることなく派遣が行われていく」と論じた[23]。立法府、行政府での不十分な議論に加え、実際の活動にも疑義を呈した水島は、最終的に自衛隊を非軍事組織に転換するよう結論付ける[24]。

山内、水島が政治過程を否定的に捉える一方で、肯定的に捉えた議論も存在する。野中尚人は「衆参のねじれ現象の下で野党、特にキャスティング・ヴォートを握った公明党の影響力が増大し、与野党協議を通じて『迷い悩んでいる』国民の多様な意見を反映させることに成功している」と指摘し[25]、山内と異なる議論を展開したのである。

これまでの国会審議の評価とは異なり、とくに自衛隊の活用をめぐる議論に着目したのが、斎藤直樹であった。斎藤は、そもそも政党間の相違の根底には「自衛隊をどのように活用すべきかという問題が横たわっていた」と指摘し、別組織では数年で自衛隊の高い訓練度に到達するのが難しく、常設機関設立には莫大な予算を要するため、自衛隊が有する装備、技能、経験を積極的に平和維持活動で活用すべきと論じた[26]。

さて、こうして難産の末に誕生した国際平和協力法は、どこまで国際社会の要請に応えるものだったのだろうか。この点でしばしば指摘されるのが、国連の要請内容との齟齬であり、その議論の出発点となるのが、いわゆる参加五原則である。

一．紛争当事者の間で停戦の合意が成立していること。
二．当該平和維持隊が活動する地域の属する国を含む紛争当事者が当該平和維持隊の活動及び当該平和維持隊への我が国の参加に同意していること。
三．当該平和維持隊が特定の紛争当事者に偏ることなく、中立的な立場を厳守すること。
四．上記の原則のいずれかが満たされない状況が生じた場合には、我が国から参加した部隊は撤収することができること。

五．武器の使用は、要員の生命等の防護のために必要な最小限のものに限られること。[27]

これらのうち二番目の受け入れの同意について、旧ユーゴとソマリアでの国連の経験から、柴田明穂は日本の解釈と異なる「同意」の側面に着目する。国連では、少数派閥からの同意を必要としないもの、全紛争当事者の停戦合意と受け入れ同意が不在の場合、それらが確保された特定地域のみ適用するものが存在するのに対し、国際平和協力法ではこうした性質を峻別する規定を持たず、国連の経験を通じて生まれた解釈よりも厳格であると論じている。[28]

また、総理府国際平和協力本部事務局長を務めた柳井俊二は「国際平和協力法は、コンゴで失敗に終わった活動後の国連の実践を通じて徐々に発展した伝統的、慣習的タイプの平和維持活動に適用される」と論じている。[29] つまり、国際平和協力法では、ブトロス・ブトロス＝ガリ（Boutros Boutros-Ghali）国連事務総長の「平和への課題（Agenda for Peace）」[30]が提出される以前の一九九一年の同法起草時に知られていなかった平和強制（Peace Enforcement）型活動は想定されておらず、それとの関連に注意を払う必要が出てきたわけである。[31] しかも、柳井自身が指摘したように、「ＰＫＯは、国連憲章上に明文の規定を持たず、長年の慣行を通じて進化してきた知恵の産物であり、日本のＰＫＯ体制も進化しなくてはならず、更に、国連のＰＫＯ自体の今後の進化に貢献しなくてはならない」[32]のである。柴田や柳井の指摘は、国連の活動における実効性を基準とした場合の、国際平和協力法の欠陥を論じたところに特徴があるといってよい。

だが、これらの研究の主たる関心は、派遣主体としての自衛隊をめぐる政党間の議論、国際的要請との整合性に注がれ、外務省がどのような政策構想を有し、それらをめぐる他の行為主体との関係を十分に解明しきれていない。外務省内の構想や検討と内閣が戦後初めて結び付いた竹下内閣から、海部内閣、宮澤内閣と、それぞれに模索されてきた立法措置の営みは、やがて文民、外形的な非自衛隊という工夫が許容されなくなり、内政で外務省のプレゼンスが相対化されていく過程でもあった。後の参加実績の拡大を方向付けた核心を解明するためにも、この点が新たに問われなければならないのである。

### (3) 国連平和維持活動参加の拡大過程

一九九二年六月の国際平和協力法の成立によって、日本政府は、さらに国連平和維持活動参加を推し進めていく。冷戦期の外務省職員や選挙監視要員派遣にとどまらず、戦後、一貫して懸念対象であり続けた自衛隊の国際協力にも、ようやく道が切り開かれたわけである。事実、九〇年代の陸上自衛隊に限ってみても、カンボジア、モザンビーク、ザイール、ゴラン高原などの地域に派遣されている。[33] そこで最後に、国際平和協力活動の拡大・経験蓄積過程に関する主要論点を確認することとする。

こうした参加経験の蓄積は、研究の積み重ねをもたらしたことはいうまでもない。戦後初めて陸上自衛隊と文民警察官が派遣されたカンボジア以降、歴史的視点からの研究が数多く発表される。[34] たとえば、オーレリア・ジョージ（Aurelia George）は、日本にとって自衛隊の国連平和維持活動参加が、政府開発援助（ODA: Official Development Assistance）の拠出や非軍事的貢献に自国の役割を制限した「グローバル・シビリアン・パワー（global civilian power）」という国際的地位から脱却する「第一段階（first stage）」を意味すると論じた。[35] ひとたび軍事的活動に自衛隊を派遣したなら、たとえ平和条項を有していたとしても、もはや「グローバル・シビリアン・パワー」を論理的に主張できなくなり、「平和国家（Peace Nation）」として、日本が世界に披歴した独自の役割モデルは失われると主張する。[36] その地位の放棄に戸惑いがあるため、日本は非軍事的貢献を維持し続けると論じている。[37]

彼女の論文と趣は異なるが、国際平和協力法成立後の経験の蓄積を振り返り、その将来の在り方を政策提言したものも数多く存在する。[38] だが、注目すべきは、自衛隊の国際協力の拡大、深化が、いったい何に影響を受けたかであろう。石塚勝美は、国際平和協力法成立後の経験を踏まえ、湾岸危機と九・一一同時多発テロが人的貢献の拡大を促す触媒だったと言及する[39]。また、日本国内の議論の潮流を次のように論じている。「政府も市民も、国連平和維持活動に対する日本のコミットメントの国益を、真剣かつ十分に議論していない。単に討議は、平和維持活動の合憲性、その集団的自衛との関係に焦点を置いたに過ぎない」[40]。したがって、石塚が論じた影響とは、国内論議の偏向にも求められるわけである。

一方、内政のみならず、諸外国の支持も含めて論じたのが、韓国国防研究院日本研究室長を務めた宋永仙（Yong-sun Song）である。宋は、日本の参加実績の拡大をアジア諸国が比較的批判的に捉えているのに対し、米国は、日米安全保障協力強化の「手段」として、またバードゥン・シェアリングの「手段」として支持していると論じた[41]。また、英国やフランスも後者に近い発想から歓迎し、そうした安全保障環境からも、日本の参加実績の拡大は促されていると指摘している[42]。宋は、これまでの米国の視点を受け継ぎながらも、新たにヨーロッパ諸国の視点を加え、研究水準の向上に貢献したのであった。

宋と同様に、戦後政治を繙きながら、どこまで日本が国際協力に踏み込めるかを分析したのが、ミルトン・レイテンバーグ（Milton Leitenberg）であった。レイテンバーグは、その問いを解明すべく、日本の国連安全保障理事会常任理事国入りも含めて検討を進めた。憲法第九条の制約によって、日本は武力行使を伴う活動に参加できないが、そもそも「日本の自衛隊の参加は、国連安保理常任理事席を得るための取り組みに何ら裨益しないはずである。日本が国連安保理のメンバーシップを模索しているか否かを問わず、それは単純に全国連加盟国の義務だから」と厳しい評価をレイテンバーグは与えたのである[43]。

日本の国連平和維持活動参加をめぐって、国内外で多くの議論が交わされるなか、添谷芳秀は、戦後日本外交論でありがちな「大国」、「非大国」という「二元論的発想」に基づく分析ではなく、「より複合的な政治的枠組み」で捉える必要性を訴えた[44]。添谷は、日本政府が「積極派の主張には与しないながらも、最小主義の立場よりは大きな役割を求めようとしている」とし、その「判断の原点」を「国際紛争を解決する手段としての『武力行使』は憲法違反であるという点」に求め、日本の政策構造の実像を「中庸路線」として描き出した[45]。添谷の捉え方と同様、田中明彦も、湾岸危機時の不参加と対置させる形で「消極参加主義（Passive Participationism）」と九〇年代の活動状況を形容している[46]。

一方、九〇年代の状況だけでなく、九・一一同時多発テロ後の事例も網羅しながら包括的に分析したのが、ヒューゴ・ドブソン（Hugo Dobson）である。ドブソンは、日本の経験を、「反軍主義（Anti-militarism）」、「対米二国間主義（US bilateralism）」、「東アジア主義（East Asianism）」、「国連国際主義と平和維持（UN internationalism and peacekeeping）」の四類型に分類し、それぞれ、「特異性（Specificity）」、「永続性（Durability）」、「調和・一致（Concordance）」がどの程度のものなのかを検討した[47]。ドブソンの分析は、三つの要素全てにおいて「対米二国間主義」が高いとするものであり、今なお、米国に強い影響を日本の人的貢献が受けている点を実証したのである[48]。

また、いかなる路線や主義に位置付けられるかではなく、その機能性に分析の枠組みを求めるものも少なくない。長岡佐知によれば、「国際貢献」、「国際平和協力」と呼ばれる複合的な政策領域には、「安全保障の専門家が、自衛隊による国連平和維持活動の参加や九・一一後のインド洋やイラクへの自衛隊派遣の政策を分析対象とするのに対して、開発援助の専門家が、政府開発援助（ＯＤＡ）による紛争後の復興プロセスに注目し、開発援助機関及びＮＧＯを主要な分析対象とする傾向は引き続き存在する」と指摘した[49]（括弧書き原文のまま）。そのうえで、「『安全保障』と『開発』の融合」として捉え、自衛隊の平和活動の拡大が、政策・実施枠組み全体の変化に伴う形で引き起こされたと論じたのである[50]。

いずれも憲法第九条と国際協力との関係、なかでも自衛隊による人的貢献の意味を考えさせるものであり、示唆に富むばかりか、刺激的ですらある。だが、これらの研究成果も政府の未公刊文書をほとんど駆使しておらず、自ずと政党間の駆け引きや、派遣後の活動状況に議論を割いている。政権の連続性がしばしば失われていくなか、アジアだけでなく、アフリカ大陸にまで自衛隊海外派遣が及んだ理由に、既存の研究は答えを与えてくれないのである。情報収集、派遣構想、調査団参加の全てに唯一携わった外務省に着目することで、より実態に即した形で、緻密、かつ包括的に論じる道が開けるだろう。

## 分析の視点——構想と合従連衡

このような研究成果を踏まえ、本書は、次の二つの視点で論を進める。

第一に、派遣構想の試行錯誤である。すなわち、政府、外務省は、いかなる政策構想を立案し、どのように実現、あるいは消滅に至ったのかである。従来の研究は、実現された事例に眼を奪われるあまり、それに紙幅を割いた単線的な検討で終止するきらいがある。先に述べたように、それは、主として政党間の議論を分析の中枢に据えているからであるが、全体的な検討作業の「帰結」の部分を扱ったに過ぎず、失われた構想や選択肢にまで分析が及んでいない。

そうした研究動向に対し、いみじくも冷戦後日本の国連平和維持活動参加を検討したキンバリー・ジスク（Kimberley M. Zisk）が「日本の経済政策に関する文献は、しばしば官僚の役割に注意を向けてきたが、日本の防衛政策に関わる文献は、概して彼らを軽視してきた」と問題提起したように、[51]全てとはいかないまでも、多くの主たる構想は官僚機構、とりわけ外務省が立案したものである。もちろん、その大枠を提示したのは歴代内閣であるが、関係する組織、人物を眺めると、唯一の一貫性、主体性あるアクターとして、この人的貢献の具体化に関与し続けていたのは、外務省しかいない。その意味で、構想の試行錯誤については、主として外務省に着目していく。

もとより、人的貢献をめぐる問題は、誰を派遣するのかという「主体」の側面と、国家、地域を問わず、どこに文民や自衛隊の派遣先を定め、どのように治安情勢を扱うのかという「場所」の側面で構成される。けれども、先行研究においては、憲法第九条や対米関係をめぐる日本外交の位相が性格規定の文脈で検討され、せいぜい前者、なかでも自衛隊の側面に議論が及ぶに過ぎない。必ずしも全局面ではないが、外務省というレンズは、一九九二年を境とし、徐々に「主体」だけでなく、「場所」も含むものへと議論の対象が拡大しているという歴史的事実を、われわれの眼前に映し出す。

第二に、歴代内閣、外務省をはじめ、各行為主体の間で繰り広げられてきた交渉、協力、対立の構図である。城山英明と坪内淳が指摘したように、一九八〇年代末以降の外務省の関与が「外交案件『処理』ではなく、外交政策『形成』を志向するようになっている」以上[52]、他省庁や官邸の意向から完全に自由ではいられない。そもそも、外務省が、自衛隊や警察官などの実動部門を有しているわけではないし、ひとたび自衛隊や警察官を派遣しようとしたなら、程度の差こそあれ、防衛庁や警察庁も少なからず影響を及ぼす。しかも、派遣の最終決定が下されるのは、内閣総理大臣が率いる閣議の場なのである。彼らは、人的貢献の実施という基本線で外務省と一致しているものの、派遣先、情勢認識など詳細をめぐって、ときに鋭く外務省と対立する。

このような合意調達の過程において、世論を支持基盤とする与野党に加え、国外諸勢力からの要求が突き付けられる。ただでさえ、国内の利害調整に手間と労力を要するところに、しばしば国連機関、米国政府などから日本に要請が届けられ、より一層当初の構想は複雑性に晒される。だが、国外諸勢力の要請に対し、外務省は全て受け入れたわけではなく、むしろ柔軟に取捨選択を行ってきた。したがって、政党を分析の主軸に据える従来通りの古典的手法ではなく、とりわけ外務省と歴代内閣に焦点を置き、内政、国連、同盟国米国の要請などのなかに位置付けながら、立体的、複眼的分析を構築する必要があろう。

もっとも、派遣構想の形成、国内諸勢力の合従連衡のいずれにせよ、文民や自衛隊の際限なき海外派遣が許されてきたわけではない。実際のところ、国内諸勢力は、憲法第九条が特徴付ける政策形成アリーナでの行動を余議なくされる。それらを仮に改正しようとしたなら、そもそも直近の活動に間に合わない。そこで、大枠の法律を一旦は維持し、政策目標を達成する方途として、五内閣の時期に追求されたのが、既存の法律の下での文民の派遣と、参加五原則や「非戦闘地域」という基準を有する新たな法律の下での自衛隊のそれであった。こうした法制度上の過渡期において、外務省は、どのように「実績積上げ」の営みを維持・拡大しようとしてきたのだろうか。

これらの視点を通じ、自動的に本書の目的が浮かび上がってこよう。すなわち、五内閣の時代、いかにして自衛隊の海外派遣が進展し、今日の経験や枠組みの原型が形成されてきたのかを、新たな知見、局面を伴いながら動態的に解明することである。その際、最も紛争当事者と接触する危険性が高く、頻繁に現地情勢が議論される陸上での活動に着目する。それゆえ、本書は、独自の政策提言を試みるものでも、理論的枠組みの提示を試みるものでもない。だが、歴史上、最も人的貢献が拡大を遂げた時代を検討することは、一見迂遠に見えながらも、やがてこの双方にも裨益する知的基盤を提供するように考えられてならないのである。

## 構成と資料

あらかじめ構成を述べれば、本書は、序章と終章を含め全八章で構成されている。

はじめに第一章では、竹下内閣の「国際協力構想」の一環たるナミビアへの選挙監視要員派遣過程を検討しながら、初の省庁横断型の国連平和維持活動参加が、いかなる限界を伴っていたのかを明らかにする。第二章では、湾岸危機に端を発した海部内閣の法案作成過程に焦点を移す。官邸から法案作成を託された外務省は、いかにして国内の意見対立を法案に反映させ、国会審議に臨んだのか。本章では、自衛官の文民化をめぐる対立において、外務省が、いかなる策を講じようとしたのかを明らかにしたい。この二つの章に目を転じれば、文民をめぐる工夫がいかに施されてきたのかが窺い知れるだろう。

第三章、第四章では、宮澤内閣期の取り組みを扱う。第三章で、カンボジアに対する文民警察官派遣政策を論じ、続く第四章では、自衛隊のモザンビーク派遣が成し遂げられていく過程を浮き彫りにする。一九九二年六月の国際平和協力法の成立は、自衛隊の海外派遣に道を開き、その地平をアフリカ大陸にまで拡大すると同時に、文民警察官派遣という未知の難問を宮澤内閣に突き付ける。第三章で、とりわけ文民警察官派遣問題を中心に論じるのは、やがてカンボジアで治安悪化が顕在化し、日本は自衛隊以上に文民警察官の対策でより手を焼くようになるからである。

そして第五章では、村山率いる自社さ連立内閣が、従来までの国連平和維持活動参加とは異なる、「人道的な国際救援活動」を実現させる過程を検討する。この「人道的な国際救援活動」の展開は、そもそも細川内閣期以来の外務省内の旧ユーゴ地域派遣構想などの論点と密接に関係しており、そうした同省内の試行錯誤も分析の射程に含めていく。

これまでの章とは対照的に、外務省のイニシアティブが著しい停滞を余儀なくされたのが、第六章で扱うイラク派遣の事例である。小泉内閣発足以来、相次ぐ不祥事に見舞われた外務省が、いかなる情勢認識を抱きながら、自衛隊の派遣を進めたのかを論じる。官邸主導で法案作成が進められ、小泉のイラク開戦支持表明まで、関係各国の説得にとどまった外務省が、防衛庁・自衛隊との連携を模索していく過程も併せて考察する。

本論に入る前に、本書で依拠した資料について説明しておきたい。本書の特徴の第一は、従来の国会議事録、新聞、書籍などはもちろん、二種の外務省新開示文書を駆使した点にある。第一に、外務省外交史料館所蔵の「歴史資料としての価値が認められる文書」である。ただし、外務省内で歴史資料か否かの判断が行われるため、必要な文書が全て揃っておらず、現在も新たな文書は開示されていない。そこで第二に、外交史料館で閲覧可能な文書と照らし合わせながら、「行政機関の保有する情報の公開に関する法律」（情報公開法）を利用し、外交史料館所蔵文書と中身が異なる外交文書を大量に渉猟することで、そうした制約を補うようにした。

第二に、外務省だけでなく、総理府（現内閣府）国際平和協力本部事務局、防衛庁（現防衛省）、警察庁に対しても、同様に情報公開請求を行った。外務省の分析に主眼を置くとはいえ、同省の認識や主張を客観視し、相対比較するためにも他省庁の未公刊文書も不可欠である。外務省の開示状況には及ばないものの、他省庁の未公刊文書も踏まえることで、多角的な分析に道が開けるだろう。

そして第三に、当時の関係者にインタビューを行った。その際、情報公開で入手した先の未公刊文書に基づいて質問し、文書では知り得ない側面を明らかにすることで、歴史の空白を埋めるとともに、政治過程のさらなる内奥に迫れるはずである。それでは、冷戦末期の時代に論を進めることにしよう。

注

（1）「第一九回国会参議院会議録第五七号」『官報号外』一九五四年六月二日。

（2）同前。

（3）佐道明広『戦後政治と自衛隊』吉川弘文館、二〇〇六年、二三―四四頁。

（4）「我が国の国際平和協力業務の実績」二〇一四年七月一五日。「イラクにおける人道復興支援活動及び安全確保支援活動の実施に関する特別措置法に基づく対応措置の結果」二〇〇九年七月、を基に算出。

（5）Peter J. Katzenstein, *Cultural Norms & National Security: Police and Military in Postwar Japan*, Ithaca: Cornell University Press, 1996, p. 125.（有賀誠訳『文化と国防――戦後日本の警察と軍隊』日本経済評論社、二〇〇七年、一七七頁）。やや文章は異なるが、Peter J. Katzenstein and Nobuo Okawara, *Japan's National Security: Structures, Norms, and Policy Responses in a*

*Changing World*, Ithaca: Cornell University Press, 1993, p. 162 でも同様の指摘がなされている。

（6）藤重博美「冷戦後における自衛隊の役割とその変容――規範の相克と止揚、そして『積極主義』への転回」『国際政治』第一五四号、二〇〇八年一二月、九五頁。

（7）Richard J. Samuels, *Securing Japan: Tokyo's Grand Strategy and the Future of East Asia*, Ithaca: Cornell University Press, 2007, p. 63.（白石隆監訳、中西真雄美訳『日本防衛の大戦略――富国強兵からゴルディロックス・コンセンサスまで』日本経済新聞出版社、二〇〇九年、九二頁）。

（8）黒江哲郎「防衛庁設置法の一部を改正する法律（省移行関連法）」『ジュリスト』第一三二九号、二〇〇七年三月。

（9）省移行に伴う、本来任務化を扱ったものとして、岡留康文「自衛隊の国際平和協力活動――任務の概要と本来任務化の課題」『立法と調査』第二四八号、二〇〇五年五月。山内敏弘「防衛省設置法と自衛隊海外出動の本来任務化」『龍谷法学』第四〇巻第三号、二〇〇七年一二月、が詳しい。

（10）近年、恒久法に係る議論を検討したものとして、浜谷英博「国際平和協力懇談会報告書と自衛隊の海外派遣恒久法の検討――国際平和協力活動の新段階」『松阪大学政策研究』第四巻第一号、二〇〇四年。また、自由民主党内の議論を踏まえたものとして、秋山信将「国際平和協力法の一般法化に向けての課題と展望――自民党防衛政策検討小委員会案を手掛かりとして」『国際安全保障』第三六巻第一号、二〇〇八年六月、などがある。

（11）鳥海靖編『歴代内閣・首相事典』吉川弘文館、二〇〇九年、六五七―七三八頁。

（12）香西茂『国連の平和維持活動』有斐閣、一九九一年、五〇三頁。

（13）北岡伸一「湾岸戦争と日本の外交」『国際問題』第三七七号、一九九一年八月、一三頁。

（14）Courtney Purrington, "Tokyo's Policy Responses During the Gulf War and the Impact of the 'Iraqi Shock' on Japan", *Pacific Affairs*, Vol. 65, No. 2, 1992, p. 180.

（15）Ibid. このように政府・与野党の政治勢力による内政構造を中心に分析したものとして、Courtney Purrington and A. K., "Tokyo's Policy Responses During the Gulf Crisis", *Asian Survey*, Vol. 31, No. 4, April 1991. S. Javed Maswood, "Japan and the Gulf Crisis: Still Searching for a Role", *The Pacific Review*, Vol. 5, No. 2, 1992. Kimberley Marten Zisk, "Japan's United Nations Peacekeeping Dilemma", *Asia-Pacific Review*, Vol. 8, No. 1, 2001. Takako Hirose, "Japanese Foreign Policy and Self-Defence Forces", N. S. Sisodia and G. V. C. Naidu eds., *Changing Security Dynamic in Eastern Asia: Focus on Japan*, New Delhi: Institute for Defence Studies and Analyses, 2005. Takashi Inoguchi, "Japan's Response to the Gulf Crisis: An Analytic Overview", *Journal of Japanese Studies*,

Vol. 17, No. 2, 1991. 北岡、前掲「湾岸戦争と日本の外交」、などがある。

(16) Peter J. Woolley, "Japan's 1991 Minesweeping Decision: An Organizational Response", *Asian Survey*, Vol. 36, No. 8, August 1996, pp. 804-805. なお、アリソンの三つの分析枠組みに関しては、Graham T. Allison, *Essence of Decision: Explaining the Cuban Missile Crisis*, Boston: Little, Brown and Company, 1971.（宮里政玄訳『決定の本質――キューバ・ミサイル危機の分析』中央公論社、一九七七年）。Graham T. Allison and Philip Zelikow, *Essence of Decision: Explaining the Cuban Missile Crisis*, 2nd ed. New York: Longman, 1999. アリソンは『決定の本質』以前にも、既に枠組みを提示している。たとえば、Graham T. Allison, "Conceptual Models and the Cuban Missile Crisis", *American Political Science Review*, Vol. 63, No. 3, September 1969 は、同書を要約したものである。

(17) Woolley, "Japan's 1991 Minesweeping Decision", p. 815.

(18) 水藤晉「湾岸戦争と日本の野党」『国際問題』第三七七号、一九九一年八月、一四頁。

(19) 阿部和義「湾岸戦争と日本の経済界の対応――対米関係の悪化を憂慮した経済界」『国際問題』第三七七号、一九九一年八月、五二-五三頁。

(20) *Washington Post*, March 11, 1991.

(21) 政治場裡の問題として扱う本書の範囲を超えるが、国際平和協力法の研究については、憲法学からの貢献も少なからず存在する。その主なものとして、芦部信喜『憲法学I――憲法総論』有斐閣、一九九二年。西修「PKO法案をめぐる問題点」『防衛法研究』第一六号、一九九二年五月。森英樹『憲法の平和主義と「国際貢献」』新日本出版社、一九九二年。山内敏弘『平和憲法の理論』日本評論社、一九九二年。同「PKO法と平和憲法の危機」『法律時評』第六四巻第一〇号、一九九二年九月。同「PKO協力法の憲法上の問題点」『ジュリスト』第一〇一一号、一九九二年一一月、などが挙げられる。

(22) 山内、前掲「PKO法と平和憲法の危機」二-三頁。

(23) 水島朝穂『武力なき平和――日本国憲法の構想力』岩波書店、一九九七年、四一頁。

(24) 同前、二五〇-二五二頁。

(25) 野中尚人「PKO協力法案をめぐる国内政治過程と日本外交」、日本経済調査協議会編『国連改革と日本』日本経済調査協議会、一九九四年八月、六一頁。

(26) 斎藤直樹「国連平和維持活動への我が国の参加問題――『PKO協力法』の成立過程を中心として」『平成国際大学論集』第七号、二〇〇三年三月、一五九、一六三頁。

（27）外務省編『平成四年版（第三六号）外交青書――転換期の世界と日本』一九九三年、五四頁。

（28）Akiho Shibata, "Japanese Peacekeeping Legislation and Recent Developments in U.N. Operations", *Yale Journal of International Law*, Vol. 19, 1994, pp. 345-348.

（29）Shunji Yanai, "Law Concerning Cooperation for United Nations Peace-Keeping Operations and Other Operations: The Japanese PKO Experience", *The Japanese Annual of International Law*, No. 36, 1993, p. 49. 平和維持活動参加をめぐる議論を法的側面からまとめたものとして、Ryo Yamamoto, "Legal Issues Concerning Japan's Participation in United Nations Peace-Keeping Operations (1991-2003)", *The Japanese Annual of International Law*, No. 47, 2004 などがある。また、平和維持活動と憲法の関係を解説したものとして、Hisashi Owada, "Japan's Constitutional Power to Participate in Peace-Keeping", *New York University Journal of International Law and Politics*, Vol. 27, No. 271, 1996-1997 などが挙げられる。

（30）Boutros Boutros-Ghali, An Agenda for Peace: Preventive Diplomacy, Peacemaking and Peace-keeping, A/47/277, S/24111, June 17, 1992.（「平和への課題――予防外交、平和創造、平和維持」一九九二年六月一七日、国際連合広報センター訳『平和への課題　一九九五年』第二版、一九九五年）。

（31）酒井啓亘「国連平和維持活動（ＰＫＯ）の新たな展開と日本――ポスト冷戦期の議論を中心に」『国際法外交雑誌』第一〇五巻第二号、二〇〇六年八月、四九頁。ただし、香西は、「平和への課題」で掲げられた平和強制部隊（Peace-Enforcement Units）創設に批判的検討を加えている。彼は、平和維持活動の性格が、途中で平和強制活動に豹変すれば、紛争当事者は受入れを躊躇するようになると論じている。香西茂「国連の平和維持活動（ＰＫＯ）の意義と問題点」、日本国際連合学会編『二一世紀における国連システムの役割と展望（国連研究第一号）』国際書院、二〇〇〇年、二〇頁。

（32）柳井俊二「日本のＰＫＯ――法と政治の一〇年史」、中央大学法学会『法学新報』第一〇九巻第五、六号、二〇〇三年三月、四六七頁。

（33）日本の参加実績を歴史的、包括的に整理したものとして、Secretariat of the International Peace Cooperation Headquarters, Cabinet Office, *Paths to Peace: History of Japan's International Peace Cooperation*, Tokyo, 2014.（内閣府国際平和協力本部事務局『平和への道――我が国の国際平和協力のあゆみ』二〇一四年）。清水隆雄『自衛隊の海外派遣』国立国会図書館調査及び立法考査局、二〇〇五年。L. William Heinrich, Jr., Akiho Shibata, and Yoshihide Soeya, *United Nations Peace-keeping Operations: A Guide to Japanese Policies*, Tokyo: United Nations University Press, 1999. 神余隆博編『国際平和協力入門』有斐閣、一九九五年、などがとくに詳しい。いずれも教科書的役割を有する点で共通するものの、最初の二つは、最新の経験も踏まえたパンフレットに近いもの

である。残り二つは、今なおスタンダードの位置を占めるものである。

(34) 逆に、カンボジアへの自衛隊派遣に至るまでの戦後日本の歩みを、未公刊文書に依拠して歴史的に論じたものとして、村上友章「国連平和維持活動と戦後日本外交一九四六―一九九三」神戸大学大学院国際協力研究科博士論文、二〇〇四年九月。とくに日本の国際的役割をめぐる八〇年代以降の言説に着目し、自衛隊海外派遣が実現するまでを理論的に検討したものとして、Teewin Suputtikun, "International Role Construction and Role-Related Idea Change: The Case of Japan's Dispatch of SDF Abroad", Ph.D. Dissertation, Waseda University, June 2011 が挙げられる。いずれも、戦後初の省庁横断型の文民派遣が実現される過程を十分に明らかにしていないし、後者はカンボジア以後の派遣実績を概略程度に扱っているに過ぎず、本書とは本質的に異なる。

(35) Aurelia George, "Japan's Participation in U.N. Peacekeeping Operations: Radical Departure or Predictable Response?", *Asian Survey*, Vol. 33, No. 6, June 1993, p. 575.

(36) Ibid.

(37) Aurelia George Mulgan, "International Peacekeeping and Japan's Role: Catalyst or Cautionary Tale?", *Asian Survey*, Vol. 35, No. 12, December 1995, p. 1117.

(38) 今後の日本の在り方を検討したものは数多い。たとえば、Katsumi Ishizuka, "Japan's Policy towards UN Peacekeeping Operations", Mely Caballero-Anthony & Amitav Acharya, eds., *UN Peace Operations and Asian Security*, New York: Routledge, 2005. Takashi Inoguchi, "Japan's United Nations Peacekeeping and Other Operations", *International Journal*, Vol. 50, No. 2, Spring, 1995.（河野勉訳「日本の国連平和維持及び他の諸活動」『レヴァイアサン』臨時増刊号、一九九六年一月）。磯部晃一「国際任務と自衛隊――これまでのレビューと今後の課題」『国際安全保障』第三六巻第一号、二〇〇八年六月。草野厚「ＰＫＯ参加の新たな展望」、田中明彦監修『「新しい戦争」時代の安全保障――いま日本の外交力が問われている』都市出版、二〇〇二年。河野勉「国連平和維持活動と日本の参加」『レヴァイアサン』臨時増刊号、一九九六年一月。神余隆博「日本の国連平和活動」、国際法学会編『日本と国際法の一〇〇年――安全保障』三省堂、二〇〇一年。永田博美「日本のＰＫＯ政策――その批判的検討と今後のあり方」『国際安全保障』第二九巻第一号、二〇〇一年六月。星野俊也「紛争予防と国際平和協力活動」、大芝亮編『日本の外交 第五巻――対外政策 課題編』岩波書店、二〇一三年、がとりわけ有益である。

(39) Katsumi Ishizuka, "Japan and UN Peace Operations", *Japanese Journal of Political Science*, Vol. 5, No.1, 2004, p. 138.

(40) Katsumi Ishizuka, "Japan's Policy towards UN Peacekeeping Operations", p. 70.

(41) Young-sun Song, "Japanese Peacekeeping Operations: Yesterday, Today, and Tomorrow", *Asian Perspective*, Vol. 20, No. 1,

Spring-Summer 1996, p. 64.

（42）Ibid, pp. 64-65.

（43）Milton Leitenberg, "The Participation of Japanese Military Forces in United Nations Peacekeeping Operations", *Asian Perspective*, Vol. 20, No. 1 Spring-Summer 1996, p. 38. その他にも、国連平和維持活動との関連も含めて日本の常任理事国入りを検討し、悲観的に評価したものとして、Reinhard Drifte, *Japan's Quest for a Permanent Security Council Seat: A Matter of Pride or Justice*, New York: St Martin's Press, 2000.（吉田康彦訳『国連安保理と日本――常任理事国入り問題の軌跡』岩波書店、二〇〇〇年）がある。これらとは対照的に、一九九五年が国連創設五〇周年にあたり、日本の常任理事国入りにとって、絶好の機会であると指摘したものとして、Mayumi Ito, "Expanding Japan's Role in the United Nations", *The Pacific Review*, Vol. 8, No. 2, 1995 が挙げられる。なお、国連平和維持活動参加も含め戦後日本の常任理事国入りの追求を論じたものとして、村上友章「国連安全保障理事会と日本　一九四五～七二年」、細谷雄一編『グローバル・ガバナンスと日本』中央公論新社、二〇一三年、がとくに詳しい。

（44）添谷芳秀「日本のＰＫＯ政策――政治環境の構図」、慶應義塾大学『法学研究』第七三巻第一号、二〇〇一年一月、一一九、一三四頁。

（45）同前、一一九-一二二頁。

（46）Akihiko Tanaka, "The Domestic Context: Japanese Politics and U.N. Peacekeeping", Selig S. Harrison and Masashi Nishihara, eds., *UN Peacekeeping: Japanese and American Perspectives*, Carnegie Endowment for International Peace, 1995, p. 102.（田中明彦「国連平和活動と日本」、西原正、セリグ・S・ハリソン編『国連ＰＫＯと日米安保――新しい日米協力のあり方』亜紀書房、一九九五年、一五三頁）。

（47）Hugo Dobson, *Japan and United Nations Peacekeeping: New Pressures, New Responses*, London: RoutledgeCurzon, 2003, pp. 158-159.

（48）*Ibid.*

（49）長岡佐知「冷戦後における自衛隊の平和活動の拡大――国際規範の内部化の視点」慶應義塾大学大学院政策・メディア研究科博士論文、二〇〇八年二月、四二頁。

（50）同前、四八、六〇-六一頁。なお、アクター間協力の態様に着目して検討したものとして、山本慎一、川口智恵、田中（坂部）有佳子編『国際平和活動における包括的アプローチ――日本型協力システムの形成過程』内外出版、二〇一二年、がとくに詳しい。

（51）Zisk, "Japan's United Nations Peacekeeping Dilemma", p. 34.

（52） 城山英明、坪内淳「外務省の政策形成過程」、城山英明、鈴木寛、細野助博編『中央省庁の政策形成過程——日本官僚制の解剖』中央大学出版部、一九九九年、二七〇頁。

# 第一章　選挙監視要員派遣への道
## ――国連ナミビア独立支援グループ（ＵＮＴＡＧ）参加問題と外務省

日本外交におけるＯＤＡ以外の人的貢献を議論する際、そのほとんどが冷戦後の湾岸危機、カンボジアの自衛隊派遣から始められる。だが、日本の人的貢献は、米ソ冷戦終焉後に突如として始まったわけではない。古くは、冷戦終結間際の一九八九年、国連ナミビア独立支援グループ（UNTAG: United Nations Transition Assistance Group）への自治体職員を中心にした選挙監視要員派遣にまで遡れるだろう。確かに、それ以前にも、一九八八年に国連アフガニスタン・パキスタン仲介ミッション（UNGOMAP: United Nations Good Offices Mission in Afghanistan and Pakistan）や国連イラン・イラク軍事監視団（UNIIMOG: United Nations Iran-Iraq Military Observer Group）への外務省職員派遣があるが、国連への出向という形で派遣された点を考えると、ナミビア派遣が初の本格的な人的貢献だったといってよい(1)。一九九二年六月の国際平和協力法の成立を待つまでもなく、日本は既に国際的な選挙監視活動参加を実現していたのである。

従来の研究では、堀江浩一郎がナミビア地域研究の視角から若干の政策提言を行っているほか(2)、西連寺大樹が戦後の文民派遣の一部としてナミビア派遣に触れているが(3)、その政治過程はほとんど分析されてこなかった。

一方、冷戦期の自衛隊派遣問題に関しては、戦後の国連平和維持活動や吉田路線(4)の視角から(5)、実証研究が蓄積されつつある。つまり、日本の対ナミビア人的貢献過程は、地域研究と冷戦期の自衛隊派遣問題の狭間で、十分に注目されてこなかった。その背景には、単に外交文書が非公開だっただけでなく、冷戦体制下の人的貢献問題そのものが自衛隊派遣問題と分かち難く結び付いており、ともすると自衛隊をめぐる論争に陥りやすかったという事情もあるだろう。

だからこそ外務省は、自衛隊派遣問題に抵触し、文民派遣が妨げられる事態を回避するため、多様な人材の確保を目指した当初の計画を棚上げすることで、ナミビアへの派遣を実現しようとしたのである。自衛隊派遣問題だけでなく、文民派遣に着目することは、外務省がいかなる構想を抱き、そのうち何を優先し、何を断念したのか、そのためにいかなる課題が残されたのかを明らかにするだろう。一方、その結果として積み上げた実績が世論に影響を与え、後の自衛隊海外派遣実現への地ならしになっており、その意味でも、本事例は重要である。

なお、本章で用いられる外務省内部文書が作成された背景には、外務事務次官による月一度の総理ブリーフィング等の機会を通じ、竹下の考えが直接外務省側に伝達されるという両者の密接な関係があった[6]。それらの文書を繙くことで、竹下をはじめ、閣僚、外務省、その他関係主体がどのような認識を持ち、いかに行動したかを明らかにしていきたい。

## 1　二つの前提条件――経済大国化と安全保障

一九八七年一一月二七日、首相就任後初の所信表明演説において、竹下登新首相は「世界に貢献する日本」として自らの政策方針を披歴し[7]、翌一九八八年一月のロナルド・レーガン（Ronald Wilson Reagan）大統領との日米首脳会談でも、国際協力の推進を掲げている[8]。

そして、五月四日のロンドン市長主催昼食会で、竹下は新たな外交の展望について触れ、世界の平和と繁栄に一層貢献していくため、「平和のための協力」、「政府開発援助（ＯＤＡ）の拡充」、「国際文化交流の強化」の三つを柱とする「国際協力構想」を打ち出す。(9) それらは、翌一九八九年二月の施政方針演説でも掲げられ、そのうち「平和のための協力」については、要員派遣の強化が謳われていた。

まず、平和のための協力では、国連の平和維持活動に対する各国の期待の高まりにこたえて、資金面での協力はもちろんのこと、要員派遣についてもわが国にふさわしい分野において強化し、そのための体制の整備に努めてまいります。(10)

一九九〇年代に向け、竹下には三つの構想を政策化し、日本外交の基軸に据える考えがあった。それらは、五月初旬の欧州訪問、六月初旬の国連軍縮特別総会出席、六月後半のトロント・サミット出席を見据えたものであり、それぞれの外遊先で具体策を次々に表明していくことになる。(11) 以下、その政策立案過程を追っていこう。

一九八八年四月二二日、竹下は宇野宗佑外相に対し、「世界に貢献する日本」の最終案の作成を指示し、宇野は同日の記者会見において、外務省内で前述の「国際協力構想」としてとりまとめる旨を発表した。(12) この原案作成にあたり、外務省内にタスク・フォースが作られ、同構想のとりまとめ作業が推し進められた。(13) その後、村田良平外務省事務次官が、竹下や宇野だけでなく、宮澤喜一副首相兼大蔵大臣、小渕恵三内閣官房長官、小沢一郎内閣官房副長官に加え、大蔵省の吉野良彦事務次官、西垣昭主計局長にも同構想を説明し、了承を得ている。(14) 当時、外務省で欧亜局長を務めた長谷川和年が「具体化策定作業には関わらず、知らなかった。アメリカ局長、アジア局長もみんな知らなかった」と述べているように、(15)「国際協力構想」の原案は、竹下と外務省の繋がりを基盤とした、ごく限られた参加者たちの手によって作成された。

そもそも、竹下は「内政の政治家」と言われ、(16) 外交は彼が不得手なものとされてきた。(17) ところが、国際的な相互依存関係の深化に伴い、竹下は「外交は内政そのものであることが多い」と述べ、国内調整を得意とする自分こそ外交を成功に導けると自信を覗かせていた[18]。

それでは、なぜ竹下は文民派遣に積極的な態度を示したのだろうか。竹下が外交に意欲を示した背景として、大平正芳内閣、中曽根康弘内閣で大蔵大臣を歴任し、先進五ヵ国がドル高是正で一致したプラザ合意への参画、さらに米国建設業の日本市場参入問題やコメ自由化問題に対処した経験などに、そのルーツを求める説明がある[19]。こうした説明は一面では妥当であろうが、いかなる政治過程を経て文民派遣が決定されたのか（そして、その他の選択肢が除外されたのか）までを明らかにするものではない。当時の竹下が直面した状況を物語る資料から、文民派遣のルーツを導き出す必要があるだろう。ここでは、まず二つの前提条件に注意を払いたい。

第一に、日本は世界第二位の経済大国として、米国から国力相応の責任分担を求められていた。第二次世界大戦中にさらに強大化した米国の圧倒的国力を基盤とするパックス・アメリカーナ（Pax Americana）は、一九七〇年代半ば以降、次第に多極化の様相を呈していく[20]。その背景には、日欧の国力増大、米国の国力の相対的低下が挙げられよう。たとえば、一九八五年には、一九一四年以来七一年ぶりに債務国に転落した米国が四三五億ドルの対日赤字を抱える一方[21]、日本の対米収支は三桁（一〇〇億ドル単位）の黒字が常態化し[22]、いわゆる日米経済摩擦がより顕在化した。また、一九八九年に日本のＯＤＡ支出純額は八九・六億ドルに達し、援助疲れを起こしていた米国の七六・六億ドルを抜き、遂に世界第一位のＯＤＡ大国へと躍進する[23]（図1-1）。竹下が中曽根の後継となったこの八〇年代後半は、まさに米国の対日観が日本異質論に軌道修正される時期とも重なる。カレル・ヴァン・ウォルフレン（Karel G. van Wolferen）の『ジャパン・プロブレム』や『日本／権力構造の謎』、クライド・プレストウィッツ（Clyde V. Prestowitz, Jr.）の『日米逆転』など、いわゆるジャパン・バッシングが沸き起こった時期でもあった[24]。

そうした状況を、当時、外務省外務審議官を務めた栗山尚一は、三本脚のテーブルになぞらえ、米・欧・日の集団

図１－１　主要国の ODA 実績の推移（支出純額ベース）

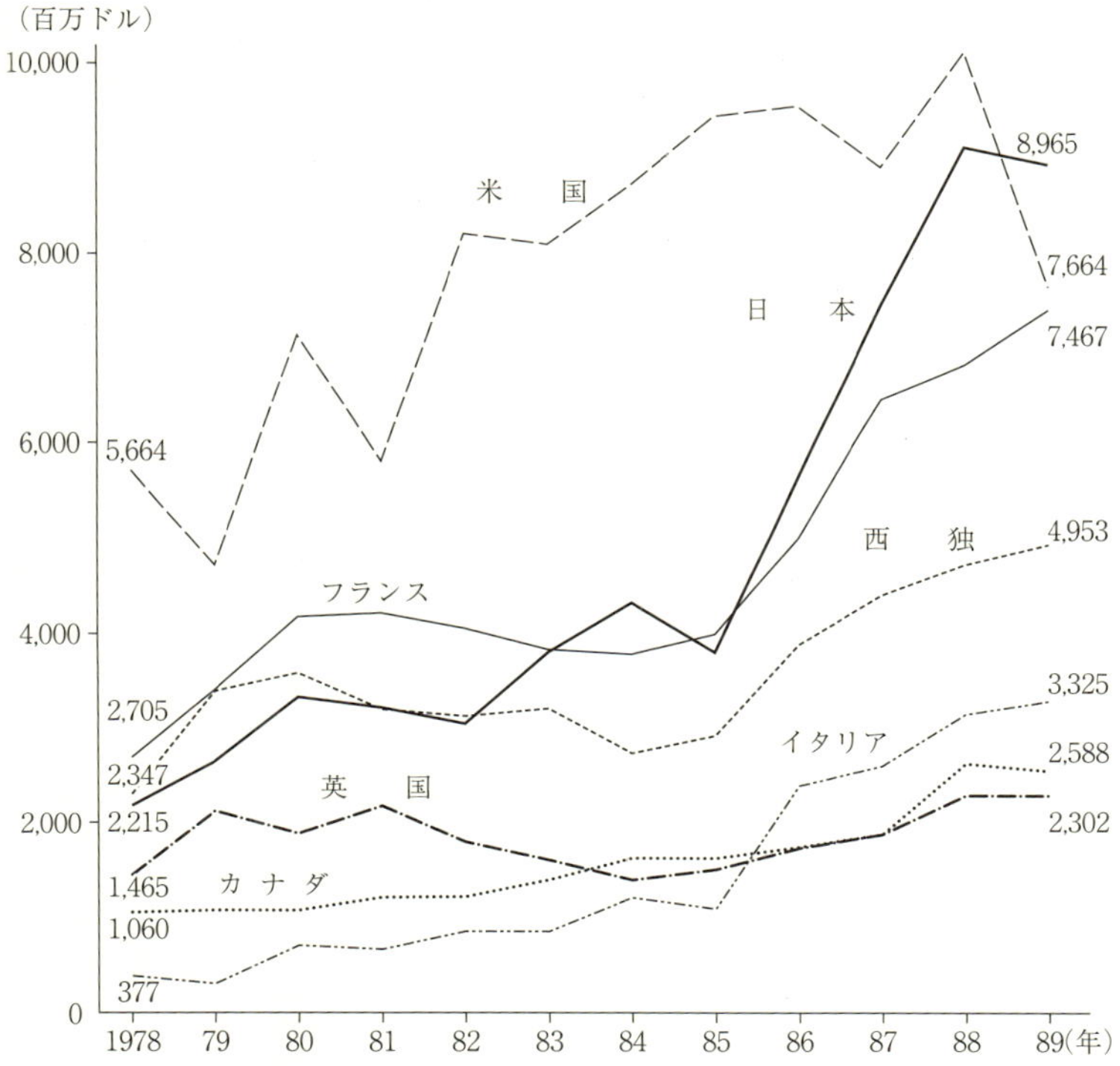


出所：外務省経済協力局編『我が国の政府開発援助』上巻、国際協力推進委員会、1990 年、16 頁。

協調体制と形容した(25)。このように、国際社会での日本の責任が一層重くなったと認識した外務省、とくに栗山は、重荷の分担を意味する「バーデン・シェアリング」（Burden Sharing）という表現をやめるよう米国政府側に伝えていた(26)。つまり、米国が先に政策を決定し、日本へ一方的に負担を求めるのではなく、政策の構想段階から日本と協議を行い、必要なコストを公正に分担する形を要求したのである(27)。その後しばらくして、ジェームス・ベーカー（James A. Baker）米国務長官は、「レスポンシビリティ・シェアリング」（Responsibility Sharing）と表現を変えた(28)。ただし、日本は軍事面での責任分担はしないという条件付きであり、そのうえで日本の国際的責任を果たすとしていた(29)。このため、軍事以外の面、経済協力や文民派遣によって、世界の平和と繁栄に貢献することが考えられたのである。

第二に、「国際協力構想」が目指す「平和のための協力」は、あくまで冷戦体制下での日本自身の平和と安全の維持が前提にあった。[30] レオニード・ブレジネフ（Leonid Il'ich Brezhnev）共産党書記長の時代に始まったソ連の軍事力の増強、なかでも海空軍戦力の強化は、アフガニスタンからの撤退開始、米国との中距離核戦力全廃条約締結などを実現したミハイル・ゴルバチョフ（Mikhail Sergeevich Gorbachev）共産党書記長の時代になっても、国民総生産（GNP: Gross National Product）一五％以上の軍事費によって維持されていた。こうしたソ連の潜在的脅威に対応すべく、冷戦体制下の日本は日米安全保障条約を堅持し、その枠内で自国の安全を守ろうとした。[31] この日米安保体制を防衛政策の主軸に据えたからこそ、一九八七年のイラン・イラク戦争終結にあたり、米国からペルシャ湾に海上自衛隊の掃海艇を派遣するよう要請が届くと、中曽根首相は、派遣を積極的に推し進める構えを見せたのである。[32]

中曽根の積極姿勢の背後には、この機会に乗じて日本の国際貢献を安全保障面にまで拡大しようとする外務省の働き掛けがあった。[33] しかし、それを察知した後藤田正晴は「海上自衛隊あるいは海上保安庁の船の派遣は閣議決定で決めるんでしょうな。重大な政策の変更ですから、当然閣議決定すべきと思う。しかし、そのとき私はサインしませんよ」と念を押し、[34] 中曽根、外務省の自衛隊ペルシャ湾派遣は結局、実現しなかった。後藤田は、日米安保体制そのものに反対だったわけでなく、日本自身の防衛のための負担の増加は認めていた。ただし、自衛隊の海外派遣に関して、後藤田は次のように考えていた。

ペルシャ湾は既に交戦海域になっている。軍事紛争に巻き込まれる恐れのある行動は絶対にとってはいかん。巡視船といえど武装船だ。正当防衛でたとえば発砲しなければならない事態が起きたとする。日本が正当防衛を主張しても相手は交戦行為と見る。それが国際常識ではないか。そうなると、これは日本の従来からの平和国家としての国是そのものと正面衝突することになる。我が国の船舶の安全航行のためであり、それは自衛権の範囲内だという解釈も認められん。ペルシャ湾まで自衛権を拡大することは出来ぬ。いかに安全航行という大義名分があろうと、とにかく武力行使につながる恐れのある対応はだめだ。非軍事の分野に限るべきだ。[35]

いわば後藤田には、海外での武力行使を避けるため、自衛隊の海外派遣を認めないという信念があった。[36]そして中曽根は「官房長官だし、内務省の先輩でもある。後藤田さんがそこまで言うのならば、と従った」。[37]中曽根内閣は、米国との役割分担を進める方向では一致していたものの、その進め方をめぐっては合意に達していなかったのである。このように、米国との役割分担、自衛隊派遣をめぐる国内合意の欠如が、中曽根の後継である竹下が文民派遣を推し進めるうえでの制約条件となっていた。

## 2　国内体制整備の模索

### (1)　外務省の「国際平和維持活動人的協力作業グループ」形成

第一次世界大戦終結後の一九二〇年、国際連盟規約第二二条に基づき、ナミビアは南アフリカ連邦の委任統治領となった。その後、新たに発足した国際連合は、ナミビアを国連の権限で施政権者が統治する信託統治領に移行させるよう求めたが、南ア政府は拒否し、アパルトヘイト政策を開始した。以来、ナミビアの独立を求める南西アフリカ人民機構（SWAPO: South-West Africa People's Organization）との対立が続く。[38]このような閉塞状況から脱却するため、カナダ、フランス、ドイツ、英国、米国の各国政府は、[39]関係当事者と協議を行い、全ての敵対行為の停止、同年中の制憲議会選挙の実施を盛り込んだ解決案を一九七八年四月一〇日付で国連安保理に提出した[40]。そして、国連安保理は、自由で公正な選挙の実施、停戦監視などを目的とするUNTAG設置を定めた決議四三五を同年九月二九日に採択する[41]。しかし、なおも南ア政府が拒み[42]、UNTAGが軍事部門と文民部門で構成され[43]、その活動を開始するまで実に一〇年以上の歳月を要することになる。

このナミビア問題も念頭に置き、「国際協力構想」の一つの柱である「平和のための協力」について、竹下が具体的な考え方を提唱したのは、一九八八年六月一日の国連軍縮特別総会演説でのことであった[44]。とりわけ、国際的な平和維持活動に関しては、選挙監視、輸送、通信、医療などの分野を挙げながら、今後、積極的なコミットメントを行う考えを表明している[45]。これに対し、国内で野党各党からの批判は見られなかった[46]。また、一九八八年一〇月に実施された総理府の「外交に関する世論調査」によれば、国連等の平和維持活動への資金協力と要員派遣の双方の実施に対する支持率は五七・八％（一方、資金協力のみ一七・一％、不関与四・七％）にのぼり、過半数の支持を得ていたことが窺われる[47]。

ただし、「要員」の意味には注意しなければならない。外務省は、防衛庁にも働き掛けを行っていたが、同庁全体として必ずしも人的貢献に熱心ではなかった[48]。主要野党である社会党の立場など内政状況に加え[49]、そもそも自衛隊法に国際協力に関する規定が存在しなかったため、この当時は要員といえば文民限定を意味していた[50]。先の調査で日本人要員の国連平和維持活動に対するコミットメントが過半数の支持を得ていたとはいえ、自衛隊の国際協力となると、話は全く異なる。たとえば、同年一月の総理府による「自衛隊・防衛問題に関する世論調査」では、「自衛隊が今後力を入れていくべき面」と題して支持率が調査され、国の安全の確保三八・〇％、国内の治安維持一二・二％、災害派遣三六・九％、民生協力四・九％、その他、わからない八・〇％という結果が報告されている[51]。このうち、民生協力が、竹下や外務省が掲げた「平和のための協力」に該当するのだが、五％にも満たない。つまり、社会党はもとより、世論の支持も得られていなかったのである。当時の社会党は一九八六年の衆参同時選挙で大敗を喫し、勢力を減退させていたが、その苦境を利用して竹下や外務省が自衛隊の国際協力を強行しようとすれば、世論の激しい批判にさらされることは容易に予想された。したがって、文民による国際協力は、当時の政治環境に最も調和した選択肢だったのである。

こうして、外務省国連局国連政策課内部において、八ヵ国を対象とする文民派遣の状況が調査される。[52]また、「国際機関等に派遣される一般職の国家公務員の処遇等に関する法律」（国家公務員派遣法）を根拠として、アフガニスタンからのソ連軍撤退状況などを監視するUNGOMAPに外務省職員一名を派遣することを日本政府は決定していた。[53]しかし、これらを法的根拠とする限り、必然的に民間人は対象外となる。そうした人材の偏りを避け、多様な人材を確保するため、派遣手続など国内基盤を整備する必要が認識され、外務省内で検討が進められていく。この過程では、「国際緊急援助隊の派遣に関する法律」（国際緊急援助隊法）[54]などを参考にしながら、新たな法案作成作業を行うことになった。[55]そして急遽設置されたのが、「国際平和維持活動人的協力作業グループ」という共同作業グループであり、外務省関係各課の協力の下、人的貢献に係る課題を理論・実践両面から検討することを目的とした。[56]構成員は、大臣官房総務課長、経済協力局技術協力課長、条約局条約課長、国連局国連政策課長、情報調査局企画課長、および大臣官房領事第一課長であり、事務局を国連局国連政策課に置き、国連政策課長を事務局長とした。[57]さらに、同グループの下には小部会が設置され、課、または局員一、二名を指名し、選出者を小部会に参加させることになった。[58]事務局が置かれた国連政策課は、「実体面でのノウハウをある程度有している」ことから、作業グループにおいてイニシアティブを発揮する必要性を認識していたようである。[59]なお、作業グループの存在、作業状況については内々で行われた。[60]

国連政策課では、まず国連の活動に対する文民派遣のケースを、⑴現行法上可能なもの、⑵若干の制度的手当てを要すると思われるもの、(3) 法律上の根拠が存在しないと思われるもの、の三つに分類していた。[61] そして、これらのうち、外務省が選択したのは(1)であった。「平和のための協力」の下、人的協力の積極的推進を国際的に公約した以上、その最初の機会を逸するわけにはいかない。UNGOMAP、UNIIMOGならば、現行の国家公務員派遣法に基づき、国連職員の身分を適用することで、即座に人員を派遣することが可能であった。作業グループの第一回会合配布資料のなかで、「政策的オプション」として、後に触れる「立法措置の検討」の他、「現行法上可能な形の派遣――実績積上げの重要性」が記されていることは、[62] 以上の点を明瞭に裏付けるものといえよう。つまり、外務省の立場としては、「平和のための協力」を推し進める過程で、国家公務員以外の人々の参加体制の構築には時間を要するため、多様な人材の確保を後のナミビア派遣以降に持ち越し、まずは早期派遣を優先させたのである。

なお、外務省職員限定であれば、外務省設置法を根拠とする派遣も可能である。だが、外務省は、この方式に伴う出張の長期化を「問題」と見ていたし、[63] より根本的には自ずと派遣主体が同省職員に絞り込まれてしまい、それが定着すると、多様な人材の確保が見込めなくなることも意味する。これらに処するためにも、新たな法案作成が求められていくのであった。

### (2) 「平和協力法」と「平和協力事業団」設立構想

それでは、もう一つの「政策的オプション」として「国際平和維持活動人的協力作業グループ」の資料で掲げられた「立法措置の検討」、[64] すなわち国際緊急援助隊法などを参考にした法案作成作業はいかなる進展を見たのだろうか。国際緊急援助隊法に基づけば、関係行政機関の長が職員に活動を行わせることができる。[65] だが、同法では、地震、洪水などの被災国への医師や救助隊の派遣を実施できたとしても、そもそも紛争後の戦後処理・復興支援活動は含まれていない。つまり、竹下の掲げた「平和のための協力」の核心部分、すなわち国連平和維持活動参加が完全に抜け落ちていたわけである。

そこで、六月二三日の担当レベル会議の際に「平和協力法」と名付けられた新法の骨子が配布され、次の三つの目的が掲げられていた。

○我が国加盟国際機関又は外国政府からの要請。
○非軍事的分野において国際平和維持活動を行う人員を派遣。
○もって国際の平和及び安全強化のための国際協力推進に寄与することを目的。(66)

そして、二番目に掲げられた非軍事の国際平和維持活動については、具体的な任務内容が列挙されている。

一、国際的な合意の履行監視。
二、国際的紛争に係る調査。
三、国際的紛争の解決を目的とした調停等。
四、国際機関等の支援の下に行われる選挙の監視。
五、国際的な医療活動。
六、国際的な民生安定活動。
七、前六号に掲げる活動に係る通信・輸送活動。(67)

要するに、この法律で意図されたのは、非軍事限定の平和維持活動参加であり、国際緊急援助隊の活動とは大きな懸隔があった。国際緊急援助隊法で掲げられた関係行政機関の長が職員に実施させる活動を、前述の目的を満たす非軍事の平和維持活動に書き換えることで、外務省は対応を試みたわけである。

この「平和協力法」のなかで、外務省が最も重要視したのが、自衛隊ＯＢや青年海外協力隊員を登録し、同省が事務局機能を担う人材プール機関の設置構想である。[68] 当初、この機関は民間企業も含むため、「特殊法人」ではなく「法人」と呼ばれ、外務大臣がその職員、その他の人員を派遣するよう命ずることができるとされた。[69]

実施機関としては、外務省から業務の委託を受けた「平和協力事業団」という外郭団体の設置が予定されていた。[70] これは、国際協力事業団（JICA: Japan International Cooperation Agency）[71] の人材プールだけでなく、民間企業、病院、大学、非営利団体など広範な組織を巻き込んだものであり、独自のリクルート、研修・訓練を行うことができる。さらに、この「平和協力事業団」では、事業団専門家を育成し、現地の活動に直接派遣できるだけではなく、外務省などを経由し、彼らを派遣できるとしていた。[72] 自衛隊の派遣問題に関しては、将来の派遣を封じないよう配慮しながらも、棚上げされていた。

今回立法を行う場合は、自衛隊（員）の派遣問題は除外して考えることが、諸般の事情より適当と判断される（自衛隊員でもその身分を離れる場合は理論的に問題は生じない）他方、今回の立法は、この問題の推進のための布石ともとらえることができるよう将来の自衛隊（員）派遣を封ずることのないように留意する。かかる観点からして、今回特に注意を要すべき点は、国会審議等の過程において、将来にわたり手をしばられることとならないようにプレス対策も含め対策を進めることが極めて重要[73]（括弧書き原文のまま）。

要するに、外務省では、「今回の立法」に対する反発を回避するため、自衛隊派遣を敢えて見送り、より一層幅の広い文民派遣体制を早期に実現する一方、将来的にはそれを自衛隊派遣にも結び付ける手法が望ましいと考えられていたのである。

けれども、これほどまで慎重に進められた「立法措置の検討」は、当面の要員派遣が現行法で対処可能と判断され、別途検討を継続する形で終了している[74]。それは、単に外務省の権限が各省との権限争議の俎上に載り、同省の権限が侵食される恐れがあるからという[75]、組織間の対立からだけではない。翌年一月の通常国会が遅れ、十分な審議時間を確保できないからでもあった。当初から、外務省は非軍事分野限定で協力を進める意向を示していたものの、紛争地域への要員派遣を制度として確立する取り組みに対し、社会党などの野党から、将来の自衛隊の国際協力に繋がる危険性を警戒する声が出始めるようになっていた[76]。非軍事、文民限定という外務省の配慮は、世論の動向と結び付いた野党の反対によって、さらなる拘束を受けたのであった。

このように、「平和のための協力」を担い得る法案作成と人材プール機関設置が、逆にナミビアへの早期派遣の足枷となる恐れが出てきたため、外務省はともかくも「実績積上げ」を優先し、文民派遣限定で行うことにしたのである。

### (3)　キプロス・シミュレーションの消失

「平和協力事業団」の設置を模索する一方、外務省内では、国連キプロス平和維持隊（UNFICYP: United Nations Peacekeeping Force in Cyprus）[77]への参加を想定したシミュレーションが行われている。キプロスが選ばれた理由は、PKOのうち文民部門が一つの独立部門をなしているものが、UNTAG以外にUNFICYPのみだからである[78]。UNFICYPは、一九六四年三月四日の国連安全保障理事会において満場一致で採択された決議一八六を根拠とし、その機能は「国際平和と安全を保持するため、戦闘の再発防止に最善の努力を行うこと、そして必要であれば、法と秩序の維持と回復、平常の状態への復帰に寄与すること」であった(79)。そのＵＮＦＩＣＹＰに医師、看護婦(80)二〇名の医療チームを派遣し、六ヵ月毎にローテーションを行いながら、およそ二〇〇〇名の国連要員に治療を施すだけでなく、副次的に現地住民の治療にも従事するシミュレーションが持ち上がった(81)。このモデルとして検討されたのが、一九六四年から七三年まで展開したオーストリア野戦病院であった(82)。

しかし、同シミュレーションは、当初からいくつかの問題が指摘されており、消失が運命付けられていた。その第一は、外務省の文書でも記されている通り、医療チームの募集に関するものである。その派遣要員に求められる資質は、(1)軍事医療・救急医療についての幅広い知識、(2)多国籍の活動の経験、(3)現地についての知識、(4)外交的能力と創意工夫、(5)語学（とくに英語、仏語）、である(83)。既に論じたように、リクルートにしても、また人材育成にしても、それらを担う体制が整っていなかった。

第二は、ＵＮＦＩＣＹＰの活動内容に関わる。一九七三年に外務省国連局政治課が作成した報告書を見ると、後に外務省内でシミュレーションを行う医療チームは、軍隊の一部門に位置付けられている(84)。ここで注目すべきは、その軍隊の任務内容であろう。同報告書では、デンマーク軍が駐屯していたレフカ地区および首都ニコシアのグリーン・ベルト（ギリシャ・トルコ両住民居住地の境界線）における国連軍を事例とし(85)、次のように述べている。

> ここレフカ地区は山岳地帯であり地中海沿岸を眺望する屋根にギリシャ・トルコ両系軍がそれぞれ陣地を構築し、谷を隔てて対峙している。その間をわつて《ママ》入るような格好で国連軍の監視ポストが両系陣地よりほぼ等間隔の第三の屋根に位置し、停戦の監視を行つて《ママ》いる。……監視所には空色鉄かぶとをかぶり自動小銃を肩にした監視兵が立哨しており、両系住民の対立を監視している。
>
> ……国連軍の機能は極めて限られたものであつて《ママ》、相対峙するギリシャ・トルコ両系住民の間に介在して、そ

の「存在」によつ《ママ》て衝突を未然に阻止するとともに、治安維持の責任を引受ける。更に両系住民がそれぞれの管理地区外に出ようとする場合に警護隊を組織してその安全を図つ《ママ》たり、両系軍の陣地の中間に構築した監視所より現状維持の変更の動きを監視し、それを本部に報告し、当事者の原状復帰を促したりする。(86)

つまり、いつ実弾が飛び交ってもおかしくない治安状況下で、軍人が双眼鏡を持って監視に従事するものであり、その部隊に日本の医療チームは属するわけである。非軍事の平和維持活動参加を標榜しておきながら、軍事部門の一角に文民が所属するというグレーゾーン的特質は、さらなる野党の反発を誘発させる可能性があり、かえって早期の文民派遣を妨げかねない。外務省内のＵＮＦＩＣＹＰへの医療チーム派遣は、既に構想段階で矛盾をはらむものだったのである。

もっとも、同シミュレーションの実現をより直接的に頓挫させたのは、一九八八年春のリクルート事件に端を発する竹下の退陣であった。また、後任の最有力候補であり、構想の推進を期待された安倍晋太郎幹事長も同事件の影響で首相の座に就けず、その後の内閣は具体策を詰めようとしなかった。(87)同シミュレーションは、それ自体の内在的限界もさることながら、政治基盤の消失によっても、早々に実現不可能な状況に陥ったのである。

## 3　未完の「平和のための協力」構想の始動――「世界に貢献する日本」と現地情勢

国連平和維持活動参加の一環として、一九八八年六月一七日、ＵＮＧＯＭＡＰ文民部門に派遣される日本人要員に、外務省国連局人権難民課の菅沼健一首席事務官が決定した。(88)これは「平和のための協力」構想における初の人的貢献であり、同年六月末に日本を出発し、パキスタンを中心に一年五ヵ月間任務に赴くことになった。その間の身分は、外務省を休職し、国連に出向する形である。主として、国連本部と現地との連絡・調整などに従事し、文民部門の責任者であるキプロス人のベノン・セバン（Benon Sevan）首席政務官の補佐役を務めた[89]。日本政府にとって、UNGOMAPへの人的貢献は、既存の法的枠組に何ら矛盾せずに実施できただけでなく、武力紛争に巻き込まれるリスクを極力回避するという二つの意味で好条件であった。

また、アフガニスタンに対し、日本は五〇〇万ドルを拠出しており[90]、人と金の双方で国際協力を追求する画期的先例となった。さらに同年八月、UNIMOGにも一〇〇〇万ドルを拠出し[91]、政務担当の文民部門に外務省国連政策課の奥山爾朗事務官を派遣している[92]。

同年九月以降、UNTAGに関しても、国連の要請が矢継ぎ早に日本に届いた。九月五日、マラック・グールディング（Marrack Goulding）国連事務次長は「UNTAGは通常のPKOに比し文民部門が大きく、通常の如く国連職員を派遣するのみでは不十分であるので、日本からも文民派遣を検討願いたい。文民部門の主体は選挙監視及び警察監視（南アの警察に付属され、安保理決議四三五の実施が妨げられないよう監視）である」（括弧書き原文のまま）と文民部門の構成に触れながら、栗山外務審議官に要請している[93]（図1-2）。また、一一月一日にも、ナミビア派遣技術団チーム団長から、医師や看護師を含む日本の文民派遣に歓迎の意が表明された[94]。

そうした度重なる要請によって、外務省では派遣体制の整備よりも、迅速な派遣が追求されるようになる。文民要員の身分については、「選挙は権力をめぐる闘争の色彩を持つものであり、その適切な運営を保証するための監視業務に従事する者には職務の厳正な遂行、特に中立性が強く期待される」ため、国家公務員での採用が最も適切と考えられた[95]。そして他省庁職員は外務省職員併任とし、地方公務員、民間人は同省職員に採用する方針が決定したのである[96]。その過程で外務省国連局国連政策課は、非公式に自治省自治大臣官房総務課、文部省学術国際連合局国際企画課に接触し、要員派遣検討を依頼していた[97]。つまり、UNGOMAPやUNIMOGに限らず、UNTAG文民派遣に

図１－２　国連ナミビア独立支援グループ（UNTAG）機構図

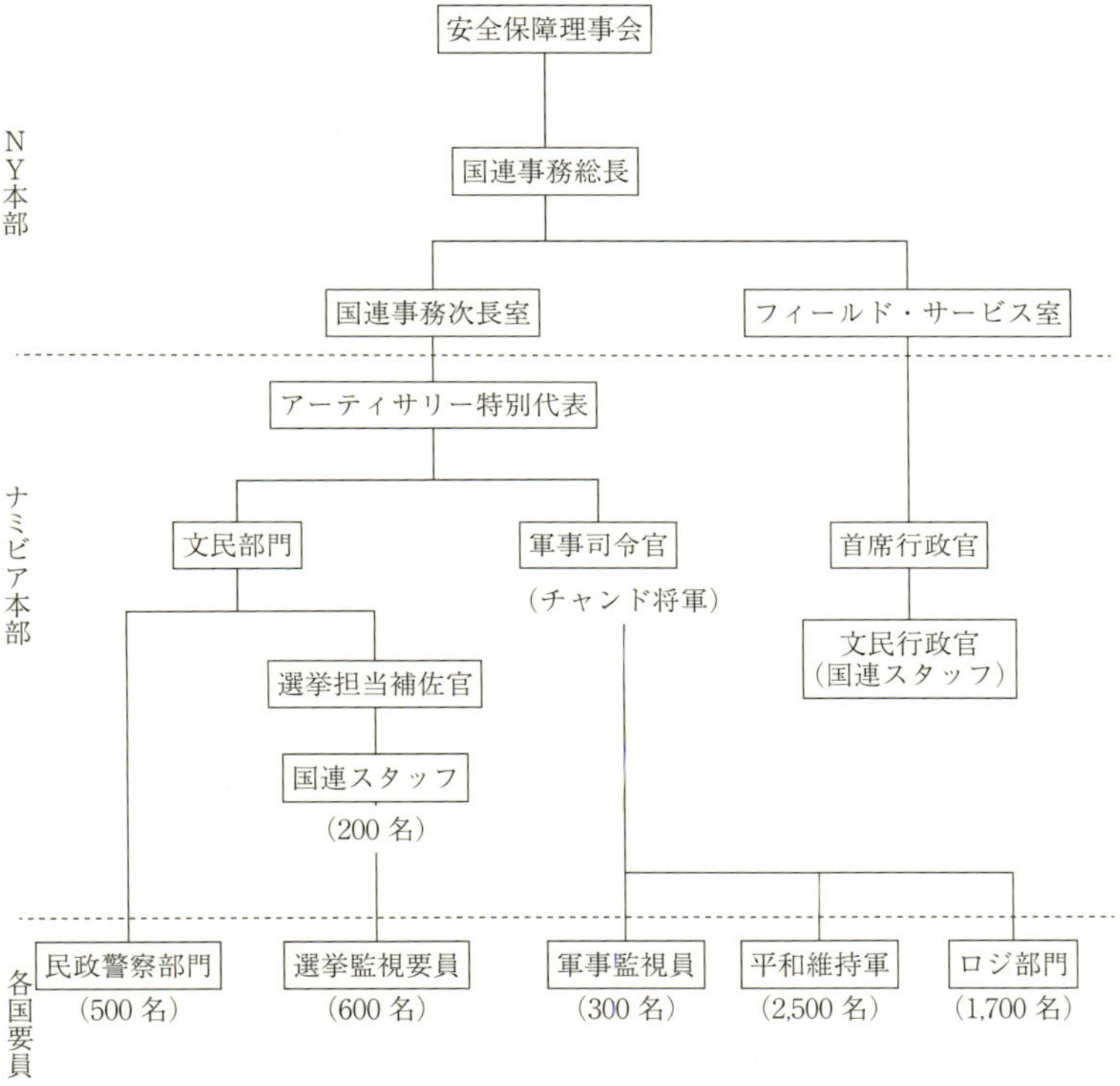


出所：国連政策課「要員派遣の各種方途とその問題点」開示文書整理番号 01-911-1、外務省外交史料館蔵、1989 年 4 月 28 日。

ついても外務省は法案作成や人材プール機関設置を見送り、既存の枠組みで対応したわけである。

一方、翌一九八九年一月一六日に国連安全保障理事会は公式会合を開催し、UNTAGの活動開始日を同年四月一日とする決議六二九を採択した[98]。外務省内でも、その概要を扱った文書が作成され[99]、およそ二週間でロードマップが作成されている[100]。

外務省としては、竹下の提唱した「国際協力構想」の第一の柱である「平和のための協力」の本格的な第一歩として、UNTAGへの選挙監視要員派遣を捉えており、一〇月上旬から一ヵ月の予定で、国連政策課長を団長とする三〇名程度の要員派遣を決定していた[101]。

この構想で中核に位置付けられた

### 図1－3　ナミビア選挙監視団の組織編成

1．人数：30 ～ 40 名

2．構成：

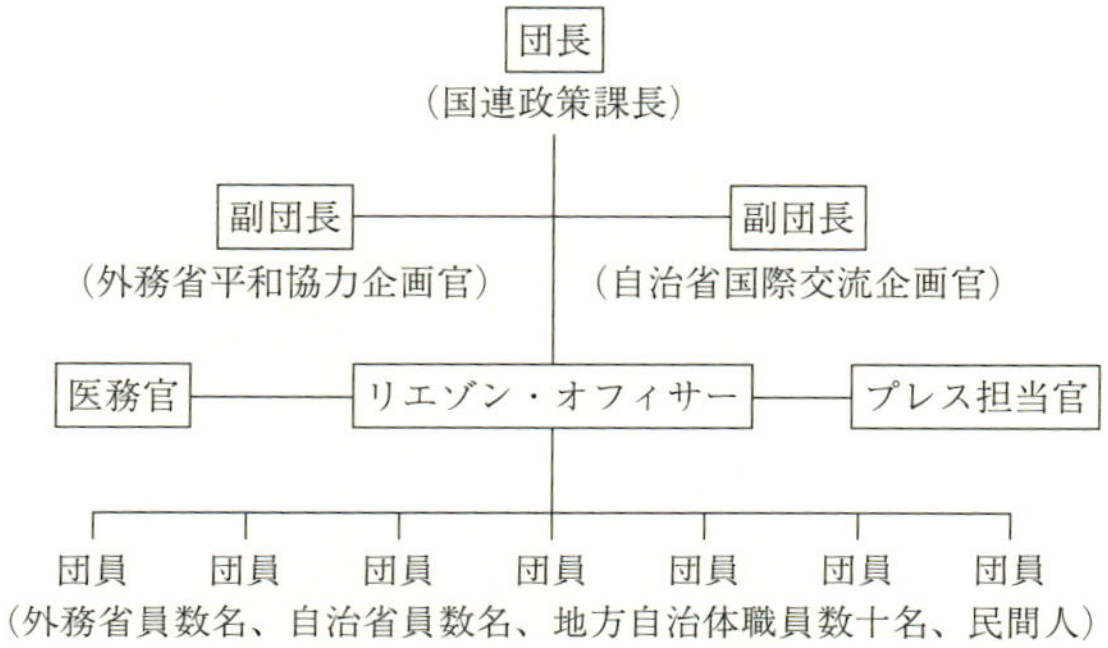


3．資格：

(1)　30 代半ばくらいまでの心身共に健康な者。

(2)　英会話能力（中級会話程度）。

(3)　できれば選挙事務経験があることが望ましい。

出所：国連局「ナミビアの選挙監視要員の派遣について」開示文書整理番号 01-911-12、外務省外交史料館蔵、1989 年 4 月 7 日。

のが、地方自治体の協力であった。宇野外務大臣は、非公式ながら一月二三日に梶山静六自治大臣兼国家公安委員会委員長から電話で了承を得た後、二五日に鈴木俊一東京都知事（全国知事会会長）を訪問している[102]。この会談において、宇野は「世界の平和に貢献する地方自治体」というコンセプトを掲げ、一県一名の各県単位で総計三〇名前後の地方自治体からの協力を非公式に要請した[103]。これに対し鈴木は、安全の問題に疑問を呈しつつも、処遇、身分保証、災害補償も含めて「条件が整えば良いと思う」と賛意を示す。安全性について、宇野が「特別の危険はない（弾は飛んでこない）」（括弧書き原文のまま）との見通しを述べると、鈴木もそれ以上は追及せずに了承した[104]。この見通しに沿って、派遣要員が選抜され、最終的に日本の選挙監視団は三一名で編成されることになる[105]（図1-3）。

なお、人的貢献以外にも、政府は財政貢献として、UNTAG立ち上げ経費一三五五万ドル、ナミビア難民帰還経費二五〇万ドルを任意拠出している[106]。本章は、「平和のための協力」遂行に必要とされるべき法的枠組みや人材確保・育成体制などの未整備を指摘してきたが、UNGOMAP、UNIMOGに続きUNTAGでも、そのことは障害となっていない。というより、未整備でもできることを、とにかく実行してきたというべきだろう。

宇野が鈴木の了承を獲得し、UNTAGに対する任意拠出が進むなか、竹下は国連本部に向かった。二月一日、バビエル・ペレス・デクレヤル（Javier Pérez de Cuéllar）国連事務総長との会談に臨み、「平和のための協力」について賛同を得た竹下は、[107]ナミビア独立に向けた選挙監視団参加についても詳細に説明し始める。[108]竹下は、全国都道府県に人員拠出を求めた状況を説明しながら、[109]「日本では地方選挙もいれると、四年間に六六三〇回も選挙があり、一日四回、どこかで選挙をやっている勘定。だから地方公務員には選挙のベテランがたくさんいるのです」と具体的な数字を交えて解説し、意欲を示したのであった。[110]

ところが、ナミビア制憲議会選挙の実施を取り巻く現地情勢は急速に変化しつつあった。独立手続き開始前日の三月三一日、ナミビア独立を求めるSWAPOのゲリラ・グループが隣国アンゴラからナミビアへの越境を試み、[111]南アフリカ指揮下で組織されたナミビア警官隊との間で銃撃戦を繰り広げた。[112]この事件は、国連安保理決議に基づき、同日から南ア軍とSWAPOゲリラの停戦が正式に始まった矢先の出来事であり、一日だけでもゲリラ三八名、警官二名が死亡し、[113]四月三日までにSWAPOゲリラ一〇〇〇名が越境している。[114]また、翌日にもゲリラ三〇〇名が越境し、[115]四月九日にはアンゴラ、キューバ、南アの代表からなり、米国、ソ連代表がオブザーバーとして参加する三ヵ国合同委員会が開催されたが、[116]北部国境地帯での衝突は後を絶たなかった。[117]つまり、宇野の「特別の危険はない（弾は飛んでこない）」という見通しは、独立移行過程の開始段階で狂いが生じていたのである。しかし、宇野も外務省も、事件解決を強調する考えであった。[118]次の外務省の認識は象徴的である。

……四月一日のUNTAG発足に前後して発生した武装SWAPO兵のナミビアへの越境侵入事件については、

その後のUNTAG及び三ヶ国（アンゴラ、キューバ、南ア）合同委員会による収拾努力が奏功し、去る一九日に発表された同委員会共同声明によればSWAPOの一六度以北への撤収及び南ア軍の基地への撤収が確認され、事態は事件発生前の状態をほぼ回復した模様[119]（括弧書き原文のまま）。

このような情勢認識に基づき、ナミビアへの選挙監視要員派遣を「『世界に貢献する日本』をアピールする絶好の機会」と位置付けたうえで[120]、五月二六日、遠藤實外務省国連局長が、持永尭民自治省官房長に次官名入りの正式依頼書を手交したのであった[121]。同様に六月一日には、宇野の名前入りの正式依頼書が鈴木全国知事会会長に届けられる[122]。後から振り返れば、宇野を含め外務省には、現地情勢の不安定さを憂慮し、派遣要員の安全確保を十分に考える意識が希薄だったようである。

ただし、こうした傾向は国会でも同様であった。「平和のための協力」の在り方を議論した五月二四日の衆議院外務委員会における質疑応答でも、日本から派遣される選挙監視要員の安全確保に言及した議員は一人もいない[123]。越境事件以降も、SWAPO副選挙部長で憲法草案を執筆したアントン・ルボウスキー（Anton Lubowski）が射殺され[124]、日本の新聞でも報じられたにもかかわらず[125]、この状況に変化はなかった[126]。社会党は、自衛隊法の改正、文民派遣の体制整備、あるいは、それらに伴う将来の自衛隊派遣には否定的だったものの、ナミビアへの文民派遣に真っ向から反対したわけではない。UNTAGをめぐる同党の関心は、あくまで自衛隊派遣とそれに繋がる法改正の阻止に集中していた。また、対する政府・外務省の関心は、「平和のための協力」の第一歩としてUNTAGへの選挙監視要員派遣を実現すること、そして誰をどのような肩書きで派遣するかに重点を置いており、任務遂行のために要員の安全をいかに確保するかという点は、それほど議論されてはいなかったのである。

それでは、メディアの反応はどうだったのか。『朝日新聞』は、「自衛隊やそれに準ずるものを派遣することは、絶対に避けなければならない」としながらも、文民限定を前提に、人材の確保等に備えるよう論じた。[127]『読売新聞』は、ナミビア選挙監視要員派遣を「小さな一歩」、「ささやかな貢献」とし、体制整備の充実を主張した。[128]『産経新聞』も「おおいに結構」と評し、[129]『日本経済新聞』と『毎日新聞』は、選挙監視団の結団式を報じている。[130]つまり、文民限定の派遣であれば、国会だけでなく、メディアの意向にも合致した政府にとって好都合な状況が整っていた。

このような状況を経て、一〇月二七日、青木盛久団長以下三一名が現地入りした。[131]部隊と異なり、選挙監視要員は出身国単位ではなく、個人単位でチーム編成され、翌月一四日まで何事もなく制憲議会選挙の監視を行った。日本人監視要員は最激戦区のウィンドフーク地区に配属されたが、彼らの投票手続や開票作業の監視状況は高く評価されていたという。[132]たとえば、同年一一月一七日、事実上のUNTAGトップであるマルティ・アーティサリー（Martti Ahtisaari）国連事務総長特別代表は、日本の選挙監視要員支援チーム団長の青木との会話で次のように告げた。

(1) 日本は財政支援のみならず素晴らしい選挙監視団を派遣してくれた点で国連を代表して謝意。

(2) 日本が国連平和維持活動に対して文民の分野で人的協力を行う十分な能力があることが証明されたもの。今後、選挙監視要員のみならず、通信、輸送、補給を含む後方支援の分野で日本が協力する余地は多々あり、特に来るべきカンボディア選挙に向けて、日本への期待は大。[133]

確かに、UNTAGに対する財政的貢献に目を転じると、日本政府は、車輌等購入のための立ち上がり経費として一三五五万ドルを任意拠出しており、さらにUNTAG経費（見積り総額四億一六〇〇万ドル）に係る特別分担金の拠出も予定していた。また、国連難民高等弁務官事務所（UNHCR: United Nations High Commissioner for Refugees）へは、ナミビア難民帰還経費（総額三八〇〇万ドル）として約二五〇〇万ドルを拠出している。[134]

そして、日本人選挙監視要員による人的貢献への高い評価は、カンボジアへの派遣を示唆するものでもあった。こうしたアーティサリーの評価を受け、外務省は選挙監視要員派遣を次のように意義付ける。

(1) 我が国が推進する「平和のための協力」の一環として、要員派遣面での協力としては本格的第一歩。金は出すが人は出さないという我が国に対するイメージの払拭に寄与。

(2) 要員派遣面での今後の我が国の協力(当面は、明年二月のニカラグァの選挙監視、カンボディア等)に明るい展望を開くもの[135](括弧書き、傍線原文のまま)。

しかし、安全確保に関しては、たとえばケニアは大使館規模の代表部を現地に開設し、選挙監視要員のみならず、部隊、警察官、国連職員も参加させ、代表部を中核として相互に連絡をとって活動していたのに対し、選挙監視要員限定派遣の日本にはそれが不可能であった[136]。多様な人材確保のための制度構築を見送った代償は、まさにそうした点に表れていた。その意味で、初の本格的な文民派遣が無事に成し遂げられたのは、幸運によるところも大きかったのである。

## 4 文民派遣の本質

本章で指摘してきた通り、ナミビアへの選挙監視要員派遣は、竹下、外務省のイニシアティブによって推し進められていった。そのナミビア派遣は「我が国としては、竹下総理の打ち出された国際協力構想の柱の一つである平和協力の本格的な第一歩」として外務省内で位置付けられるものに他ならず、したがって「本件につき人的・財政的両面

での協力を推進」すると基本方針で掲げたわけである。(137)

彼らは、法案作成、人材プール機関設置という二つの目的を実現できなかったが、この国内体制整備を断念することで「平和のための協力」を実現したのだった。つまり、人的貢献のための恒久的な枠組み作りを棚上げし、野党の批判を回避することで、早期の選挙監視要員派遣を実現したのである。そうした代償を支払ったことの引換えに、外務省は政策立案の主導権と政策遂行における高い自由度を獲得したといえよう。

もちろん、この背景にある国際環境の変化を忘れてはならない。ナミビア問題への日本のコミットメントが国内外で受容された要因として、米国の国際的指導力の退潮、日本の経済大国化などに象徴される冷戦体制の変化が挙げられよう。パックス・アメリカーナの多極化傾向を伴って初めて、文民限定の「平和のための協力」が進展したのである。

ただし、政府は将来の自衛隊による国際協力を完全に諦めていたわけではない。世界に表明した「国際協力構想」、とりわけ、「平和のための協力」の継続的展開を企図した政府にとって、あくまで文民派遣の実現は実績作りの第一歩に過ぎなかった。この実績と経験を足場として人的貢献の範囲を拡大し、文民だけでなく、自衛隊による貢献にも活路を導き出すという二段階の手法を政府は念頭に置いていたのである。

そうした手法ゆえに、竹下の「平和のための協力」の実現に向け、外務省が具体化を試みた際、ＵＮＴＡＧへの選挙監視要員派遣を先行させ、二つの側面で限界を伴うものとなった。その第一に指摘すべきは、当初、幅広い人材の派遣を構想しながら、それを円滑に、かつ継続的に実施するための国内体制の整備をめぐり譲歩を余儀なくされたことである。一九八八年当時、竹下の「平和のための協力」構想を国民の半数以上が支持し、野党各党も構想自体に異を唱えない状況においては、恒久的な体制整備と早期の文民派遣の双方を追求できた。しかし、体制整備を具体化させるにつれ、法案作成自体が自衛隊派遣に繋がると危機感を示す野党との間で、合意形成は困難なものとなった。つまり、法案を作成しようとすれば文民派遣が阻まれる可能性が生じたのであり、言い換えれば、早期の体制整備と「実績積上げ」という外務省の構想は、野党からの批判によって二者択一の選択を迫られることになった。ここで外務省は、後者を優先し、野党の抗議を封じ込めることによって、初めてＵＮＴＡＧへの選挙監視要員派遣という「実績積上げ」を実現したのである。

第二に挙げるべきは、ナミビア国内の治安悪化を受けて、政府が柔軟に適応できなかったことである。全国知事会会長の鈴木に対し、宇野の「特別の危険はない（弾は飛んでこない）」という情勢認識は、ナミビア国内の銃撃戦の勃発で既に反故と化していた。そもそも、安全確保の問題は情勢の発展に応じて、どのように対応するのか常に問題化する性質を含むものである。そこには柔軟な評価と対応が求められるが、内政で議論や修正がほとんど尽くされていない。制憲議会選挙直前まで現地の状況は不安定だったにもかかわらず、ゲリラと警官の衝突事件の解決のみを強調し、選挙監視要員の選考を推進した外務省の対応は、その意味で硬直的だったと言わざるを得ない。ナミビアの状況変化と宇野の見通しの相違が最後まで残されたところに、政府による要員の安全確保の不十分さがあった。

ＵＮＴＡＧへの選挙監視要員派遣以降、国際協力をめぐる議論は、再び法案作成に力点が置かれる。また、外務省職員派遣から、地方自治体職員派遣、自衛隊派遣へと人的貢献の幅は拡大の一途を辿っていく。しかし、後の章で述べるように、肝心の人的貢献に関わる法案の成立にはかなりの歳月を要し、人材育成機関の設置は、その後も実現されていない。竹下内閣のナミビア派遣は、外務省が企図した「実績積上げ」の萌芽だっただけでなく、冷戦後日本の営みを、件数的にも、質的にもより拡大させるために、避けては通れないいくつかの課題を示唆していたのである。

注

（1）神余隆博『新国連論――国際平和のための国連と日本の役割』大阪大学出版会、一九九五年、二一九頁。

（2）堀江浩一郎「新生ナミビアに日本は何ができるのか」『中央公論』第一〇五巻第一号、一九九〇年一月、二五二―二六一頁。

（3）西連寺大樹「日本の国連平和維持活動参加問題――文官派遣に至るまで」『政治経済史学』第四三四号、二〇〇二年一〇月、二三―四七頁。

（4）冷戦期の国連平和維持活動参加問題を検討したものとして、Shigeru Kozai, "Japanese Participation in United Nations Forces: Possibilities and Limitations", *The Japanese Annual of International Law*, No. 9, 1965. 入江寿大「池田・佐藤政権期の『国際的平和維持活動』参加問題――コンゴー動乱・マレイシア紛争と自衛隊派遣の検討」、軍事史学会編『ＰＫＯの史的検証』錦正社、二〇〇七年。香西、前掲『国連の平和維持活動』。小谷秀二郎「国連用待機軍について」、京都産業大学法学会『産大法学』第一巻第二号、一九六八年二月。浜谷英博「国連の平和維持活動と自衛隊の参加」『新防衛論集』第一八巻第一号、一九九〇年六月。潘亮「アメリカの対日政策における国連平和維持活動参加問題――ジョンソン・ニクソン政権期を中心に」『IPE Discussion Paper』第四号、二〇〇二年。村上友章「岸内閣と国連外交――ＰＫＯ原体験としてのレバノン危機」、神戸大学大学院国際協力研究科『国際協力論集』第一一巻第一号、二〇〇三年九月。同、前掲「国連平和維持活動と戦後日本外交一九四六―一九九三」。同、前掲「国連安全保障理事会と日本　一九四五～七二年」。吉田長雄「国連軍と日本」『国際問題』第七四号、一九六六年、などが挙げられる。

（5）吉田路線の視角で論じたものとして、村上友章「吉田路線とＰＫＯ参加問題」『国際政治』第一五一号、二〇〇八年三月。

（6）石垣泰司外務省国連局参事官へのインタビュー、二〇一〇年一月五日。

（7）「第一一一回国会における所信表明演説」一九八七年一一月二七日、内閣総理大臣官房監修『竹下内閣総理大臣演説集』日本広報協会、一九九〇年。「第一一一回国会衆議院会議録第一号㈠」『官報号外』一九八七年一一月二七日。「第一一一回国会参議院会議録第一号（その一）」『官報号外』一九八七年一一月二七日。

（8）『朝日新聞』一九八八年一月一四日夕刊。

（9）「ロンドン市長主催午餐会における竹下登内閣総理大臣スピーチ『日欧新時代の開幕』」一九八八年五月四日、内閣総理大臣官房、前掲『竹下内閣総理大臣演説集』。

（10）「第一一四回国会衆議院会議録第三号㈡」『官報号外』一九八九年二月一〇日。「第一一四回国会参議院会議録第三号（その二）」『官報号外』一九八九年二月一〇日。

（11）三つの構想のうち、「平和のための協力」は当初、「国連等による平和の強化のための国際的努力への積極的参加」と名付けられていた。栗山尚一「責任ある経済大国への途」『外交フォーラム』第二号、一九八八年一一月、三二―三三頁。

（12）同前、三三頁。

(13) 池田維『カンボジア和平への道――証言　日本外交試練の五年間』都市出版、一九九六年、一九頁。
(14) 村田良平『村田良平回想録　下巻――祖国の再生を次世代に託して』ミネルヴァ書房、二〇〇八年、三九―四三頁。
(15) 長谷川和年著、瀬川高央、服部龍二、若月秀和、加藤博章編『首相秘書官が語る中曽根外交の舞台裏――米・中・韓との相互信頼はいかに構築されたか』朝日新聞出版、二〇一四年、三二八頁。
(16) 竹下の内政を包括的に扱ったものとして、朝日新聞政治部『竹下政権の崩壊――リクルート事件と政治改革』朝日新聞社、一九八九年。久米郁男「竹下登――保守党政治完成者の不幸」、渡邉昭夫編『戦後日本の宰相たち』中央公論社、一九九五年。後藤謙次『竹下政権・五七六日』行研、二〇〇〇年。佐道明広「竹下登――『調整型政治』の完成とその限界」、佐道明広、小宮一夫、服部龍二編『人物で読む現代日本外交史――近衛文麿から小泉純一郎まで』吉川弘文館、二〇〇八年。竹下登『証言　保守政権』読売新聞社、一九九一年。竹下登著、政策研究大学院大学政策情報プロジェクトCOEオーラル・政策研究プロジェクト監修『政治とは何か――竹下登回顧録』講談社、二〇〇一年、などが有益である。
(17) Liang Pan, *The United Nations in Japan's Foreign and Security Policymaking, 1945-1992: National Security, Party Politics, and International Status*, Cambridge, Mass.: Harvard University Asia Center, 2005, p. 122. 若月秀和『大国日本の政治指導――一九七二～一九八九』吉川弘文館、二〇一二年、二四七頁。
(18) 久米、前掲「竹下登」三八〇頁。
(19) 後藤、前掲『竹下政権・五七六日』二八四―二八五頁。
(20) 星野昭吉「アメリカにおける日本問題――日米複合的摩擦構造の形成・展開過程」、星野昭吉編『国際化日本の現在――国際化をめぐる諸問題への学際的アプローチ』白桃書房、一九九四年、二二七―二二八頁。
(21) 長岡豊『日米経済摩擦』中央経済社、一九八七年、四頁。
(22) 落合浩太郎『日米経済摩擦』慶應通信、一九九三年、一七頁。同『改訂日米経済摩擦――全体像を求めて』慶應通信、一九九四年、一七頁。
(23) 外務省経済協力局編『我が国の政府開発援助』上巻、国際協力推進委員会、一九九〇年、一六頁。小浜裕久『ODAの経済学』日本評論社、一九九二年、三八―三九頁。草野厚『ODAの正しい見方』筑摩書房、一九九七年、八七頁。西垣昭、下村恭民『開発援助の経済学――「共生の世界」と日本のODA』新版、有斐閣、二〇〇〇年、一〇四―一〇五頁。渡辺利夫、草野厚『日本のODAをどうするか』日本放送出版協会、一九九一年、二六頁。
(24) いわゆる〝ジャパン・バッシング〟に関しては、Karel G. van Wolferen, "The Japan Problem", *Foreign Affairs*, Vol. 65, No. 2,

Winter 1986/1987. Karel G. van Wolferen, *The Enigma of Japanese Power*, New York: Alfred A Knopf, 1989.（篠原勝訳『日本／権力構造の謎』上下、早川書房、一九九〇年）。Clyde V. Prestowitz, Jr., *Trading Places: How We Allowed Japan to Take the Lead*, New York: Basic Books, 1988.（国弘正雄『日米逆転——成功と衰退の軌跡』ダイヤモンド社、一九八八年）、などが有益である。

(25) 栗山尚一『日米同盟——漂流からの脱却』日本経済新聞社、一九九七年、二〇頁。また、同様の見解を述べたものとして、五百旗頭真『秩序変革期の日本の選択——「米・欧・日」三極システムのすすめ』PHP研究所、一九九一年、二二一‐二二二頁。

(26) 栗山、前掲『日米同盟』二一頁。

(27) 同前。

(28) 同前、二二頁。

(29) 栗山尚一「国際協力構想が意味するもの」『世界の動き』第四七四号、一九八八年八月、一六‐一七頁。

(30) Tadashi Ikeda, "Japan's International Contribution", *Japan Review of International Affairs*, Spring/Summer, 1989, p. 14.「第一一四回国会における施政方針演説」一九八九年二月一〇日、内閣総理大臣官房、前掲『竹下内閣総理大臣演説集』。

(31) 栗山、前掲「責任ある経済大国への途」三四‐三五頁。

(32) 後藤田正晴『政と官』講談社、一九九四年、一八四‐一八七頁。なお、中曽根内閣期のペルシャ湾掃海艇派遣問題を論じたものとして、加藤博章「冷戦下自衛隊海外派遣の挫折——一九八七年ペルシャ湾掃海艇派遣の政策決定過程」『戦略研究』第一〇号、二〇一一年九月、が有益である。

(33) 草野厚「中曾根康弘——大統領的首相の面目」、渡邉、前掲『戦後日本の宰相たち』三六八頁。

(34) 後藤田正晴『内閣官房長官』講談社、一九八九年、一〇五‐一〇八頁。

(35) 同前、一〇六頁。

(36) その後も『朝日新聞』の記事で、後藤田は「自衛隊が国外で武力行使することは絶対にあってはならない。武力行使と一体になった後方支援もできない」と述べている。『朝日新聞』一九九七年三月一日。

(37) 中曽根康弘著、中島琢磨、服部龍二、昇亜美子、若月秀和、道下徳成、楠綾子、瀬川高央編『中曽根康弘が語る戦後日本外交』新潮社、二〇一二年、四八三頁。

(38) ナミビア独立過程と国連の役割を検討したものとして、National Democratic Institute for International Affairs, *Nation Building: The U.N. and Namibia*, New York: National Democratic Institute for International Affairs, 1990. United Nations, *Namibia, a Unique UN Responsibility: Highlights of United Nations Action in Support of Freedom and Independence for Namibia*, New York:

United Nations Department of Public Information, 1980. 家正治「ナミビアの独立と国際連合」『海外事情』第三八巻第六号、一九九〇年六月。遠藤安彦「国連ナミビア理事会の国際統治」『法政論叢』第三一号、一九九五年五月。香西、前掲『国連の平和維持活動』二三四–二四〇、三四二–三四四頁。永原陽子「ナミビアの独立をめぐって」『歴史学研究』第六〇五号、一九九〇年四月。則武輝幸「国連ナミビア独立支援グループ（UNTAG: 1989–1990）」、横田洋三編『国連による平和と安全の維持――解説と資料』第一巻、国際書院、二〇〇〇年。福田菊「ナミビア独立と国連の監視活動」『桃山学院大学社会学論集』第二四巻第二号、一九九〇年一二月、などがとくに有益である。

(39) これら五ヵ国は、通称「コンタクト・グループ（Contact Group）」と呼ばれた。香西、前掲『国連の平和維持活動』三四三頁。

(40) Letter Dated 10 April 1978 from the Representatives of Canada, France, the Federal Republic of Germany, the United Kingdom of Great Britain and Northern Ireland and the United States of America to the President of the Security Council, S/12636, April 10, 1978.

(41) United Nations Security Council Resolution 435, S/RES/435, September 29, 1978.「安保理決議四三五（骨子）（一九七八・九・二九）」情報公開第01267号、開示請求番号2011–00146、日付不明。

(42) Steven R. Ratner, *The New UN Peacekeeping: Building Peace in Lands of Conflict after the Cold War*, New York: St. Martin's Press, 1995, p. 118. 福田、前掲「ナミビア独立と国連の監視活動」一〇頁。

(43) 国連政策課、アフリカ二課「ナミビア独立問題」情報公開第01267号、開示請求番号2011–00146、日付不明。

(44) 国連政策課「平和のための協力の推進」開示文書整理番号01–911–8、外務省外交史料館蔵、一九八九年一月。

(45) 「第三回国連軍縮特別総会一般討論における演説」一九八八年六月一日、内閣総理大臣官房監修、前掲『竹下内閣総理大臣演説集』。

同前。

(46) 『朝日新聞』一九八八年六月二二日夕刊。

(47) 総理府内閣総理大臣官房広報室「外交に関する世論調査――昭和六三年一〇月調査」一九八九年、二三–二四頁。

(48) C・O・E・オーラル・政策研究プロジェクト『栗山尚一（元駐米大使）オーラルヒストリー――湾岸戦争と日本外交』政策研究大学院大学、二〇〇五年、二七頁。

(49) 前掲、石垣外務省国連局参事官へのインタビュー。

(50) 外務大臣発在西独、米、英、フィンランド、墺、デンマーク、ノルウェー、スウェーデン、仏、加大使宛第一〇〇四八号「国際的平和維持活動への要員協力（調査訓令）」開示文書整理番号04–922–1、外務省外交史料館蔵、一九八八年六月二日。

(51) 総理府内閣総理大臣官房広報室「自衛隊・防衛問題に関する世論調査――昭和六三年一月調査」一九八八年一月、一四、一七頁。
(52) 調査結果に掲載されたのは、ノルウェー、西独、米国、フィンランド、カナダ、墺、デンマーク、仏である。国政「国際的平和維持活動への文民派遣（とりあえずの調査結果）」開示文書整理番号01-904-1、外務省外交史料館蔵、一九八八年六月。
(53) 同前。
(54) 日本の国際緊急援助隊の活動を詳細に論じたものとして、たとえば、中内康夫「国際緊急援助隊の沿革と今日の課題――求められる大規模災害に対する国際協力の推進」『立法と調査』第三二三号、二〇一一年一二月。柳沢香枝「日本の国際緊急援助隊三〇年を振り返る」『外交』第七号、二〇一一年五月。山田好一、野村留美子「国際緊急援助隊（ＪＤＲ）」、内海成治、中村安秀、勝間靖編『国際緊急人道支援』ナカニシヤ出版、二〇〇八年、が挙げられる。また、人道と政治の関係に着目し、日本の国際緊急援助活動を検討したものとして、武田康裕「自然災害と日本の国際緊急援助――人道と政治の葛藤」、大芝編、前掲『日本の外交第五巻』、が詳しい。
(55) 外務大臣発在西独、米、英、フィンランド、墺、デンマーク、ノルウェー、スウェーデン、仏、加大使宛第一〇〇四八号、前掲「国際的平和維持活動への要員協力（調査訓令）」。
(56) 国連政策課「国際平和維持活動への人的協力のための作業グループの設置について」開示文書整理番号04-923-1、外務省外交史料館蔵、一九八八年五月三〇日。
(57) 同前。
(58) 同前。
(59) 外務大臣発在国連大使宛第一五四七号「事務連絡」開示文書整理番号01-904-18、外務省外交史料館蔵、一九八八年六月七日。
(60) 国連政策課、前掲「国際平和維持活動への人的協力のための作業グループの設置について」。
(61) 外務大臣発在国連大使宛第一五四七号、前掲「事務連絡」。
(62) 国政「国際的平和維持活動・人的協力作業グループ（第一回配布用）」開示文書整理番号01-904-19、外務省外交史料館蔵、一九八八年六月一五日。
(63) 若干の制度的手当を要するものとして、外務省以外の他の省庁職員を派遣する方法があった。このケースにおいて、外務省国連政策課は三つの対応を考えていた。第一は国家公務員派遣法の適用、第二が出張、第三が国際緊急援助隊法の適用である。六月七日付の別の文書によれば、「解釈・運用の拡大や変更により可能となるか否か要検討、場合により制度的手当が必要」とも書かれているが、その後の経緯は定かではない。また、国連職員、ＪＩＣＡ職員以外の民間人の直接派遣が見受けられるものの、「現行法上特定の根拠なし」と認識されている。外務大臣発在国連大使宛第一五四七号別ＦＡＸ信二「事務連絡」開示文書整理番号01–904–18、外務省外交史料館蔵、一九八八年六月七日。

(64) 国政、前掲「国際的平和維持活動・人的協力作業グループ（第一回配布用）」。

(65) 大竹米蔵「国際緊急援助体制の一層の整備――国際緊急援助隊の派遣に関する法律（昭和六二・九・一六公布、法律第九三号）」『時の法令』第一三三四号、一九八八年七月、五〇頁。

(66) 「平和協力法骨子（担当レベル会議配布）」開示文書整理番号01–904–21、外務省外交史料館蔵、一九八八年六月二三日。

(67) 同前。

(68) 『朝日新聞』一九八八年五月二七日。

(69) 前掲「平和協力法骨子（担当レベル会議配布）」。

(70) 「民間人の派遣（一般的なモデル）」開示文書整理番号01–904–20、外務省外交史料館蔵、一九八八年六月二三日。

(71) 国際協力事業団は、独立行政法人国際協力機構法（平成一四年法律第一三六号）に基づき、二〇〇三年一〇月一日に外務省所管の国際協力機構に名称が改められている。なお、本章で日本語表記を行う際には、当時の旧称で記述することとする。

(72) 前掲「民間人の派遣（一般的なモデル）」。

(73) 事務局（国連政策課）「国際的平和維持活動に対する要員派遣――省内作業グループの中間報告」開示文書整理番号01–904–24、外務省外交史料館蔵、一九八八年七月二七日。

(74) 「ナミビアにおける平和協力のための要員派遣のための体制整備について」開示文書整理番号01–911–7、外務省外交史料館蔵、一九八九年一月六日。

(75) 国政「『国際的平和維持活動・人的協力作業グループ』第三回会合用資料」開示文書整理番号01–904–23、外務省外交史料館蔵、一九八八年六月三〇日。

(76) 『朝日新聞』一九八九年一月一一日。

(77) キプロスでの国連平和維持活動を論じたものとして、Farid Mirbagheri, *Cyprus and International Peacemaking*, London: Hurst & Company, 1998. James A. Stegenga, *The United Nations Force in Cyprus*, Columbus: Ohio State University Press, 1968. Karl Th. Birgisson, "United Nations Peacekeeping Force in Cyprus", William J. Durch, eds., *The Evolution of UN Peacekeeping: Case Studies and Comparative Analysis*, New York: St Martin's Press, 1993. 上杉勇司『変わりゆく国連ＰＫＯと紛争解決――平和創造と平和構築をつなぐ』明石書店、二〇〇四年、第四章。香西茂「キプロス国連平和維持軍」、京都大学法学会『法学論叢』第

八一巻第三号、一九六七年六月。同、前掲『国連の平和維持活動』一四七―一八一頁。小谷秀二郎「キプロス国連軍について」、京都産業大学法学会『産大法学』第二巻第四号、一九六九年三月。下羽友衛「キプロス問題と国連」『国際商科大学論叢』第二五号、一九八二年。柘山尭司「キプロス紛争と国連の介入」『青山国際政経論集』第一四号、一九八九年一〇月、などが挙げられる。

(78) 国連政策課「要員派遣の各種方途とその問題点」開示文書整理番号01-911-1、外務省外交史料館蔵、一九八九年四月二八日。

(79) United Nations Security Council Resolution 186, S/5575, March 4, 1964.

(80) 現在の表記は看護師であるが、本章では当時の旧称で記述することとする。

(81) 前掲「民間人の派遣（一般的なモデル）」。

(82) なお、オーストリアの根拠法については、「国際機関からの要請に基づくオーストリア派遣団の外国への援助派遣に関する連邦法（一九六五・六・三〇）」開示文書整理番号01-904-16、外務省外交史料館蔵、日付不明、がとくに詳しい。

(83) 前掲「民間人の派遣（一般的なモデル）」。

(84) 国連局政治課「地中海の国連平和維持活動――サイプラス国連軍の概要」開示文書整理番号01-896-10、外務省外交史料館蔵、一九七三年一月一七日。

(85) 同前。

(86) 同前。

(87) 村田、前掲『村田良平回想録　下巻』四七―四八頁。

(88) 一九八八年四月初旬の段階で、外務省は、アフガニスタン和平調印後の軍事監視団に、日本人スタッフが召集されると察知していた。その発端として、日本が国連に五〇〇万ドルを拠出している関係で、事務総長周辺から間接的に打診を受けていたことが挙げられている。『読売新聞』一九八八年八月三一日。

(89) 在白大菅沼「国連アフガニスタン・パキスタン仲介ミッション（ＵＮＧＯＭＡＰ）への派遣から帰って」開示文書整理番号01-906-21、外務省外交史料館蔵、一九九〇年二月二六日。

(90) 外務大臣発在フィンランド大使宛第一二六号「事務連絡」開示文書整理番号01-904-6、外務省外交史料館蔵、一九八八年六月六日。

(91) その他にも、国連平和維持活動の円滑な実施を支援する目的で、平成元年度の予算で二五〇万ドルの立ち上がり経費の支援を予定していた。国連政策課、前掲「平和のための協力の推進」。

(92) 前掲『読売新聞』一九八八年八月三一日。

(93) 「ＰＫＯ協力に係る国連からの要請」開示文書整理番号01-911-7、外務省外交史料館蔵、一九八九年一月六日。

(94) さらに、同団長は「Dデー（四月一日）から一九〇日目より二二〇日目まで滞在する各国要員六〇〇名を各国に派遣要請することになろう。この各国要員の任務は、公正な選挙が行われるよう監視すること。したがって、派遣要員の望ましい経歴としては(イ)語学（英語もしくは独語、又はアフリカーンス語）ができ、(ロ)選挙運営の経験があり、(ハ)第三世界をよく知っていることなどがあげられる」（括弧書き原文のまま）と述べてもいる。つまり、（図1-3）に掲げられた日本の派遣資格は、上記の望ましい経歴におおむね合致するものだったといえよう。同前。

(95) 国連局「ナミビアの独立支援のための我が国要員の派遣」開示文書整理番号01-911-10、外務省外交史料館蔵、一九八九年一月二〇日。

(96) 前掲、石垣外務省国連局参事官へのインタビュー。

(97) その他の依頼先として、次の諸機関などが考えられていた。(1)海外青年協力隊、(2)経済団体連合経済協力部、(3)アジア経済研究所、(4)厚生省、(5)その他、一般公募、である。なお、本格的な募集活動の開始は翌年一月以降であった。国連政策課「我が国の国連ナミビア独立支援グループ（UNTAG）要員派遣計画（案）」開示文書整理番号04-1118-4、外務省外交史料館蔵、一九八八年一二月二六日。

(98) United Nations Security Council Resolution 629, S/RES/629, January 16, 1989.

(99) 国連政策課「『国連ナミビア独立支援グループ』（UNTAG）に関する安保理決議」開示文書整理番号01-911-9、外務省外交史料館蔵、一九八九年一月一八日。

(100) 国連政策課「ナミビアへの要員派遣のスケジュール」開示文書整理番号01-911-11、外務省外交史料館蔵、一九八九年二月一日。

(101) 外務省によれば、派遣計画の概要は、同年八月に研修を開始し、九月に採用決定を行い、一〇月に派遣するというものであった。同前。「国連大学主催ナミビア派遣要員研修・訓練計画」開示文書整理番号04-1118-14、外務省外交史料館蔵、一九八九年八月一五日。

(102) 国連局国連政策課「ナミビアへの我が国選挙監視要員の派遣を終えて（今後の課題を中心として）」開示文書整理番号04-1118-16、外務省外交史料館蔵、一九八九年一一月。

(103) 国連政策課「ナミビアへの要員派遣問題（宇野大臣の鈴木都知事への要請）」開示文書整理番号01-908-3、外務省外交史料館蔵、一九八九年一月二六日。

(104) 同前。宇野が地方自治体の協力に触れたのは、このときが初めてではない。たとえば、一九八八年九月二七日に開催された全国都道府県知事会議の席上、次のように宇野は発言している。「国連平和維持軍をはじめ休戦監視団など平和に貢献する国連活動があるが、今後ナミビア紛争終結、カンボディア紛争の解決等、国連の活動も多岐に亘ることが予想され、我が国の要員派遣も政府のみでは賄い切れぬ事態が予想される。その場合には一般民間、地方自治体の協力を仰ぐこととなるので宜しく願いたい」（傍線原文のまま）。国連政策課「全国知事会会長（都知事）に対する協力要請（ナミビアに対する我が国の要員派遣）」開示文書整理番号01-908-3、外務省外交史料館蔵、一九八九年一月二四日。

(105) 支援チーム団長大使青木盛久「ナミビア選挙監視団支援チーム報告」開示文書整理番号04-1118-15、外務省外交史料館蔵、一九八九年一一月。

(106) 国連政策課「ナミビア独立問題——国連ナミビア独立支援グループ（UNTAG）と我が国の貢献」開示文書整理番号04-1118-10、外務省外交史料館蔵、一九八九年七月二四日。国連政策課、前掲「平和のための協力の推進」。

(107) 前掲「第一一四回国会における施政方針演説」。

(108) 『朝日新聞』一九八九年二月三日。

(109) 同前。国連政策課、前掲「全国知事会会長（都知事）に対する協力要請（ナミビアに対する我が国の要員派遣）」。

(110) 同前。

(111) Letter Dated 4 April 1989 from the Permanent Representative of South Africa to the United Nations Addressed to the Secretary-General, S/20566, April 4, 1989.

(112) 国連政策課「最近のナミビア情勢——国連ナミビア独立支援グループ（UNTAG）の活動を中心として」情報公開第01267号、開示請求番号2011-00146、一九八九年五月三一日。

(113) さらに同日には、南ア政府軍のヘリがSWAPO支持の若者八名を射殺していた。『日本経済新聞』一九八九年四月三日。

(114) Letter Dated 4 April 1989 from the Permanent Representative of South Africa to the United Nations Addressed to the Secretary-General, S/20565, April 4, 1989. National Democratic Institute for International Affairs, *Nation Building*, p. 23.

(115) Letter Dated 5 April 1989 from the Permanent Representative of South Africa to the United Nations Addressed to the Secretary-General, S/20567, April 5, 1989.

(116) Note by the Secretary-General, S/20579, April 17, 1989.

(117) 国連政策課、前掲「最近のナミビア情勢」。

(118) 国連政策課「ナミビアへの選挙監視要員の派遣（大臣記者会見用発言要領）」開示文書整理番号04-1118-9、外務省外交史料館蔵、一九八九年五月二五日。

(119) 同前。

(120) 外務事務次官発全国都道府県知事会会長、自治事務次官宛第二五号「ナミビアへの選挙監視要員の派遣」情報公開第01267号、開示請求番号2011-00146、一九八九年五月二六日。

(121) 同前。国連局、前掲「ナミビアへの我が国選挙監視要員の派遣を終えて（今後の課題を中心として）」。

(122) 外務大臣宇野宗佑発全国知事会会長鈴木俊一宛第六五五号「ナミビアへの選挙監視要員の派遣について」情報公開第01267号、開示請求番号2011-00146、一九八九年六月一日。

(123) 「第一一四回国会衆議院外務委員会議録第三号」一九八九年五月二四日。

(124) ルボウスキー殺害の他にも、八月、九月には匿名の脅迫事件が相次いだ。たとえば、人権派弁護士のデビッド・スマッツ（David Smuts）、*The Namibian* 編集長のグウェン・リスター（Gwen Lister）、フォトグラファーのジョン・リーベンバーグ（John Liebenberg）、そしてＵＮＴＡＧ職員も殺人の脅迫を受けている。National Democratic Institute for International Affairs, *Nation Building*, p. 45.

(125) 『朝日新聞』一九八九年九月一四日。

(126) 「第一一六回国会参議院予算委員会会議録第五号」一九八九年一〇月二六日。

(127) 『朝日新聞』一九八九年一〇月一七日。

(128) 『読売新聞』一九八九年一〇月二三日。

(129) 『産経新聞』一九八九年一〇月二四日。

(130) 『日本経済新聞』一九八九年一〇月一八日夕刊。『毎日新聞』一九八九年一〇月一八日夕刊。

(131) やや日記調ではあるが、ナミビアでの日本人選挙監視要員の活動に関しては、各参加者の体験に基づく報告が少なからずある。河合祐一「ナミビアの選挙をみて——ナミビア選挙監視要員体験記」『選挙』第四三巻第二号、一九九〇年二月。松永邦男「ナミビア制憲議会議員選挙監視始末記」『選挙』第四三巻第五号、一九九〇年五月。峯陽一「ナミビア独立選挙報告——真の解放への大きな一歩」『部落解放』第三〇四号、一九九〇年一月、が詳しい。また、当時の未公刊文書、新聞なども含めた包括的な活動記録としては、ナミビア選挙監視団日本隊編『ナミビア選挙監視団日本隊の記録』一九九四年、が有益である。

(132) 支援チーム団長大使青木、前掲「ナミビア選挙監視団支援チーム報告」。

(133) 「ナミビアへの選挙監視要員の派遣」開示文書整理番号04-1118-1、外務省外交史料館蔵、日付不明。

(134) 国連政策課、前掲「ナミビア独立問題」。

(135)　前掲「ナミビアへの選挙監視要員の派遣」。
(136)　支援チーム団長大使青木、前掲「ナミビア選挙監視団支援チーム報告」。
(137)　国連政策課「国連ナミビア独立支援グループ（ＵＮＴＡＧ）と我が国の貢献」開示文書整理番号04-1118-5、外務省外交史料館蔵、一九八九年四月一四日。

# 第二章　外務省の自衛隊「半文民化」構想
## ――海部内閣と国連平和協力法案作成過程

一九八九年四月二五日、政治的混乱を招いた税制改革、リクルート事件の責任をとるために、竹下登が辞意を表明すると、[1]自民党内の後継総裁選びは難航した。本来、竹下後継の一番手と目されていた安倍晋太郎、宮澤喜一、渡辺美智雄ら本命候補が軒並み同事件に巻き込まれたのみならず、河本敏夫も三光汽船倒産で敬遠され、伊東正義、後藤田正晴、坂田道太らが就任要請を固辞し続けたからであった。[2]結局、竹下内閣で外相を務めた宇野宗佑が六月二日に首相に就任するが、[3]後継総裁選びの混乱は実に一ヵ月以上に及んだことになる。

ところが、自民党への信頼回復を期したはずの宇野にもスキャンダルが持ち上がり、二ヵ月余りで退陣を余儀なくされる。[4]そして、同年八月八日の自民党総裁選で勝利を収め、翌九日に内閣総理大臣に指名されたのが、当時五八歳の海部俊樹であった。三木武夫の「秘蔵っ子」と言われ、日本史上初めての昭和生まれの首相として知られる海部政権の誕生である。[5]

所信表明演説において、海部は竹下政権期の「国際協力構想」を継承する考えを示し、次のように表明している。

……国際社会の中で大きな存在となった我が国は、責任ある国家として、これから進む道筋を明確に示さなければなりません。

その道筋は、平和国家に徹するとともに、世界の平和と繁栄のために汗を流していくことにあると思います。

我が国は、憲法のもと、他国に脅威を与えるような軍事大国への道を歩まず、節度ある防衛力の整備に努めるとともに、国際平和と軍縮そして繁栄という崇高な目標に向けて、主体的に貢献していく方針であります。

私は、世界に向けてより大きな責任と役割を果たす国際協力構想に一層積極的に取り組み、この構想の三つの柱である、平和のための協力、ＯＤＡの拡充及び国際文化交流の強化をさらに具体化し、発展させてまいります。(6)

このような海部の発言が、国内外からどのような評価を受けたかは別として、一時は頓挫しかけた「国際協力構想」を、政策枠組みとして取り戻す役割を海部が果たしたのである。

言うまでもなく、この「国際協力構想」を推進するには、何らかの法的根拠が求められる。そこで再燃したのが、竹下政権期に棚上げされた法案作成作業であった。後に国連平和協力法と称され、佐藤誠三郎が「あまりにも姑息なやり方」(7)と断じた同法案をめぐっては、既に多くの検討が加えられている。たとえば、同法案で規定された自衛隊の海外活動について、その違憲性を指摘するものが挙げられる。彼らは、たとえ自衛隊の協力が後方支援活動に限られていても、そもそも戦闘状態では戦闘行為と後方支援の明確な区別はできず、戦闘行為と一体であると主張する。(8)

他方、政治過程の側面から検討したものも多数あるが、その大半は法案が廃案に至るまでを、海部を中枢に据えて分析している。しかし、海部らの意思決定を下支えした外務省の動向については、ほとんど検討されていない。(9)海部の政治手法を「優柔不断型」と性格規定した信田智人も、(10)外務省の国連局が中心となり法案が作成されたという結果の部分しか触れておらず、(11)その過程や両者の関係を十分に解明していない。後に述べるように、法案作成上の障害、すなわち「職務専念義務」や「指揮命令の衝突」を克服する論理を創出したのは外務省であり、当時の法案作成過程の全体像を捉えるためには、同省の位置付けに注意を払う必要があるだろう。

そこで本章では、海部政権期に法案作成が急務となる状況を概観したうえで、にわかに噴出し始めた自衛隊海外派遣をめぐる政治過程を検討していく。果たして、法案作成を担った外務省は、いったいどのように法案の中身を構想し、自衛隊の派遣に道を開こうとしたのだろうか。それは同時に、いかなる限界に外務省が直面したのかをも浮き彫りにするはずである。

## 1　前史——海部内閣と湾岸危機

### (1)　一〇億ドル財政援助の帰結

一九九〇年八月二日未明、イラクが隣国クウェートへの侵攻を開始した[12]。同日中にもイラクは、クウェート暫定自由政府樹立を宣言し[13]、八日には同国の統合を発表している[14]。侵攻直後から、ホワイトハウスでは「砂漠の嵐作戦」実行に向けて議論が重ねられ[15]、その一環としてアラブ世界と同盟国に対する支援要請が展開されることになる。

当然、その対象には日本も含まれていた。八月一四日早朝に海部は、ジョージ・H・W・ブッシュ（George H. W. Bush）米大統領からのホットラインで、既に英、仏、伊、オーストラリア、スペインの参加を得つつあり、日本も国際貢献を行うよう求められる[16]。この電話会談において、ブッシュが人的貢献を求めたのに対し、海部は「こちらも手続があるんだ」と明言を避けている[17]。

だが、米国側の要請は、その翌日から様々なレベルで止めどなく続いた。翌一五日、マイケル・アマコスト（Michael H. Armacost）駐日大使は栗山尚一外務次官と協議し、(1) 多国籍軍への財政支援、(2) トルコ、エジプト、ヨルダンに対する経済援助、(3) 在日米軍経費の負担上積み、(4) 多国籍軍に対する人的貢献、を要請した[18]。これらのうち、アマコストが強調したのは最後の項目であり、そのなかにはペルシャ湾への掃海艇派遣、エジプトからサウジアラビアへの資材輸送を目的とした多国籍軍海軍部隊への参加などが含まれていた。[19] ワシントンが日本にまず求めたのは、湾岸地域での米国を中心とした多国籍軍の活動において、同盟国日本が船舶の派遣を通じてプレゼンスを示すことだったのである。

日本で栗山とアマコストが協議を行っていた頃、米国でも同様の動きが顕著になりつつあった。通称、「対日チーム」と呼ばれた国務省のローレンス・イーグルバーガー（Lawrence S. Eagleburger）副長官らが、村田良平駐米大使と数十回に亘る接触を重ねている。[20] このチームには「Money is not enough（カネでは不十分だ）」（括弧書き原文のまま）という合言葉があり、ブレント・スコウクロフト（Brent Scowcroft）国家安全保障担当大統領補佐官らは「日本の旗を立てた船と飛行機が現地で活躍することが重要だ」と村田に念を押した。[21] これは、竹下政権期に外務省が想定していた、文民による国連平和維持活動参加という条件を完全に超えるものであった。[22] さらに、倉成正元外相を団長とする自民党の訪米団と会談の際にも、ベーカー国務長官の伝言として、ロバート・キミット（Robert M. Kimmitt）政治担当国務次官が「一に実質的、二にタイムリー、三に目に見える形」と支援策三条件を告げている。[23]

度重なる米国の要請に対して明確な回答を避け続ける状況に疑義を呈し、憲法解釈の転換を海部に進言したのが自民党の小沢一郎幹事長であった。八月二六日正午過ぎ、小沢は日曜にもかかわらず首相官邸入りし、次のように海部に迫った。

> 金銭面の援助や協力だけでは国際世論に通用しない。臨時国会を開いて法改正をしようにも、参院では与野党逆転だし、時間がかかりすぎて緊急の役に立たない。日本は、憲法をはじめ緊急事態に対応する法体系になっていない。……今回の事態をきっかけに国会で議論していかなければならない。
> ……憲法と国連憲章の理念は一致しているし、憲法の武力不行使や戦争放棄の原則を確保するためにも、国連

中心の集団的安全保障制度で補うしかない。今回は安保理事会決議があるのだから、……現行の憲法や自衛隊法のままでも自衛隊を中東に派遣できる、と私は思う。……

カネとモノしか出さない特殊な国にとどまるか、それとも憲法判断をしっかりするか。総理が決断すればすむことだ。[24]

小沢の言い分に対して、海部は人的貢献の実施に否定的な判断を下した。それから三日後の八月二九日、海部は「我が国の国際的な対応が、この事態の本質を少しでも見失ったものとなる場合には、我が国が拠って立っております平和国家の理念そのものが内外から問われることになります」と危機感を述べた後[25]、小沢が求めた自衛隊の国際協力を避け、憲法の枠内の措置として、次のような支援内容を掲げた。すなわち、食糧、水、医療品等の輸送協力、一〇〇名を目途とした医療調査団の派遣、ヨルダンの難民支援のための一〇〇〇万ドルの援助などである。[26] また、翌日には、多国籍軍に対する財政援助として一〇億ドルの供出を海部が発表することになる。[27]

ところが、海部が発表した一〇億ドルは、米国からの非難を招いたばかりか、外務省すら納得させることはできなかった。石原信雄官房副長官の回想によれば、外務省が算定した多国籍軍に対する資金協力は、当初二〇億ドルから三〇億ドルであった。[28] 他方で、大蔵省は、援助額の決定に際して、戦争で積算資料が間に合わないにもかかわらず、通常作業と同様に査定を開始している。[29] その結果、資料が不十分であるなどの理由で一〇億ドルと査定した。[30] いわば一〇億ドルは、財政の視点からこの問題を捉えた大蔵省が、外務省の意見を押し切った結果であった。

## (2) 資金協力と伝達手続きの不備

援助額決定当初、外務省は「今回の一〇億ドルの協力は、我が国として思い切った施策を講ずるとの観点から決定した金額であり、追加の資金協力を行うことは考えていない」[31]としていたにもかかわらず、省内では、米国主導の多国籍軍に対する資金協力は、とどまる気配を見せることなく続いていく。このときの状況について、しばしば言及されるのが、日本の拠出額一〇億ドルの少なさであり、三〇億ドルを期待した米国政府を納得させられなかったことである。[32]しかし、より重要なのは、日本政府側の支援内容の伝達方法にあった。ブッシュにとって、一〇億ドルの支援決定の発表は、あまりに唐突に過ぎた。通常、発表内容に関しては、あらかじめ両国の事務レベルで内容を確認しておくものだが、八月二九日の発表直前まで日本政府による支援策の中身はいまだ決定していなかった。[33]多国籍軍への援助額も未定で、事前にブッシュの耳に入っていたのは支援策のあらましに過ぎない。[34]そうした日本政府の対応が、ブッシュを当惑させたことは、想像に余りある。

多国籍軍が湾岸地域に展開し、米国政府が緊急財政支援要請に踏み切ったとき、ベーカーとニコラス・ブレイディ（Nicholas F. Brady）財務長官は欧州や日本を訪問し、手分けして各国政府に米国政府の要請を説明していた。[35]ブレイディが日本を訪ね、橋本龍太郎蔵相と会談したのは、一九九〇年九月七日のことである。[36]会談中、ブレイディは新たに多国籍軍支援に一〇億ドルの上乗せ、周辺国支援に二〇億ドルの拠出を求め、[37]「『手ぶらで帰ってきた』と大統領に報告するわけにはいかない」と橋本に厳しく迫った。[38]橋本にとって、ブレイディが提示した額は、既に予備費を使い切り、拠出しようがなかった。[39]結局、ブレイディは、橋本からは回答を得られぬまま、帰途に着くことになるが、そうした大蔵省側の慎重な姿勢を外務省は見逃さなかった。九月一三日午後、大蔵省に小粥正己事務次官を訪ねた栗山は「周辺国支援の二〇億ドルと多国籍軍への追加一〇億ドルをワンセットで計三〇億ドル、明一四日中に決めてほしい」と要請している。(40) これに対する小粥の返答は、「ワンセットというのなら、決定は先に延ばさざるを得ない」というものだった。(41) しかし、ここで出し渋れば、要求額が膨らむと判断した橋本は、財源難を理由に反対する省内を押し切り、(42) 当初ブレイディが求めた三〇億ドルの全額支出を決定した。(43) ブレイディの来日が七日だったから、わずか一週間で追加分の満額回答が決定したのである。

この結果を海部がブッシュに電話で伝えたのは一四日午前九時二〇分だったが、それよりも数時間前に、橋本は「あなたから大統領にもお伝え下さい」とブレイディに決定内容を伝えている。(44) この橋本のブレイディに対する助言をめぐり、大蔵、外務両省ばかりか、自民党内からも「米国に対する功名争い」との声が上がった。(45) けれども、手の込んだ橋本の動きによって、一〇億ドルの時よりも通常の伝達手続きに準じた形で満額回答がブッシュに伝わったのである。もちろん、ブッシュがこの満額回答を評価したことはいうまでもない。

その後も、米国政府の財政支援要請は続く。湾岸戦争開戦後の一九九一年一月二〇、二一両日、ニューヨークでは先進七ヵ国蔵相・中央銀行総裁会議（G7: Group of Seven）が開催されていた。出国時、橋本は「とんでもない数字が出るかもしれないけれども、飲むぞ」と小粥にだけ覚悟を披瀝し、(46) G7の傍ら、ブレイディとの日米蔵相会談に臨んだ。そしてブレイディが九〇億ドルを打診し、橋本は石原に請訓した後にこれを了承する。(47) 帰国後の橋本の報告を聞いた海部は、一月二四日午前、再び満額回答の決断をブッシュに電話で伝え、ブッシュはかなりの喜びようだったという。(48) こうして米国政府への財政支援の総額は一三〇億ドルに達したのであった。

## 2　手探りの国連平和協力隊創設構想

### (1)　栗山外務次官の挫折――非軍事派遣構想と新法タスク・フォースの始動

資金協力額をめぐり事態が二転三転する傍ら、内閣官房では法律の起案作業が行われていた。その調整役として石原信雄官房副長官、そして外務省は同法案の作成機関として位置付けられている。[49] イラク軍のクウェート侵攻以来、外務省本省では、中近東アフリカ局が過去三ヵ月間の事件の経緯を分析する一方、[50] 米国や欧州諸国の在外公館から海外派遣法制に関連する文書が届き始めていた。これらの文書から明らかなのは、外務省が構想していた国際協力の主体に、文民のみならず自衛官も含まれていたことである。彼らの関心は、明らかに自衛隊を派遣する根拠法の制定に向けられており、一連の文書では、調査各国における部隊派遣の根拠法令の有無が報告されている。[51]

ただし、前章からも分かる通り、こうした動きは少なくとも一九八〇年代後半からの国際的文脈のなかで模索されてきたものであり、イラクのクウェート侵攻によって始まったわけではない。たとえば一九九〇年三月一二、一三の両日、外務省は「平和のための協力」に関する担当官会議をニューヨークで開催し、日本を「PKOへの後発参入国」と位置付けたうえで、[52]「自衛官や警察官の派遣可能性についての検討の推進（但し、派遣形態等要検討）」（括弧書き原文のまま）と謳う提言ペーパーを作成している。[53] その冒頭には、海部が竹下から継承した「平和のための協力」が次のように述べられていた。

(1)　我が国の国力向上に伴い、経済・経済協力等の分野のみならず、政治的分野においても、「平和のための協力」

を通じ相応の国際的責任を果たしていくことは九〇年代の我が国外交の課題。その一環として地域紛争解決の和平プロセス等の各段階で積極的に貢献するべき。

(2) 米ソ関係の改善が見られる中にあって、紛争解決に向け、国連の活動は活発化の傾向。国連の平和維持活動への積極的協力は、我が国に求められている政治的役割を果たす上で不可欠。

(3) 他方、「平和のための協力」の推進は、日米安保体制堅持、節度ある自衛力整備とあわせ、我が国の安全保障確保のための外交努力の一環としてとらえていく必要あり。紛争の未然防止、紛争解決、和平定着、復興といった側面での協力のみならず、環境、麻薬、国際テロ等の地球的規模の問題、人道・人権、軍縮等をも含む幅広いコンテキストの中で推進していくことが必要。

又、我が国の経済協力の実施にあたっては、かかる「平和のための協力」の観点を踏まえることが望ましい[54]。

このペーパーから明瞭に読み取られるように、担当官会議は「平和のための協力」を日本の「国際的責任」のみならず、「我が国の安全保障確保」という「目標」を達成するための一「手段」とも位置付け、紛争解決から環境対策、人道支援など幅広い領域の国際問題における「実績積上げ」を構想していた。ただし、国内環境を振り返れば、宇野内閣期の参議院選挙で自民党は歴史的大敗を喫し[55]、野党が参議院の過半数を占めるねじれ国会の時代が訪れていた。国際社会からの要請に反し、自衛隊海外派遣に向けた国内政治環境はむしろ厳しくなっていたのである。

加えて、湾岸多国籍軍への支援は、外務省がこれまで想定してきた武力行使を目的としない国連平和維持活動の参加（図2-1）とは、あまりに乖離があった。外務省は、竹下が「国際協力構想」を提唱し、ナミビアに対する国際協力を実現して以来、カンボジア和平後の人的貢献を見据え、法案の具体的な検討作業に入っていた[56]。湾岸多国籍軍参加は、人的貢献の積極的展開という意味では「国際協力構想」の延長上に位置付けられるが、その多国籍軍が武力

### 図2－1　国連平和維持活動参加をめぐる外務省の想定

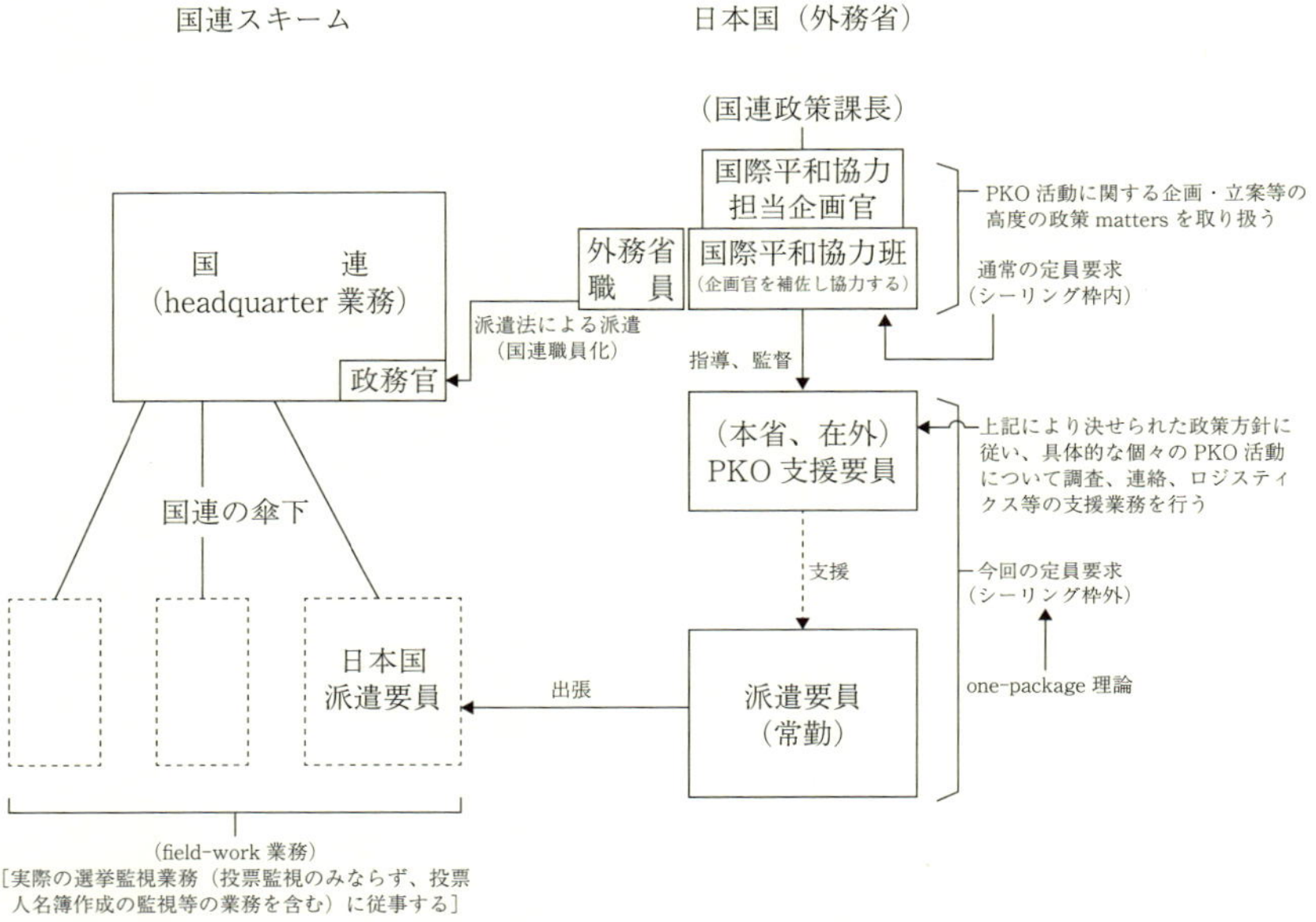


出所：「国際平和協力隊員を日本国国家公務員としなければならない理由」開示文書整理番号03-558-16、外務省外交史料館蔵、日付不明。

行使を伴う点で、(57)明らかに同構想と異なるものであった。

そうした状況は、当時、外務事務次官を務めた栗山尚一をして「過去の作業で多少なりとも蓄積されていた知識はほとんど役立たず、事実上ゼロからのスタートであった。しかも、法案審議のための臨時国会の召集を一〇月一二日（九〇年）に控え、与えられた時間は、実質的に一カ月もなかった。背水の陣とはまさにこのことか」（括弧書き原文のまま）と回想せしめる。(58)この経験と時間の不足を克服すべく、外務省は国際緊急援助隊法の適用も視野に入れていたが、そもそも多国籍軍参加は明らかにその範疇を超える。(59)前章で論じたように、紛争後の平和維持活動でさえ対象外である以上、紛争中、かつ武力行使の蓋然性がより高い多国籍軍参加など望めない。それに派遣主体の面でも、海部が地方の消防隊や青年海外協力隊をイメージし、(60)「自衛隊は使いたくない、人的貢献の国際協力はあくまでもシビリアンだけの組織で」と主張していた[61]。経験、時間、任務、主体のどれをとっても、法案作成作業は難航を極めることになる。

湾岸危機の勃発と、それに伴う米国の要請によって、新たな検討作業を迫られた外務省は、栗山ただ一人が把握していたと言われるほど、数多くのタスク・フォースを設置する[62]。その一つが、国連局内に設置された新法タスク・フォースであった。同組織の構成は総勢一五名余りであり、同局の河村武和参事官、神余隆博軍縮課長、伊藤秀樹経済課首席事務官、外務報道官組織から岡田真樹海外広報課長、条約局から原田美智雄、杉山明、山上信吾ら若手補佐クラスが召集され、法案検討スケジュールの調整に入っている[63]。目標として「九月二八日までの総理外遊までに骨子を、一〇月中旬の臨時国会までに法案を、それぞれとりまとめ」ることが据えられ[64]、そのために外務省案の骨子を九月二〇日頃に固め、一〇月中旬から下旬に閣議決定を行う予定であった[65]。

これほど不利な状況だったにもかかわらず、なぜ、外務省は法案作成を目指したのだろうか。むろん、米国の要請も無視し得ないが、外務省内で準備された海部のステートメント草案からは、もう一つの理由を読み取ることができる。

……平和は金《かね》だけでは守れません。日本国民自らが他の諸国民と共に平和のために汗を流さなくてはなりません。今日の中東の事態ばかりではなく、今後益々そのような我が国の行動が求められることになります。これから国際社会の中で、我が国が、平和を守り、これを維持するための国連の活動やこれを支援する加盟国の国際的努力に協力して行く責務をより適切に果たして行くことが出来るよう、現行の法令、制度を見直し、国さい《ママ》社会への貢献のため憲法の権限の中で役割を果すため例えば、国連平和協力法というような新しい法律の制定も真剣に考えてみる必要があると思います[66]（ふりがな、傍線原文のまま）。

事務方作成の草案を海部が実際に目を通したかどうかは定かではない。けれども、短期的に湾岸危機に対応するのみならず、長期的・継続的に国連平和維持活動に参加できる法的枠組みを構築しようという意図が読み取れる。つまり湾岸危機は、竹下政権期の「国際協力構想」を海部政権下でも推進するための足掛かりとして、外務省で位置付けられていたのである。

タスク・フォース設置時点で、栗山自身は、非軍事分野限定で国際貢献を進めるべきと考えていた。したがって、日本人要員を国連平和維持活動に派遣する場合であっても、基本的には文民に限定し、あくまで自衛隊の国際協力は除外していた(67)。彼は、二つの理由から、別個の組織を作るべきと考えていた。第一に、武力行使を辞さない多国籍軍を支援するために、自衛隊の直接派遣方式を採用することは、世論の支持が十分に得られないばかりか、自衛隊法改正が国会を通過する見込みも乏しかった(68)。第二に、日本政府の目的がどうであれ、自衛隊の国際協力に対しては、国内のみならず、日本の軍事化を危惧する近隣諸国からも強い批判が起こると考えられた(69)。それゆえ、外務省としては、新たに国連平和協力隊という組織を設置する方向で意見統一を行い、その根拠法となる国連平和協力法案の臨時国会提出について、事務レベルの調整を防衛庁と実施し、そのうえで政府・与党の政治的決定を得ようとしたのである(70)。

このような栗山の考え方の延長線上で新法タスク・フォースも進み始めた。しかしながら、完全に自衛隊を除外した新組織を作ろうとすれば、費用が膨大になるどころか、教育、組織訓練に長い年月を要する(71)。そのため、自民党、防衛庁だけでなく(72)、外務省の佐藤嘉恭官房長、丹波實北米局審議官からも、自衛隊を派遣するという選択肢の除外に異を唱える声が強まっていた(73)。さらに、「自衛隊は出すべきではない。シビリアンでやるべきだ」という栗山の主張を(74)、柳井俊二条約局長も次のように退ける。

それは無理です。後方支援といえども危険はあるわけで、訓練も受けてない人をそんなところに出すことはできないし、そんな組織をいまからつくることもできっこない。また、シビリアンを派遣した場合、国際的にそれがどういうステータスになるのですか。青年海外協力隊に毛の生えたようなものを派遣していいのかという問題もある。[75]

柳井によれば、栗山と同じシビリアンの派遣構想を抱いていた海部のところには、小沢一郎幹事長、加藤六月政務調査会長、西岡武夫総務会長が訪れ、自衛隊派遣を迫り、海部は自衛隊の参加を不承不承認める。[76]その後も栗山は「シビリアンだ」と自説を曲げなかったが、海部は「もう第一幕は終わったんだよ」と告げた。[77]

そうした状況を考慮し、栗山は、自衛隊を条件付きで活用する方向に転向していく。自衛官の身分で別組織に加えるのではなく、一時的な身分変更、すなわち総理府事務官とすることによって、自衛官を組み込むことにしたのである。[78]むろん、栗山案には反対論が起こったが、栗山はそれを押し切って、自らの方針で省の最終方針をまとめ、九月一四日に首相官邸での協議に出席した。[79]彼は、「選択肢は三つです。新組織は、自衛隊を除外して全く新たなものにするか。自衛隊法を改正して自衛隊そのものを参加させるか。自衛隊を別の形に衣替えして活用するか、であろうと思われます」と主張し、三番目の選択肢を採用するよう求めた。[80]自衛官の派遣を忌避した海部自身も「自衛隊の経験者を一応、自衛隊を辞めてもらって、総理府事務官として、これを組織して送り込むという方法を研究してくれ」と指示していたから、[81]栗山と海部は同じ構想を抱いていたのである。

しかし、こうした身分変更案に対しても、否定的見解が後を絶たなかった。自民党は、先の小沢、加藤、西岡ら党三役だけでなく、派閥領袖の渡辺美智雄、山崎拓国防部会長らも、自衛官の身分変更構想に異議を唱えた。[82]とくに小沢は「自衛隊は自衛隊として協力するしかない」と述べていたし、[83]これらの意見調整を担った官邸の石原信雄官房副長官に「自衛隊として協力」に配慮するよう求めていた。[84]依田智治防衛庁事務次官も「自衛隊員は部隊として行動することで訓練されている。上官の指揮命令のもとに動くように訓練されている。だから、一人一人が制服を脱いで総理府事務官になって参加することになったら、まったく機能しない」と持論を展開し、一歩も譲らなかった(85)。

それでは、石原の出した答えはどうだったのか。彼は、これらの意見を考慮したうえで、次のような一枚のメモを作成している。

(一) 協力隊の中核は自衛隊。日頃から部隊を指定し、訓練を重ね、組織として参加してほしい。
(二) 自衛隊は協力隊の旗のもと、協力隊の制服を着て、給与も隊から支払う。
(三) 身分は一般職の国家公務員に切り替えるか、併任・兼務形式をとるか、いずれでもよい。
(四) 国際常識上、護身用として認められる最小限の武器の携行は認める。
(五) 自衛隊法は改正しない(86)。

とりわけ最初の三項目からは、海部と外務省、小沢と防衛庁のいずれの案に対しても、石原が肯定的に解釈していたことが窺える。だからこそ、後者の「部隊としての行動」に一定の許容を示しながらも、前者の別組織論をも排除せずに、身分を「併任・兼務」するという折衷案を彼は重視したわけである。新法タスク・フォースと栗山らの主張は、法案に部分的に反映されたとはいえ、官邸が最終判断を下した以上、それに抵抗する術はなかった。こうして外務省は、自衛官の「部隊としての行動」に配慮しながら、別組織に位置付けるよう法案の修正を迫られたのである。

## (2) 自衛隊「半文民化」構想の形成——「兼職」と「内閣総理大臣の統制」

法案作成作業が進むにつれ、法案の骨格であり、冷戦終結以前から燻り続けた自衛官の扱いに議論が収斂していくことは、やはり避けようがなかった。一九九〇年九月一九日の参議院外務委員会では、法案に関わる疑問が寄せられていた。[87]だが、中山太郎外務大臣が「将来に向かっての恒久的な一つの法律になるべきもの」と発言すると、国連平和協力隊の性格や目的などから、たちまち自衛官の派遣に議論の軸が集約されていく。[88]もはや状況対応的な法案作成作業は許されなくなっていた。

この頃、外務省は小沢にも働き掛けている。九月二〇日、栗山はただ一度だけ、小沢の説得を試みている。[89]栗山は、自民党本部の幹事長室を訪ねたが、外交上の一つの信念として「アメリカとの緊密な同盟関係を堅持すること」[90]を掲げる小沢にすげなく一蹴される。

小沢　対米関係を書いていないじゃないか。それが抜けていてはだめだ。あんたは、もともと対米重視派だろう。アジアに宗旨変えしたのかね。
栗山　米国のことはわかっていますが、アジアのことは皆さん、あまりわかっておられないようだから。
小沢　決めるのは政治家だ。外務省はごちゃごちゃいわなくてもいい[91]（敬称略筆者）。

確かに、栗山の懸念も一理あった。この時期、アジア諸国はにわかに不安と不信を露わにしていたからである。[92]中国、韓国だけでなく、フィリピン、インドネシア、シンガポールなど東南アジア諸国も例外ではなかった。[93]しかし、小沢には、自衛官の除外に結び付きかねない近隣諸国の配慮など受け入れる意思はなかった。もはや、外務省側が、石原メモの内容を独自に覆すことは困難になっていた。

それでは外務省内で議論された国連平和協力法の骨子は、いかなるものになったのであろうか。それは、総理府に国連平和協力隊本部を置き、本部長を内閣総理大臣、副本部長を内閣官房長官、および外務大臣が務め、内閣総理大

表2－1　国連平和協力隊の主要協力分野

| 分野 | 協力の態様 | 協力する場合の人材 | 備考 |
|---|---|---|---|
| 平和維持（歩兵部隊・装甲部隊） | （我が方よりの協力は考えていない） | —— | 武器携行（ピストル、自動小銃等） |
| 軍事監視 | 停戦の監視・監督 | 自衛官 | 武器携行せず |
| 輸送 | 物資・人員の輸送協力 | 自衛官、民間人 | 同上 |
| 整備 | 車両等の整備 | 自衛官、民間人 | 同上 |
| 通信 | 現地の通信業務 | 自衛官 | 同上 |
| 医療 | 治療、健康管理、衛生 | 防衛医官・看護師、国公立病院、民間人 | 同上 |
| 特殊任務 | 機雷・地雷等爆発物の処理 | 自衛官 | 同上 |
| 選挙監視・選挙管理 | 選挙実施の監視、又は自らの実施 | 国家公務員、地方公務員、民間人 | 同上 |
| 行政監視 | 既存行政機構の監視 | 国家公務員、民間人 | 同上 |

出所：外務省「国連平和協力隊の主要協力分野」開示文書整理番号 03-558-29、外務省外交史料館蔵、1990年9月17日、を一部改。

臣は「最高の指揮監督権を有する」と規定されている。[94] 事務局は、同本部内に置かれ、国連平和協力隊に係る全ての手続きを担う。[95] この国連平和協力隊の目的、および任務については「国連が行う決議に関連して国際の平和及び安全の維持のためにとられる措置への協力を目的」とし、[96] 具体的には、(1)軍事監視、(2)輸送、(3)整備、(4)通信、(5)医療、(6)特殊任務、(7)選挙監視・選挙管理、(8)行政監視、が掲げられていた。[97] ピストルや自動小銃などの武器携行を伴う平和維持（歩兵部隊・装甲部隊）は、注意深く協力対象から除外されている[98]（表2-1）。あくまで非軍事分野の活動に限定するのであれば、一貫して懸案であり続けた自衛隊派遣の道も開かれるというのが外務省の思惑であった。

ここで注目すべきは、自衛官の扱いである。当初、外務省は自衛官の任務内容を検討したうえで、別の文書で自衛官の関与を「困難である」と判断していた。[99] その理由は以下の通りである。第一に、国家公務員法上と自衛隊法上双方の「職務専念義務」が挙げられる。特別職である自衛官が国連平和協力隊に参加する場合、「併任」、すなわち自衛隊法第六〇条に基づく「兼職」に該当する。[100] ある官職に就いている限り、

「職務専念義務」が存在するため（国家公務員法第一〇一条、自衛隊法第六〇条）、あくまで「兼職」が許されるのは、職務遂行に著しい支障が認められないケースのみに限られる。[101] しかし、両官職の職務を全く矛盾なく、十分な任務を同時に果たすのは、事実上不可能と考えられていた。[102]

第二に、両官職の指揮命令が衝突した場合、いったいどちらが優先するのかである。仮に国連平和協力隊の指揮命令が優先しないなら、そもそも彼らは十全に任務を遂行し得ない。[103] しかも、自衛官の国際協力は、「防衛庁設置法の防衛庁の所掌事務・権限（同法第五条および第六条）の中で読み込むことはできず、自衛隊法の改正が必要と考える」（括弧書き原文のまま）とされた問題であった。[104] しかし先に論じたように、自衛隊法の改正は、栗山も海部に求めなかった選択肢であったし、石原メモでも明確に否定されていた。何より国連平和協力法案の作成だけでも「背水の陣」[105]と言われるほど外務省は忙殺されていた。

この二点をめぐって、自衛官の国連平和協力隊参加を実現するため、外務省は独自の論理を展開していく。まず「職務専念義務」に関して、「主たる任務」を自衛隊員、「従たる任務」を平和協力隊員とし、両官職の関係を区分する手法により、「兼職」という組織形態を成立させる。[106] そして、平和協力隊への参加・協力が自衛隊の任務であることを法律に明記し、自衛官の「職務専念義務」との抵触を回避しようとしたのである。[107] つまり、「兼職」の明記という措置によって、かねて懸案となっていた自衛官の「部隊としての行動」を維持し、彼らの機能を失わずに国連平和協力隊の傘下に位置付けるわけである。ここでとくに重要視されたのが二番目の指揮命令関係であり、一言でいえば「内閣総理大臣の統制」を訴えていた[108]（図2-2）。

（1）　本部長（内閣総理大臣）の要請（注：これ自体は指揮命令ではない）を受けて平和協力隊の任務に従事する部隊をその間本部長の「統制下に入れる。」（自衛隊法第八〇条参照。）。

図２－２　国連平和協力隊組織図

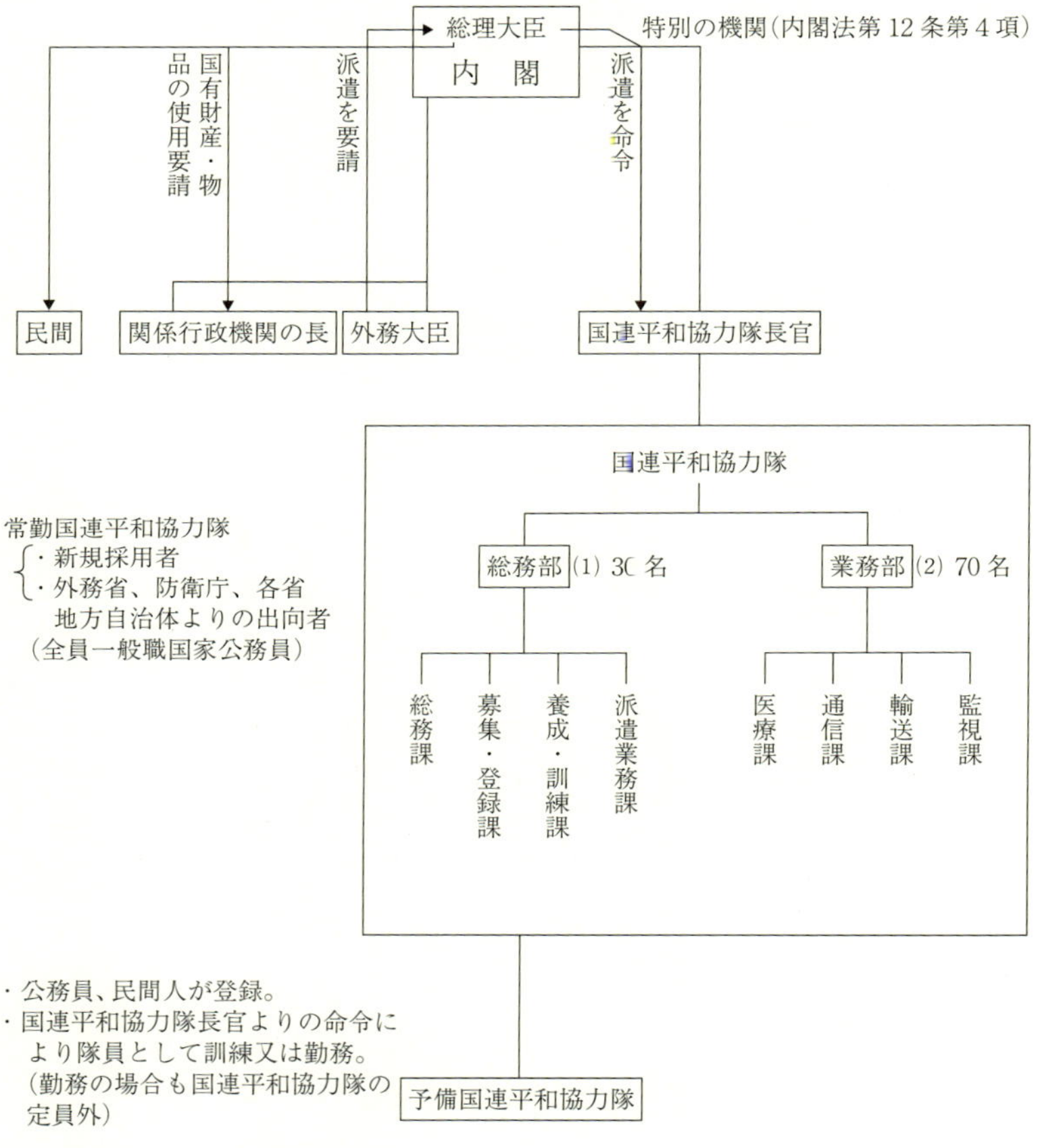


（注）（１）　派遣に関し官房的業務を行う。
　　　（２）　各分野を幅広くカバーし、研修・訓練を行うと共に派遣に際しては派遣チームのリーダーとなる。

出所：外務省「国際連合平和協力隊組織図」開示文書整理番号 03-558-9．外務省外交史料館蔵、日付不明。

(2)　かかる自衛隊の部隊が平和協力隊の任務に従事している間本部長は当該部隊の長を直接指揮することができる。

(3)　平和協力隊の任務が終了次第本部長は統制を解除[109]（括弧書き原文のまま）。

したがって、自衛官と国連平和協力隊のうち、いずれか一方の指揮権を優越させる構造ではなく、それらの上部に内閣総理大臣の権限を位置付けることによって、「指揮命令の衝突」と自衛隊法の改正を同時に解消したわけである。このような自衛官の位置付けは、多様な人材の確保という点から、一貫して外務省内で存在し続け、それは次のメモからも読み取ることができる。

(1)　協力法の附則において、自衛隊が国連平和協力隊に参加・協力できるよう包括的任務を与えることとする。

(2)　平和協力隊に参加する自衛隊員は、平和協力隊員の身分をあわせ持つも、同隊本部長の指揮・監督に服し、防衛庁長官の指揮・監督には服さない。また、協力の態様は、命令ベースで自衛隊員が個々に同隊に出ていくようにするも、実質的には自衛隊は組織的に協力することとし、また、かかる協力がなされるよう運用面で色々工夫することとする。(1)及び(2)防衛庁と合意[110]（括弧書き原文のまま）。

しかし、いくら「内閣総理大臣の統制」を謳い、ようやく防衛庁と合意に至ったとしても、自衛官の「兼職」は純粋な文民には成り得ず、その本質はいわば「半文民化」に過ぎない。しかも、この「兼職」の場合の平和協力手当の拠出を大蔵省は認めていなかったし、通産省は本部員（副本部長）のポストを求めていた[111]。外務省からすれば、石原の決断に具体的な形を伴わせる過程で、最も核心部分の空洞化を余儀なくされただけでなく、省庁間のセクショナリズムも顕在化し、この合意事項の実現は難しい状況に陥っていたのである。

## 3　湾岸国会開幕と廃案危機――国連平和協力法案をめぐる齟齬

### (1)　公明党、社会党との対立

外務省の工程表では、一九九〇年九月二七日までに法案の骨子を確定するよう定められていた。[112] それに従い、同省は次の考え方を予定通りまとめ終え、それを海部が発表することになった。

1．国連決議に関連した平和維持活動に協力するための体制の整備。
―「国連平和協力法」仮称。
2．現憲法の枠組みの中で立法。
―武力による威嚇又は武力の行使を伴わない派遣とする。
3．国連平和協力隊（本部その他の組織）を、総理府に新設する。
4．広く官公民の各界各層から協力を求める。
―人的、物的。
5．自衛隊についても平和協力隊に参加し、その指揮下に入る。
6．国連、関係国政府等に対する必要な物品の譲与、無償貸付け等[113]（括弧書き原文のまま）。

こうした外務省の基本的考え方を反映した法案は、従来通り、自民党内の合意形成の手続きを踏んでいく。すなわち、政務調査会の部会から、同審議会を経由し、自民党総務会の承認を得るボトムアップ型の手順である。一〇月一一日、自民党の内閣、外交、国防三部会の合同会議は、法案提出段階で再検討する条件で、同法案の骨格を了承し、政調審議会と総務会も同日中に了承を取り付けている[114]。

法案の閣議決定に先立つ一五日朝、「国連憲章に基づく正規の国連軍に自衛隊を出動させるのは合憲」とする党執行部の小沢に、海部は異を唱えなかった[115]。加えて、法案を閣議決定に持ち込む提案を了承した、同日夜の自民党総務会で、後藤田正晴元官房長官は「仮に自衛隊を海外へ出すにしても、政府が示しているようなあやふやな考え方で、血を流してくれとは言えないだろう」と告げ、次の四点を政府側に念押しする[116]。すなわち、(1) 国連平和協力隊の派遣は海外派兵ではない、(2) 憲法の枠内で対応する、(3) 武力行使はしない、(4) 憲法や法令の拡大解釈はしない、である[117]。総務会に居合わせた外務省の佐藤官房長は「そのとおり」と後藤田に同調するにとどまり[118]、法案をめぐる意思決定は外務省の手を離れ、政治家たちの手に委ねられつつあった。

この国連平和協力法案は、一〇月一六日に閣議決定され、第一一九回臨時国会に提出されている[119]。結局、議論の中枢を占めた自衛官の扱いは、第二二条の自衛隊の参加と称する箇所で「本部長は、平和協力隊が行う平和協力業務を実施するため必要があると認めるときは、防衛庁長官に対し、部隊等……又は自衛隊員……を当該平和協力業務に参加させるよう要請することができる」と一二日の案を維持する形となった[120]。けれども、政府内で足並みが揃わなかったのみならず、社会党や公明党との対立も依然解消されていなかった。

外務省で法案の骨子が固まった頃、官邸は各政党からの支持を得ようと奔走していた。最大の懸案である公明党の説得に当たっていたのは、内閣官房長官の坂本三十次であった。当時、民社党の大内啓伍委員長は自衛官の「併任」での扱いを基本的に支持する方針を掲げていたが[121]、仮に民社党の議席を加えても、公明党の賛成がなければ参議院で過半数に届かない。しかし、公明党の反応は、官邸を大いに失望させる。九月二〇日開催された同党の常任企画委員会では、自衛官の派遣を安易に認めてしまうと、海外派兵になりかねないと判断されたため、「併任」を認めず、医療活動に限定するとの意見が大勢を占めていた。[122] 法案の考え方を海部が発表した同月二七日には、「考え方の大枠のみで、肝心な部分が明確ではない」として判断を見送った市川雄一書記長も、[123] 身分の「併任」などを含む最終案について「従来のわが国の平和原則をなし崩しに形骸化する重大な内容を含んでおり、到底賛成できるものではない」と一〇月一五日に発表し、[124] もはや公明党の反対姿勢は決定的になっていた。坂本らの説得工作もむなしく、公明党との齟齬は、最後まで残り続ける。

けれども、外務省にとって、公明党以上に脅威に映っていたのは、他ならぬ野党社会党の動向であった。官邸や外務省の法案に対する考え方は、社会党の非軍事指向をより一層硬化させた。社会党は湾岸危機に対応して、「中東問題対策プロジェクトチーム」を党内に設置し、委員長に久保田真苗副委員長、事務局長に矢田部理外交政策委員長が就任し、多国籍軍に対する支援の反対を訴えていた。[125] そして、この主張が外務省案への反対という、より直接的な対立状況に結び付く契機となるのが、九月二七日の海部発表であった。山口鶴男書記長は「戦後四五年にわたる憲法原則を根本から否定するものにほかならず、絶対に容認できない」と強く批判し、対案の作成に取り組む考えを内外に示した。[126] この方針は、一〇月一日の社会党三役懇談会に報告され、一五日に「『国連平和協力機構』設置大綱——国連中心の平和協力の推進について」として発表されることになる。[127] 同大綱は、前文で基本的立場を次のように謳っている。

……わが国は、日本国憲法と国連憲章の基調にたって国際平和の維持、発展と地域紛争の平和的解決のために全面的に協力しなければならない。その中で日本は、今こそ平和国家として国際社会における「兵役拒否」を国家の原則として貫くと同時に、非軍事・民生の分野における国際協力に積極的に参加し、最大限の貢献をすべきである。[128]

自衛官の参加を拒否するくだりが重要である。しかも、敢えて「兵役拒否」という文言を挿入することで、先に海部が示した考え方だけでなく、栗山らが描いた身分変更案にも反対する「二重の否定」を打ち出したのである。皮肉なことに、大綱の基本的立場は、栗山が最初に検討していた構想と極めて近いものであった。

また、大綱で掲げられた非軍事的・民生の協力として、(1) 国連平和維持活動にかかわる支援ならびに民生、行政上の諸活動、(2) 停戦監視、(3) 選挙、住民投票などの監視と管理などの九項目が掲げられ、それらを実施する常設一〇〇〇人規模の国連平和協力隊の創設を中核とする「国連平和協力機構法」の制定を提起していた。[129] さらに、語学研修、その他専門分野における訓練、養成を行うため、「国連平和協力人材センター」の設置も掲げている。[130] この社会党の大綱については、今なお、法技術的、組織的に不明な点も多いが、その基本方針は、個人や民間企業のボランティアによる非軍事分野での協力であり、[131] いくつかの基本的な論点で外務省案と根本的に対立するものであった。外務省は、自衛官の関与を述べた国連平和機構と自衛隊の箇所について、次のように辛辣な評価を下している。

いわゆる大綱は、新たに常設の国連平和協力隊を設けることを想定するとともに、「機構」への自衛隊のいかなる形での関与も排除しているものの如くである。

いわゆる大綱が想定する「協力隊」の任務を効率的、迅速に実施してゆくために、全く新たな組織をゼロから組み立ててゆくことは非現実的かつ非効率。既存の政府行政組織とその経験・知識の蓄積を最大限に活用すべし。

政府が国連平和協力法案において自衛隊の参加を慎重に検討の上決定したのもかかる観点を踏まえたもの。[132]

つまり、全面的にゼロ・ベースで、平和憲法を国是とする日本の国際協力の在り方を議論する社会党に対して、外務省は、国連をはじめ国際社会の要請を前に、現実的見地から反論していたのであった。また、社会党の大綱は、「国連平和協力審議会」設置、「国連平和保障基金」設立を求めたが、外務省は、既に常日頃から世論の喚起等に努めており、米、ソに次ぐ平和維持活動資金の一一・三八％を拠出しているため、新たな措置は不必要と判断していた。[133] 外務省案と社会党の大綱は、非軍事の国連平和協力の実施を標榜する総論では合致していたものの、それを担う主体、組織などの各論をめぐっては、相違が著しかったのである。

こうした意見の対立は、メディアの反応でも同様に見られた。国連平和協力法案に最も批判的だったのが、『朝日新聞』である。同紙は、法案を「事実上、自衛隊の海外派兵に道を開くもの」として厳しく批判した。そして、『毎日新聞』も、これと同様の立場であった。[134] 他方、『読売新聞』は好意的で、資金協力のみならず、要員派遣に踏み出すための同法案は、「日本の戦後史を画する大きな意義」を有すると評価している。[135]『産経新聞』は、自衛隊の海外派遣について、海部が新たな憲法解釈を打ち出すよう主張する。[136] また、『日本経済新聞』は、停戦監視、選挙監視のように、武力行使に結び付く恐れのない国連平和維持活動に参加し、状況によっては、自衛官の参加に道を開くことも考えられるとした。しかし、同紙は、海部内閣が同法案の成立を図るつもりなら、衆議院を解散して民意を問う必要があるとも述べていた。[137]

このように政党のみならず、メディアも含め意見の乖離が著しい状況ではあったが、外務省としては、法案の提出を一〇月の臨時国会に間に合わせるためには、何としても九月二五日までに完成させ、坂本と海部に説明し、党三役への最終報告、党内根回し、省内調整を済ませなければならなかった。一方、公明党はおろか、社会党とも合意が見込めない以上、まずは法案の完成を優先する必要があった。このように外務省は、成立の行方が不透明であったにもかかわらず、時間の都合で法案の提出を余儀なくされたのであった。

## (2) 自衛隊「半文民化」構想の破綻——国連平和協力法案の廃案

国連平和協力法案が提出された一〇月一六日の衆議院代表質問において、土井たか子社会党委員長は「政府が本日閣議決定した国際連合平和協力法案は、平和協力隊という美しい衣装を自衛隊に着せ、併任というこそく《ママ》な手法で海外に派兵する内容」との批判を展開した[138]。もとより、外務委員会の理事や委員を務めた経験がある土井には、柳井ら外務省が頻繁に接触していたものの、「もうどうしようもない」状況だったのである[139]。そして土井は、多国籍軍参加を国連協力と解釈するのか、攻撃を受けた場合、自衛隊は自衛権を発動して武力行使できるのか、などを海部に問い質す[140]。

これに対し海部は「多国籍軍へ自衛隊を派遣することは考えておりません」と当初明白に述べたものの、肝心のところは「将来国連軍ができた場合の国連への協力のあり方について、研究をしてはおります」と曖昧に答弁し、野党側から集中砲火を浴びた[141]。海部は、「出したらもちろん通す。通すために出すわけですし、気障な言い方をすると、出したものが通らないときは信を問わなきゃならないですからね。解散になるのか総辞職するのか。それぐらい思い詰めた気持ちでやらないといけませんから」と並々ならぬ意欲を抱いていたが[142]、答弁の説得力となると、十分なものではなかった。

一方、官邸が説得を試みた公明党は、自衛隊の「組織としての参加」、「併任」に異を唱えただけでなく、法案の時限立法化を求めるようになる[143]。けれども、外務省は、先に引用した社会党案の国連平和機構や自衛隊の箇所と同様の評価を前二者に下し[144]、後者の時限立法に対しては、次のように捉えていた。

国連平和協力法は、単に今回の湾岸危機に対応するためのものではなく、今後我が国が国連の平和維持活動に人的、物的側面で迅速、適切に対応するための体制を整備するもの(145)。

参議院で公明党の協力を必要としながらも、外務省側に修正に応じる様子はみられない。湾岸危機への対応のみならず、先に述べた「平和のための協力」の推進も重視する外務省としては、最も譲れない条件だったともいえよう。そして、このように将来の在り方を見据えていたからこそ、社会党、公明党は将来の海外派兵の定着を憂慮し、法案に反対したのである。

しかも、海部を側面支援するはずの外務省の答弁も、野党の募る不満を払拭できるものではなかった。たとえば、武力行使を伴う国連軍への自衛隊の参加を違憲とした一九八〇年の鈴木善幸内閣の見解をめぐって、外務大臣の中山は次のように述べる。

一　いわゆる「国連軍」に対する関与のあり方としては、「参加」と「協力」とが考えられる。
二　昭和五五年一〇月二八日付政府答弁書にいう「参加」とは、当該「国連軍」の司令官の指揮下に入り、その一員として行動することを意味し、平和協力隊が当該「国連軍」に参加することは、当該「国連軍」の目的・任務が武力行使を伴うものであれば、自衛隊が当該「国連軍」に参加する場合と同様、自衛のための必要最小限度の範囲を超えるものであって、憲法上許されないと考えている。
三　これに対し、「協力」とは、「国連軍」に対する右の「参加」を含む広い意味での関与形態を表すものであり、当該「国連軍」の組織の外にあって行う「参加」に至らない各種の支援を含むと解される。
四　右の「参加」に至らない「協力」については、当該「国連軍」の目的・任務が武力行使を伴うものであっても、それがすべて許されないわけではなく、当該「国連軍」の武力行使と一体となるようなものは憲法上許されないが、当該「国連軍」の武力行使と一体とならないようなものは憲法上許されると解される。(146)

いわゆる「参加」と「協力」を峻別し、武力行使との一体化を避ける関与のみが許されるという考え方である。この論理の妥当性もさることながら、ここで野党が最も問題にしたのは、そもそも湾岸に派遣されていた多国籍軍が国連軍に該当するのかである。この点をめぐり、公明党の冬柴鉄三は「現在中東湾岸地帯に駐留している軍隊というものは、正規の国連軍ではなく、いわゆる多国籍軍と呼ばれているものでありまして、その主力はアメリカの陸海空軍であります」と指摘し、政府側の答弁に一貫して納得しなかった。(147)公明党との合意形成を時間の都合で見送った政府側の答弁は、まさに同党を刺激する結果を招いたに過ぎなかった。

さらに、新たな外務省案をめぐっては、自民党内の派閥政治も障壁となっていた。『朝日新聞』が一〇月二九日から三〇日に全衆議院議員に実施したアンケートの結果によれば、自民党議員の回答者数一八一名のうち、国連平和協力法に賛成が一一五、反対が二〇、その他・わからないが四六であり、支持者が圧倒的に多い一方、慎重な姿勢も見受けられる。(148)派閥別の賛成率は、海部の出身派閥である河本派八二・四％、竹下派七二・七％に対し、安倍派五一・三％、宮澤派五三・五％にとどまる。(149)対照的に、反対は竹下派などがゼロ、あるいは数％程度なのに対し、安倍派二〇・五％、宮澤派一六・三％にのぼり、慎重な姿勢が目立つ。(150)そうした状況の背景には、宮澤のように、海部と小沢の手法に批判的な空気が根強かったのみならず、(151)法案に批判的な世論に敏感な若手議員が比較的多いという各派閥の議員構成の問題も存在していた。(152)自民党首脳部の小沢、加藤、西岡の党三役が、それぞれ竹下、安倍、宮澤派に属していたものの、党内支持者の多くは、総裁派閥と幹事長派閥に限定されていたのである。(153)

しかし、法案作成過程で最も致命的だったのは、何よりも海部内閣の支持率低下であった。一九九〇年一一月の

『朝日新聞』の世論調査によれば、自衛隊の直接派遣方式に対し、派遣反対が七八％と大多数を占めており、派遣賛成はわずか一五％に過ぎない[154]。しかも、国連平和協力法案に対する反対が五八％だっただけでなく、当初の外務省案、すなわち文民限定の別組織に対してさえ、反対が五四％に上った[155]。一九九〇年春以降、世論調査で五〇％以上の高水準を維持していた海部内閣の支持率も凋落の一途を辿り、同月の調査時には不支持率の五〇％よりもはるかに低い三三％に急落している[156]。

このような状況では、もはや国連平和協力法案の可決など論外であった。野党の協力を得ようと奔走した小沢も、一一月五日、遂に廃案を海部に提案する[157]。そして八日には、与野党の幹事長、書記長会談で廃案が確認される[158]。いくら海部が「だからいったじゃないか。オレのいう通りにしておけば、こんなことにはならないですんだんだ」と首相官邸で悔やんでも[159]、後の祭りであった。国連平和協力法案をめぐる国会審議は、まさに、外務省内で懸念された自衛官の参加が命取りとなり、幕を降ろしたのである。

## 4　外務省の役割

以上のように、二ヵ月余りにも亘る国連平和協力法案の作成過程は、政府が挫折を余儀なくされる形で終焉した。政府、与野党間では、確かに国連平和維持活動参加という最大公約数的な共通理解があったものの、その主体、体制などをめぐっては、合意に至ることができなかったのである。その政治手法は、相互の妥協、譲歩によって、合意形成を図るというより、相手に一方的妥協を強いるものであったといってよい。自衛隊の文民化、別組織を掲げる海部、外務省と、自衛隊の効果的な運用を求めて「部隊としての行動」を重視する自民党、防衛庁が、対立を先鋭化させ、調整が停滞したため、なかば強制的に石原が、双方の主張を均衡させたわけである。

こうした状況下において、外務省は、自衛隊に国連平和協力隊の「地位」を適用する半面、自衛隊の「機能」、すなわち「部隊としての行動」を敢えて残すという折衷策を生み出した。仮にそのまま自衛隊を海外に派遣するなら、栗山が懸念したアジア諸国の反発を招くどころか、そもそも海部の本意に背く。一方で、防衛庁、小沢の反対、石原の決断によって、厳格な自衛隊の文民化も許されない。このジレンマを解消する苦肉の策として打ち出されたのが、「兼職」と「内閣総理大臣の統制」を柱とする自衛隊の「半文民化」構想だったのである。石原の決断を経由したとはいえ、この「半文民化」によって、外務省は海部の意図を汲みながら、防衛庁と自民党首脳部の批判を鎮静化させることに、少なくとも一時的には成功したといえよう。

しかし、外務省が、いかに自衛隊の「部隊としての行動」に論理的妥協を導き出せたとしても、国会開催が迫るにつれ、その限界が自ずと明らかとなっていった。社会党、公明党が反対し、文民限定派遣や時限立法などを提示するなか、国連平和協力法案の成立を下支えするはずの外務省は次第に柔軟さを失い、影響力の低下を余議なくされる。外務省が、法案の軍事色の薄さに言及するよりも、野党側の対案に辛辣な評価を下し続けていたことは、その例証といえる。彼らは、湾岸危機への対応、将来の幅広い人材による国連平和維持活動参加という二つの意味を法案に込めていたが、野党側の対案がそれらに抵触した際に、その問題を調整し、解決できなかった。ねじれ国会の下、いかなる形態の自衛隊派遣も認めない野党側の原則論に対して、海部だけでなく、外務省も十分な説得力を持ち得なかったといえよう。

それでは、ナミビア派遣で「実績積上げ」を最優先し、立法措置を棚上げした外務省は、なぜ湾岸では後者を優先せざるを得なかったのか。それは第一に、湾岸派遣が「選挙」や「平和維持」とは異なり、戦地での「後方支援」であったため、もはや文民派遣は許されず、自衛隊が不可避であった。第二に、「国連」ではなく、「米国」からの要請であり、強制力が強いうえに、緊急性、実効性も求められた。つまり、外務省からしてみれば、「実績積上げ」という理想を担う主体が自衛隊のみに制限され、野党案を吸収し妥協を図ることができなくなっていたのである。

さらに、外務省が自衛隊の「半文民化」構想を具体化しようとした時期は、海部内閣の支持率が低下していく時期にも相当した。他方、繰り返し述べたように、外務省にとって、最も望ましい法案像は「今日の中東の事態ばかりではなく、今後益々そのような我が国の行動が求められること」に対応するものでなければならない。換言すれば、海部の所信表明で掲げられた「国際協力構想」であり、なかでも「平和のための協力」の推進である。とりもなおさず、後者が「我が国の安全保障確保」という「目標」の「手段」であるがゆえに、国連平和協力法案も同様に、一種の不可欠な「手段」なのである。この「手段」の実現に日本を導くためには、国内世論を啓蒙、説得する必要があった。けれども、この「手段」を追求するあまり、世論を刺激し、かえって海部内閣の支持率低下に拍車が掛かった。自衛隊の「半文民化」構想の代償は、単なる法案の廃案決定にとどまらず、湾岸危機への対応はおろか、外務省の本来「目標」であった「我が国の安全保障確保」の停滞をも意味したのである。そして、竹下、海部両内閣での営みは、次の宮澤内閣にも引き継がれ、一つの歴史的画期を迎えることになる。

注

（1）北岡伸一『自民党——政権党の三八年』読売新聞社、一九九五年、二二五、三〇六頁。
（2）俵孝太郎「宇野政権で再生なるか自民党」『中央公論』第一〇四巻第七号、一九八九年七月。
（3）北岡、前掲『自民党』三〇六頁。
（4）鳥海編、前掲『歴代内閣・首相事典』六六五頁。
（5）海部の略歴、政策を網羅的に扱ったものとして、海部俊樹『志ある国家日本の構想』東洋経済新報社、一九九五年。豊田行二『海部俊樹・全人像』改訂版、行研出版局、一九九一年。福井治弘「海部俊樹——宿命的な弱さ」、渡邉、前掲『戦後日本の宰相たち』。毎日新聞政治部『検証　海部内閣——政界再編の胎動』角川書店、一九九一年、などがある。
（6）「第一一六回国会衆議院会議録第二号」『官報号外』一九八九年一〇月二日。「第一一六回国会参議院会議録第二号」『官報号外』

一九八九年一〇月二日。

（7）佐藤誠三郎「『戦後意識』の惰性を断つ秋」『中央公論』第一二六四号、一九九〇年一一月、一一九頁。

（8）多国籍軍に対する協力の部分だけでなく、その他の同法案の項目も含め、法的側面から検討したものとして、奥平康弘「憲法の転機としての『平和協力法』」『世界』第五四八号、一九九〇年一二月。樋口陽一「いま、憲法をどうあつかうか」『世界』第五四八号、一九九〇年一二月。古川純「国連平和協力法案の虚像と実像――湾岸危機を利用した解釈改憲と自衛隊再評価の企て」『法律時報』第六三巻第一号、一九九一年一月。松本昌悦「平和的生存権（二）――国連平和協力法案から中東湾岸戦争への自衛隊機派遣まで」『中京法学』第二五巻第四号、一九九一年三月。緑間栄「国連平和協力法案の法的意味」『沖縄法学』第二一号、一九九一年一〇月、などがある。

（9）海部政権の対応を概説的に論じたものとして、Jiro Yamaguchi, "The Gulf War and the Transformation of Japanese Constitutional Politics", *Journal of Japanese Studies*, Vol. 18, No. 1, 1992. Kenichi Ito, "The Japanese State of Mind: Deliberations on the Gulf Crisis", *Journal of Japanese Studies*, Vol. 17, No. 2, 1991. 北岡、前掲「湾岸戦争と日本の外交」。福井、前掲「海部俊樹」、などが有益である。また、「戦費負担」と「基地の提供」も含めて概説したものとして、村上友章「湾岸戦争と戦後日本外交の挫折」、簑原俊洋編『「戦争」で読む日米関係一〇〇年――日露戦争から対テロ戦争まで』朝日新聞出版、二〇一二年、がある。

（10）その他にも、鈴木善幸と宮澤喜一がこれに含まれるという。信田智人『総理大臣の権力と指導力――吉田茂から村山富市まで』東洋経済新報社、一九九四年、一七八－一八二頁。

（11）たとえば、信田智人『冷戦後の日本外交――安全保障政策の国内政治過程』ミネルヴァ書房、二〇〇六年、六七－六八頁。

（12）高橋和夫『燃えあがる海――湾岸現代史』東京大学出版会、一九九五年、二一八頁。

（13）クウェート侵攻に対するイラク側の主張は、旧政府を倒したクウェート暫定自由政府の要請に応じて援助しているのであり、秩序回復後、即座にイラク軍を撤退させるだろうというものだった。ラシード・M・S・アルリファイ著、坂井定雄訳『アラブの論理』講談社、一九九一年、一一〇－一一二頁。

（14）読売新聞外報部『砂漠の聖戦――'90～'91湾岸戦争の真実』講談社、一九九一年、二五二、二九八頁。

（15）ホワイトハウス内の意思決定過程の展開を詳細に描いたものとして、Bob Woodward, *The Commanders*, New York: Simon & Schuster, 1991.（石山鈴子、染田屋茂訳『司令官たち――湾岸戦争突入にいたる〝決断〟のプロセス』文藝春秋、一九九一年）、が有益である。

（16）『日本経済新聞』一九九〇年八月一四日夕刊。

(17) C・O・E・オーラル・政策研究プロジェクト『海部俊樹（元内閣総理大臣）オーラル・ヒストリー』下巻、政策研究大学院大学、二〇〇五年、二八五頁。

(18) Michael H. Armacost, *Friends or Rivals: the Insider's Account of U.S.-Japan Relations*, New York: Columbia University Press, 1996, p. 102.（読売新聞社外報部訳『友か敵か』読売新聞社、一九九六年、一三六頁）。

(19) アマコストと栗山の関係は「二〇年来の知己」とも言われ、しばしば栗山を「キキ」というニックネームで呼んだほどである。また、「個人的な友人でもあり、私が国務次官当時には何度も相談し合い、お互いに腹を割って話し合ってきた」仲でもあった。それゆえに、「要請に対する栗山の反応は複雑であった」とアマコストは振り返る。そのときの栗山の反応について、アマコストは「中身のある貢献が重要であることはすぐに理解してくれ、決定公表の前に政府内部の協議を経なければならないのはもちろんだが、いずれにしても財政面以外の支援もする用意があると示唆してくれた。しかし、同時に、紛争地域への海上自衛隊派遣には政治的な問題と憲法上の制約がともなうと強調し、掃海艇派遣はまずあり得ないだろうとも匂わせた」と述べている。*Ibid*, pp. 102–103.（同前、一三六–一三七頁）。

(20) 朝日新聞「湾岸危機」取材班『湾岸戦争と日本――問われる危機管理』朝日新聞社、一九九一年、五七頁。

(21) 同前。

(22) 村上、前掲「カンボジアＰＫＯと日本」一三九頁。

(23) 朝日新聞、前掲『湾岸戦争と日本』五七–五八頁。

(24) 佐々木芳隆『海を渡る自衛隊――ＰＫＯ立法と政治権力』岩波書店、一九九二年、一四–一五頁。

(25) 報道室「海部総理大臣（中東貢献策について）――記者会見記録」情報公開第01876号、開示請求番号2011–00142、一九九〇年八月二九日。

(26) 同前。「中東における平和回復活動に係る我が国の貢献策について」情報公開第01876号、開示請求番号2011–00142、一九九〇年八月二九日。

(27) 御厨貴、渡邉昭夫インタビュー・構成『首相官邸の決断――内閣官房副長官石原信雄の二六〇〇日』中央公論社、一九九七年、六八–六九頁。

(28) 同前、六八頁。

(29) 同前。

(30) 同前。

(31) 中東貢献策タスク・フォース「中東貢献策疑問疑答（対政府委員用）」開示文書整理番号03-558-6、外務省外交史料館蔵、一九九〇年九月三日。
(32) 一〇億ドルという「小出し」の援助の背景として、石原は「現地の状況判断の甘さ」を指摘する。そして次のように述べている。「私は直接、現地の交渉を担当したわけではありませんが、ああした大規模な国際紛争が起きた場合、アメリカの世論や考え方、あるいは他の主要国の対応などの状況把握を、もう少し早く、正確に、日本政府自身が掌握しなければいけなかったと反省しています」。石原信雄『官邸二六六八日――政策決定の舞台裏』日本放送出版協会、一九九五年、三五頁。
(33) 国正武重『湾岸戦争という転回点――動顚する日本政治』岩波書店、一九九九年、二九頁。
(34) 朝日新聞、前掲『湾岸戦争と日本』五六-五七頁。
(35) 佐々木、前掲『海を渡る自衛隊』七二頁。
(36) 同前。
(37) 米国が各国に求めた支援総額は一〇五億ドルから一一五億ドルまで幅があるものだった。『朝日新聞』一九九〇年九月九日。
(38) 佐々木、前掲『海を渡る自衛隊』七二頁。
(39) 五百旗頭真、宮城大蔵『橋本龍太郎外交回顧録』岩波書店、二〇一三年、三五頁。
(40) 国正、前掲『湾岸戦争という転回点』四四頁。
(41) 同前。
(42) 『読売新聞』一九九〇年九月一五日。
(43) 国正、前掲『湾岸戦争という転回点』四四頁。
(44) 同前、四五頁。
(45) その後、橋本龍太郎蔵相は、ワシントンで開催予定のG7に出席するため、同年九月二〇日に訪米を果たす。そして二五日午後、当初の予定では計画されていなかった、橋本・ブッシュ会談が開かれ、わずか五分間の会談ではあったものの、ブッシュは「あなたが日本政府の中心となって、今回の決定で非常に努力し、大きな影響を及ぼしたことを承知しています」と語りかけながら、橋本と抱擁するポーズをとったと言われている。朝日新聞、前掲『湾岸戦争と日本』七二-七四頁。
(46) 五百旗頭、宮城、前掲『橋本龍太郎外交回顧録』三八頁。
(47) 石原、前掲『官邸二六六八日』四二-四三頁。
(48) 佐々木、前掲『海を渡る自衛隊』七二-七四頁。

(49) 折田正樹著、服部龍二、白鳥潤一郎編『外交証言録　湾岸戦争・普天間問題・イラク戦争』岩波書店、二〇一三年、一一八頁。
(50) 外務省中近東アフリカ局「イラクがクウェイト侵攻に至る経緯」情報公開第02290号、開示請求番号2011-00737、一九九〇年八月。
(51) まず、法的根拠を有さない国の事例としてカナダが挙げられる。文書では、「加はＰＫＯに積極的なこうけん《ママ》をしているが、その法的基ばん《ママ》としてＰＫＯに関する特別法が存在している訳ではない」としたうえで、次のように書かれている。「軍人派遣については小《ママ》人数の派遣であれば外相及び国防相の裁量内で派遣可能、一部隊以上の派遣については閣議決定により政令が出されれば可能であることが国防法に規定されている」（傍線原文のまま）。北村大使発外務大臣宛第一六五九号「イラク軍のクウエイト侵攻（国連協力法／回訓）」開示文書整理番号01-908-8、外務省外交史料館蔵、一九九〇年八月二五日。次に、法的根拠を有する国として、フィンランドの事例が挙げられる。文書では「ＰＫＯ協力関連法令が整備されているのみでそれ以外にはない」（傍線原文のまま）としつつも、「フィンは現役国防軍（人）を平和維持軍として派遣することはなく、ＰＫＯ協力関連法令に基づき、ボランテイア《ママ》をもつて《ママ》編成した平和維持部隊・要員（必要な場合でも小じゆう《ママ》等以外は携行せず）を国連が指定した地域に派遣している」（括弧書き原文のまま）と書かれている。黒河内大使発外務大臣宛第九〇八号「イラク軍のクウエイト侵攻（国連協力法／調査回訓）」開示文書整理番号01-908-8、外務省外交史料館蔵、一九九〇年八月三〇日。その他にも、八月二四日から同月三一日にかけて、オランダ、デンマーク、英国、ノルウェー、イタリア、米国、スウェーデン、アイルランドから、法的根拠の有無に関する文書が寄せられている。
(52) 国際連合局「『平和のための協力』に関する担当官会議資料」開示文書整理番号01-906-3、外務省外交史料館蔵、一九九〇年三月。
(53) 「『平和のための協力』に関する担当官会議／提言ペーパー」開示文書整理番号01-906-25、外務省外交史料館蔵、一九九〇年三月一三日。
(54) 同前。
(55) 北岡、前掲『自民党』二三七頁。
(56) C・O・E・オーラル・政策研究プロジェクト『谷野作太郎（元中国大使）オーラルヒストリー――カンボジア和平と日本外交』政策研究大学院大学、二〇〇五年、二一一頁。
(57) 湾岸多国籍軍の特質を概説したものとして、船尾章子「湾岸多国籍軍（GCF: 1991）」、横田編、前掲『国連による平和と安全の維持』、がある。ただし、湾岸多国籍軍の国連憲章上の性格規定をめぐっては諸説ある。たとえば、その根拠決議である国連安保理決議六七八が憲章上の根拠を欠いていると指摘したものとして、松井芳郎『湾岸戦争と国際連合』日本評論社、一九九三年、が挙げられよう。しかし一方で、憲章第七章に決議六七八の法的根拠を求めるものもあるが、どの条項に法的根拠を求めるかをめぐっては解釈が分かれる。たとえば、憲章第五一条の集団的自衛権と解釈するものとして、Oscar Schachter, "United Nations Law in the Gulf Conflict", *The American Journal of International Law*, Vol. 85, No. 3, July 1991 がある。このシャクターの解釈に反論し、憲章第四二条の軍事的強制措置と解釈するものとして、尾崎重義「湾岸戦争と国連憲章――『新世界秩序』における国連の役割のケース・スタディとして」『筑波法政』第一五号、一九九二年、がとくに有益である。

(58) 栗山、前掲『日米同盟』三八頁。

(59) 国正、前掲『湾岸戦争という転回点』八一頁。

(60) 海部俊樹『政治とカネ――海部俊樹回顧録』新潮社、二〇一〇年、一二三頁。

(61) 石原、前掲『官邸二六六八日』六二頁。

(62) 神余、前掲『新国連論』二二〇頁。

(63) 手嶋龍一『一九九一年　日本の敗北』新潮社、一九九三年、一四四頁。

(64) 新法タスク・フォース「国連平和協力法（仮称）――国会提出までのスケジュール（案）」開示文書整理番号03-558-15、外務省外交史料館蔵、一九九〇年九月二〇日。

(65) 同スケジュールでは、九月二五日までに外務省が中心となり、各省庁、内閣法制局と協議を行う計画となっていた。最終的に内閣外政審議室で調整し、石原の裁定もあり得ると想定されている。新法タスクフォース「国連平和協力法（仮称）――閣議決定までのスケジュール（案）」開示文書整理番号03-558-13、外務省外交史料館蔵、一九九〇年九月二〇日。

(66) 「総理記者会見冒頭ステートメント（案）（国連平和協力法関係）」開示文書整理番号03-558-3、外務省外交史料館蔵、日付不明。

(67) 当初、栗山が、自衛隊の除外、別組織に拘った一つの理由として、彼の生い立ちがしばしば指摘される。そもそも栗山は親子二代にわたる外務省人であり、父、栗山茂は、外務省条約局長、スウェーデン大使、ベルギー大使、最高裁判所判事（行政官の枠）等を歴任した経歴を持つ。太平洋戦争直前に就任したベルギー大使時代、ブリュッセルで非公式に唱えた日独伊枢軸反対論が新聞で報じられ、松岡洋右外相の逆鱗に触れたため、更迭されている。しばらくして、芳澤謙吉仏領インドシナ大使の補佐官に返り咲いたものの、軍部と衝突し、自ら退官した。戦時中、栗山家は憲兵隊の監視下に置かれ、息子の尚一はそのような状況下で少年時代を過ごした。こうした生い立ちが、一つの影を落としていたという。朝日新聞、前掲『湾岸戦争と日本』一六八―一六九頁。国正、前掲『湾岸戦争という転回点』一五三頁。手嶋、前掲『一九九一年　日本の敗北』一五〇頁。

(68) 栗山、前掲『日米同盟』三九頁。

(69) 同前。

(70) 同前、三九-四〇頁。
(71) 「国際連合平和協力法案に関する総理答弁案」情報公開第01876号、開示請求番号2011-00142、日付不明。
(72) そもそも、法案作成の当初、防衛庁は会議の参加を許されていなかった。一九九〇年八月二〇日、文民の国際協力を求める海部の意向を汲み、石原は「防衛庁は（新法案づくりのための）省庁会議には含まれない」（括弧書き原文のまま）と述べている。しかも、海部自身が石川要三防衛庁長官に電話をかけ、「関係省庁会議に防衛庁は入れない」と伝えると、石川は「われわれは、お呼びじゃないようですな。つまり、カヤの外、ということで」と返答したという。けれども、防衛庁内では、内田勝久参事官をはじめ自衛隊の海外派遣を求める声が日増しに強まり、自民党の西岡武夫総務会長は「民間人を助けにいくのに、どうして民間人で行くのか。自衛隊は何のためにあるのか」とそれを支持した。結局、関係省庁会議への防衛庁の参加が許されるのは九月六日のことであり、その理由として、石原は「防衛庁を入れたのは自衛隊のノウハウが必要だったから」と技術面を挙げているが、こうした反対論の影響も無視できない。国正、前掲『湾岸戦争という転回点』一〇〇-一〇二頁。
(73) 同前、八四-八五頁。朝日新聞、前掲『湾岸戦争と日本』一六八頁。
(74) 五百旗頭真、伊藤元重、薬師寺克行編『外交激変――元外務省事務次官柳井俊二』朝日新聞社、二〇〇七年、五二頁。
(75) 同前。
(76) 同前、五三頁。
(77) なお、法案作成過程における小和田恒外務審議官の関与について、柳井は次のように述べている。「小和田さんはこの法案には極力関与しないようにしていましたね。小和田さんは外務審議官でしたから、出張が多かったせいもあるんですけど、ほとんどタッチしていませんでした」。同前。
(78) 手嶋、前掲『一九九一年　日本の敗北』一五〇頁。
(79) 同前、一五一頁。
(80) 同前。
(81) 石原によれば、当初、海部は、政府の組織ではなく、ボランティアを想定していたという。ところが、戦争状態の場所に個々人を派遣しても意味がないと認識したため、組織的な協力を行う方針を決定したと指摘されている。御厨、渡邉、前掲『首相官邸の決断』七四頁。
(82) 北岡、前掲「湾岸戦争と日本の外交」六頁。
(83) 御厨、渡邉、前掲『首相官邸の決断』七四頁。

(84) こうした小沢の動きを、外務省がタイムリーに把握していたわけではなかった。また、もう一人の官房副長官の大島理森に対しても、小沢は働き掛けていたという。朝日新聞、前掲『湾岸戦争と日本』一六九頁。

(85) 御厨、渡邉、前掲『首相官邸の決断』七四頁。

(86) 手嶋、前掲『一九九一年　日本の敗北』一五二頁。

(87) 「参議院外務委員会（第一一八回国会閉会後）会議録第一号」一九九〇年九月一九日。

(88) 同前。

(89) 朝日新聞、前掲『湾岸戦争と日本』一六九頁。

(90) 小沢一郎『日本改造計画』講談社、一九九三年、一三三頁。(Translated by Louisa Rubinfien, Eric Gower, eds., *Blueprint for a New Japan: The Rethinking of a Nation*, Tokyo: Kodansha International, 1994, p. 36.)。小沢が自著で提示した「普通の国」論について、とくにアジア諸国の視角から検討を加えた最新のものとして、Yoshihide Soeya, Masayuki Tadokoro, and David A. Welch, eds., *Japan as a 'Normal Country'?: A Nation in Search of Its Place in the World*, Toronto: University of Toronto Press, 2011.（添谷芳秀、田所昌幸、デイヴィッド・A・ウェルチ編『「普通」の国　日本』千倉書房、二〇一四年）、が挙げられる。

(91) 朝日新聞、前掲『湾岸戦争と日本』一六九―一七〇頁。

(92) 日高六郎「アジアの目――『国連平和協力法』はどうみられているのか」『世界』第五四八号、一九九〇年一二月、六一―六二頁。このアジア諸国の懸念が強い理由として、北岡は「戦力を保持しないといいつつ相当に強大な軍事力を持つというギャップにある」と論じている。北岡伸一「協調の代価――手を汚さない平和はない」『中央公論』第一二六四号、一九九〇年一一月、一〇五頁。

(93) アジア諸国の主要日刊紙の反応を、国別に、網羅的に整理したものとして、中村ふじゑ、岩田功吉、門田誠、加藤則夫、福家洋介翻訳・解説、須貝良目録作成『アジアの新聞が報じた自衛隊の「海外派兵」』梨の木舎、一九九一年、が挙げられる。

(94) 「国際連合平和協力法（案）（骨子）」開示文書整理番号03-558-26、外務省外交史料館蔵、一九九〇年九月二三日。

(95) 同前。

(96) 同前。

(97) 外務省「国連平和協力隊の主要協力分野」開示文書整理番号03-558-29、外務省外交史料館蔵、一九九〇年九月一七日。

(98) 同前。

(99) 「国連平和協力隊に参加する自衛官の兼職についての外務省の考え方」開示文書整理番号03-558-25、外務省外交史料館蔵、一九九〇年九月二四日。

(100)「自衛官と平和協力隊との『併任』について」開示文書整理番号03-558-19、外務省外交史料館蔵、一九九〇年九月。

(101) 一方で「兼職」の形ではなく、海外で自衛官としての職務のみを遂行するという案も想定されている。ただし、その場合には「自衛隊法を改正して、かかる海外へ派遣されて行う活動を自衛隊の職務として明記するか、防衛駐在官同様、防衛庁設置法第六条一二号の『教育訓練』を行っているとする等その職務を非常に限定した形とする必要がある」と考えられていた。とりわけ後者は「主たる職務が平和協力隊のそれとなるため、自衛官を一旦平和協力隊庁なり何なりに出向させ、防衛庁が改めて併任をかけるという、防衛駐在官同様の手続きが必要となろう」(傍線原文のまま)と解されている。けれども、先に述べた通り、自衛隊法の改正が国会を通過する見込みは厳しく、そもそも国際協力を除外するならば、新しい法案作成の意味自体がなくなる。結局のところ、この案は多くの矛盾を孕んでいたゆえに、省内での自然消滅は必然であった。同前。

(102) 前掲「国連平和協力隊に参加する自衛官の兼職についての外務省の考え方」。

(103) 同前。

(104) 同前。

(105) 栗山、前掲『日米同盟』三八頁。

(106)「平和協力隊への自衛隊の関与について(基本的考え方のポイント)(案)」開示文書整理番号03-558-22、外務省外交史料館蔵、一九九〇年九月二八日。

(107) 同前。

(108) 同前。外務省「国際連合平和協力隊組織図」開示文書整理番号03-558-9、外務省外交史料館蔵、日付不明。

(109) 前掲「平和協力隊への自衛隊の関与について(基本的考え方のポイント)(案)」。

(110) また、武器携行をめぐっては、「護身を目的とする小型火器をあらゆる平和協力隊員が携行することは可との立場をとる」としていたものの、その小型火器の範囲を「ピストルだけとするか小銃程度までとするかは」法案で必ずしも明確にはされていない。その要因として、次のような考え方が挙げられよう。すなわち、「他方、自衛艦に装備されている武器(例、機関砲)の存在と海外での自衛権行使問題や、平和協力隊は武力行使を行わないとの考えに調和を見い出すことに困難性があることを確認。この結果、如何なる武器を認めるか次第では、協力案文が出来ても、船を使えず、協力できないことも予想され、法案がいわば死文化するという懸念あり」(括弧書き原文のまま)というものである。「国連平和協力法案の基本的論点に関する外務省の考え方(メモ)」開示文書整理番号01-908-16、外務省外交史料館蔵、一九九〇年一〇月四日。

(111) 新法タスクフォース「各省コメントで局長まで上げて御検討いただく可能性のある事項」開示文書整理番号03-558-21、外務省

外交史料館蔵、一九九〇年一〇月五日二一時。
(112) 新法タスク・フォース、前掲「国連平和協力法（仮称）」。
(113) 「国連平和協力法（仮称）の考え方」開示文書整理番号03-558-30、外務省外交史料館蔵、一九九〇年九月二七日。
(114) 信田、前掲『冷戦後の日本外交』六八頁。
(115) 佐々木、前掲『海を渡る自衛隊』四八頁。
(116) 同前。
(117) 同前。
(118) 同前。
(119) 石原、前掲『官邸二六六八日』六三頁。
(120) 「国際連合平和協力法（案）」開示文書整理番号03-558-39、外務省外交史料館蔵、一九九〇年一〇月一二日午前九時現在。「国際連合平和協力法（案）」開示文書整理番号03-558-38、外務省外交史料館蔵、一九九〇年一〇月一二日午前八時現在。
(121) 『朝日新聞』一九九〇年九月二二日。
(122) 同前。
(123) 「『国連平和協力法の考え方』についての市川書記長談話」一九九〇年九月二七日、公明党政策審議会『政策と提言』第八四号、一九九〇年一〇月、二六頁。
(124) 「『国連平和協力法案』の最終案に関する市川書記長談話」一九九〇年一〇月一五日、公明党政策審議会『政策と提言』第八五号、一九九〇年一一月、七九頁。
(125) 水藤、前掲「湾岸戦争と日本の野党」一六頁。
(126) 日本社会党書記長山口鶴男「談話」一九九〇年九月二七日、日本社会党政策審議会編『政策資料』第二九〇号、一九九〇年一一月一日、四頁。
(127) 日本社会党「『国連平和協力機構』設置大綱――国連中心の平和協力の推進について」『月刊社会党』日本社会党中央本部機関紙局、第四二三号、一九九一年一月。
(128) 同前、一五七頁。
(129) 同前、一五八頁。
(130) 同前。

(131) 新法タスク・フォース「国連平和協力法案擬問擬答集（総論）（主要国会答弁を含む）」開示文書整理番号03-159-1、外務省外交史料館蔵、一九九〇年一一月九日。
(132) 「社会党の『国連平和協力機構』設置大綱の問題点」開示文書整理番号03-159-2、外務省外交史料館蔵、一九九〇年一〇月一六日。
(133) 一方、国連の改組、改革に関しても、外務省は大綱を痛烈に批判している。すなわち、同省内部では「他方、世界及び日本の安全保障を国連にゆだねることは未だ現実的ならず、節度ある自衛力整備及び日米安保体制の堅持は今後とも日本及びアジア・太平洋の平和と安定のために肝要」と認識されていた。同前。
(134) 『朝日新聞』一九九〇年一〇月一二日。『毎日新聞』一九九〇年一〇月一一日。
(135) 『読売新聞』一九九〇年一〇月一一日。
(136) 『産経新聞』一九九〇年一〇月一二日。
(137) 『日本経済新聞』一九九〇年一〇月一一日。
(138) 「第一一九回国会衆議院会議録第二号」『官報号外』一九九〇年一〇月一六日。
(139) 五百旗頭、伊藤、薬師寺編、前掲『外交激変』六九頁。外務委員会での土井の活動内容については、土井たか子『せいいっぱい——土井たか子　半自伝』朝日新聞社、一九九三年、二〇四-二一五、二二一-二二三頁、が詳しい。
(140) 前掲「第一一九回国会衆議院会議録第二号」。
(141) 同前。
(142) 海部俊樹、北岡伸一「日本外交インタビューシリーズ(7)海部俊樹——湾岸戦争での苦悩と教訓」『国際問題』第五二〇号、二〇〇三年七月、八三頁。
(143) 「国連平和協力についての見解」一九九〇年一〇月一五日、公明党政策審議会『政策と提言』第八五号、一九九〇年一一月、七三-七四頁。
(144) 「公明党の『国連平和協力についての見解』の問題点」開示文書整理番号03-159-2、外務省外交史料館蔵、一九九〇年一〇月一七日。
(145) 同前。
(146) 「第一一九回国会衆議院国際連合平和協力に関する特別委員会議録第四号」一九九〇年一〇月二六日。
(147) 同前。
(148) 『朝日新聞』一九九〇年一一月一日。

(149) 同前。
(150) 同前。
(151) 宮澤の反対について、海部は「『反対なら出てきて反対だと言え』と言うと『いえいえ、総理。とても私が反対だと申し上げておりません』と言うけれども、帰り際にいろいろ聞かれると『一生懸命やっていらっしゃいますから、高校野球の優秀な投手が汗を流していらっしゃるという、そういう意味の感動的なあれはありますね』と、そういう厭味をよく裏で言った」と回想している。海部、前掲「日本外交インタビューシリーズ(7) 海部俊樹」八四頁。
(152) 『朝日新聞』一九九〇年一一月一日。
(153) 北岡、前掲「湾岸戦争と日本の外交」七頁。
(154) 『朝日新聞』一九九〇年一一月六日。
(155) 同前。
(156) 同前。
(157) 手嶋、前掲『一九九一年　日本の敗北』一六二頁。
(158) 『朝日新聞』一九九〇年一一月九日。
(159) 朝日新聞、前掲『湾岸戦争と日本』一三〇頁。

# 第三章　文民警察官派遣政策の形成と展開
## ――困難な安全確保

国連平和協力法案を廃案に追い込まれた海部は、翌一九九一年一一月、政治改革関連三法案をめぐって与党内の支持を失い、内閣総辞職でその任期を終える。(1)「現住所・河本派、本籍・竹下派」と言われたように、(2)党内少数派閥である河本派に属し、支持基盤を竹下派に拠っていたことから、強いイニシアティブを発揮できなかった海部だが、人的貢献という視点からは、二つの「置き土産」を残している。

第一に、ペルシャ湾への海上自衛隊掃海艇派遣である。(3)これは、一九九一年四月一一日の停戦発効の後、「我が国関係船舶のペルシャ湾海域航行の安全にとって障害となっている遺棄されたと認められる機雷を処理するために行うもの」という目的で、あくまで当時の自衛隊法第九九条の枠組み内の活動とみなされた。(4)海上派遣ということもあり、本書で直接には扱わないが、(1)この活動は当初から湾岸諸国に歓迎され、(5)(2)一三〇億ドルの財政支援では得られなかった国際評価を後に獲得し、(6)(3)戦後初の海上自衛隊派遣という「実績積上げ」にもなったという事実は、本章の考察における重要な前提である。

そして第二に、国連平和協力法案の廃案確認後に署名された、自民、公明、民社三党間の合意を挙げなければならない。詳しくは後述するが、これは海部内閣がいわば廃案と引き換えに獲得したものであり、平和原則の堅持・国連中心主義などの基本方針の下で新たな法案の立法作業に着手することを約束したものである。

以上が、前政権から宮澤内閣が引き継いだ遺産と課題であり、これらによって形成された国内外環境の下で、同内閣は後に国際平和協力法を制定し、国連カンボジア暫定統治機構（UNTAC: United Nations Transitional Authority in Cambodia）への要員派遣を遂行していく。

そこで本章では、まず国際平和協力法の成立過程を追う。ここでは、宮澤、および内閣官房の意思と行動、与野党の攻防が扱われる。そのうえで、ＵＮＴＡＣ要員派遣の遂行過程が、主に文民警察官に着目して検討されることとなる。

## 1　宮澤内閣の「世界平和秩序」構想

一九九一年一一月八日、宮澤喜一首相は就任後初の所信表明演説において、「世界平和秩序」構想を掲げた。この構想は、日本国憲法の基本理念である国際協調主義の下、世界平和を担う国連に対し、最大限の貢献を目指すものであった(7)。

この時期の国際環境をみると、世界はまさに「世界平和秩序」の在り方を模索する変革の真っ只中にあった。変革の第一は、ソ連の崩壊である。一九八九年、地中海のマルタ島で、ゴルバチョフ書記長は、ブッシュ大統領と冷戦終結を宣言した。さらに、ゴルバチョフは、社会主義体制下の東欧諸国に体制選択の自由を保障し、それが東欧革命のドミノ現象に結び付き、一九九一年のソ連邦解体をもたらした。こうした状況によって、欧州を舞台とした東西の垣根が徐々に取り払われていった(8)。

第二に、欧州連合（EU: European Union）発足が挙げられる。一九九一年一二月、ドイツ統一を目前に控え、マーストリヒト条約がオランダの欧州理事会で承認される。同条約は一九九二年二月七日に調印され、翌年一一月一日に発効し、欧州共同体（EC: European Communities）はＥＵに発展した。それは、やがて先の東欧革命と交わり、後の

数度に亘るＥＵ拡大に結び付いたのである。(9)
宮澤は、所信表明のなかで、この二つの歴史的出来事にも関心を示している。しかし、彼が具体的に国名を挙げ、強調したのは、他ならぬカンボジアに対するコミットメントであった。(10)

……世界平和への速やかな動きの中で、国連の役割が増大しつつあります。国連の働きは湾岸危機でも例証されましたが、カンボジアでは、包括和平の成立を受け、国連の平和維持活動として、国連カンボジア暫定機構が近々つくられようとしており、新政府が生まれるまでの間、平和の維持に当たることが期待されております。このような新たな国際環境の中で、我が国憲法の基本理念である国際協調主義のもと、世界の平和の確保に向け大きな役割を有する国連に対して、我々は最大限の貢献をしなければならないと思います。……

……今後とも、世界平和秩序の構築に当たって、我々の国際的役割は増大すると考えておかなければなりません。そのために我が国がなし得る人的貢献については、前国会で御審議いただいた、いわゆるＰＫＯ法案を、国際緊急援助隊への自衛隊の参加を可能とする法案とともに、できるだけ速やかに成立させていただきたいと思います。(11)

宮澤が言及した「いわゆるＰＫＯ法案」とは、海部前内閣で廃案に終わった国連平和協力法案のことである。したがって、この所信表明は、自衛官の国際協力を見据えた法案を再度国会に提出する意欲を滲ませたものであった。この発言によって、国内の議論も再び自衛官の扱いに焦点が置かれるが、宮澤がこれほどまで国際協力を強調した背景には、いくつかの理由があった。
第一に、政府のこの問題に対する政策形成の仕組みが挙げられよう。海部内閣末期の一九九一年六月頃、閣議の場で橋本が、法案作成を外務省ではなく、官邸主導で進めるよう提案した[12]。待鳥聡史の定義によれば、官邸主導とは「首相が政治任用者を含む直属スタッフの補佐を得つつ、閣僚や与党執行部を主たる権力基盤として自律的に行う政権運営や政策決定のあり方」である[13]。提案した橋本の頭にも、こうした意識があったのだろう。指示された石原信雄官房副長官は、中山太郎外務大臣の同意を得て、有馬龍夫内閣外政審議室長の下に、外務、防衛両省庁を中心に人員を集め、法案準備室を設置している[14]。それは、前章に見た廃案の経験が生かされた結果であり、自衛隊派遣を見据えた内閣主導による法案作成の開始を意味していた。

第二に、世論の宮澤内閣に対する支持である。『朝日新聞』の世論調査によると、宮澤内閣の支持率は五四％に上り、新内閣発足直後の支持率としては、田中角栄内閣の六二％に次ぐ、当時歴代二位の高水準であった[15]。また、海部内閣時の一九九一年二月に実施された総理府の調査では、自衛隊の平和維持活動に対するコミットメントをめぐって、ほぼ半数の四五・五％（賛成する二〇・六％、どちらかと言えば賛成する二四・九％）が支持し、反対の三七・九％（どちらかと言えば反対する一九・一％、反対する一八・八％）を上回っていた[16]。前章で述べたように、国連平和協力法案廃案の一因であった野党の影響力は、自衛隊派遣に対する世論の不支持とねじれ国会を背景にしていた。しかし、このとき既に世論の動向は政府・与党の主張とほぼ一致するようになり、野党の影響力は確実に減退しつつあったのである。

そして第三に、宮澤自身の意思も見逃せない。宮澤は、一九八四年に出版した『美しい日本への挑戦』において、「平和協力外交」の推進を提唱している。この「平和協力外交」は、次の五つの柱で構成されていた。すなわち、(1)開発途上国に対する経済協力、(2)軍縮を含む緊張緩和、(3)国連の活動に対する協力、(4)自由主義諸国との協力、(5)アジアの一員としての近隣諸国との協力、である[17]。つまり、宮澤の「世界平和秩序」は、人による国際協力の積極的展開を方針としており、「平和協力外交」を部分的に継承したものだったといえよう。

そして先述した自民、公明、民社三党間の合意文書があり、宮澤には、その速やかな着手が求められていたのである。合意の内容は次の通りである。

一、憲法の平和原則を堅持し、国連中心主義を貫くものとする。
一、今国会の審議の過程で各党が一致したことはわが国の国連に対する協力が資金や物資だけではなく人的な協力も必要であるということである。
一、そのため、自衛隊とは別個に、国連の平和維持活動に協力する組織をつくることとする。
一、この組織は、国連の平和維持活動に対する協力及び国連決議に関連して人道的な救援活動に対する協力を行なうものとする。
一、また、この組織は、国際緊急援助隊派遣法の定めるところにより災害救助活動に従事することができるものとする。
一、この合意した原則にもとづき立法作業に着手し早急に成案を得るように努力すること。(18)

柳井俊二外務省条約局長の言によると、三党合意は「官僚がいっさい関与していない中でつくられ、結果だけ見せられた」ものであり、それから数日後、三党の代表と政府が協議し、その時点で官僚が加わったという。(19)その後の協議の進展について、柳井は次のように述べる。

……最初の一回ぐらいは自民党から小沢幹事長ほか役員レベルと、政府から内閣官房長官か副長官が出席して話し合った。当時の内閣官房副長官は大島理森《ただもり》さんでした。そこで「このあとは君たちでやれ」ということになったわけです。そして、外務省や防衛庁の官僚が協議の場に入ったんです。となると、いくらなんだって別組織をつくるということはもう一つ自衛隊をつくるようなもので膨大なお金がかかるという議論になります。しかも、ＰＫＯとか人道援助とか災害援助とかのためだけの組織だから、普段は何もやることがない。ものすごい二重投資になるし、現実的ではないという話をみんなでしたわけです。すると三党の人たちにも割とすぐに「そうだな」と納得していただいたわけです[20]（ふりがな原文のまま）。

ただし、この三党合意によって、いわゆる「ＰＫＯ与党」の首班である宮澤は、首相就任直後から早くも非難の矢面に立たされ、およそ一九〇時間に亘る激しい国会論戦の渦中に身を置くことになる[21]。とりわけ、国際平和協力法案を海外派兵法案と位置付ける社会党、日本共産党は、業務の中断、撤収、武力行使といった側面から批判を展開しており、自公民の与党三党内でも、それまでおおむね合意していた民社党の大内啓伍書記長が国会の事前承認を突然求めるようになった[22]。結局、最後まで民社党が納得しなかったため、自民党と公明党が共同して、衆議院で強行採決に踏み切ったのである[23]。

一方、参議院はいわゆるねじれ状況にあり、自公両党のみでは過半数に達していなかった。この状況に対し、加藤紘一官房長官、近藤元次官房副長官、増岡博之国会対策委員長ら宮澤派幹部で国会運営を試みたものの、国会対策に長けていなかったために、民社党の大内の説得に失敗した[24]。結局、九一年の会期中に同法案を成立させることができず、継続審議となった。

こうした法案成立の失敗の責任をめぐり、自民党内では宮澤批判が沸き起こり、党内での宮澤の立場は苦しいものとなった。そこで国会対策を強化するべく、金丸信副総裁と小沢一郎幹事長は、翌九二年の一月一七日に梶山静六を国会対策委員長に据えることになった[25]。一九九一年にペルシャ湾に自衛隊の掃海艇を派遣した際にも梶山は国会対策委員長を務めており、野党との折衝、公明、民社両党の了承取り付けで手腕を発揮した。また、国際平和協力法案の

作成段階においても、梶山は外務省や防衛庁を指揮していた。(26)

民社党の説得が同法案の可決、成立には不可欠であったために、自民党の梶山や与謝野馨、田原隆らが、有馬内閣外政審議室長と内容確認を行い、それぞれ民社党、公明党との調整を試みている。(27) その結果、(1) 平和維持軍（PKF: Peacekeeping Forces）本体業務実施に伴う国会承認、(2) ＰＫＦ本体業務の凍結、(3) 法律施行三年後の実施の見直し、が与党三党で合意に達した。(28) こうして、ようやくねじれ国会が解消され、社会、共産両党の議員は牛歩戦術で抵抗したが、六月一五日の衆議院本会議で遂に国際平和協力法は成立したのである。(29)

「どういう妥協をしても、法案そのものがつぶれるよりはいい」(30) と考えていた宮澤にとって、まさに国際平和協力法案の成立は「結構なこと」であった。(31) 当初は自民党・官邸ともにＰＫＦを法案に含めるよう望んだが、最終的に官邸が公明党への配慮からＰＫＦの除外を指示した。(32) 宮澤にとっては、ＰＫＦを含めた包括的な法律を断念してでも、ともかく同法を制定することこそが、「世界平和秩序」構想の基盤を確立するためには不可欠だったのである。

## 2　文民警察官の登場――新たな難題

湾岸危機勃発以降、外務省は派遣要員の選択肢として、自衛官の文民化だけでなく、文民警察官（CIVPOL: Civilian Police）の国際協力も検討していた。たとえば、湾岸戦争終結直前の一九九一年二月二二日、外務省本省宛に長谷川和年在オーストリア日本国大使館特命全権大使から同国文民警察官の国内手続き、派遣根拠、活動内容などに関する情報が寄せられている。(33) そして、一九九二年六月に成立した国際平和協力法によって、自衛隊だけでなく、文民警察官の派遣をも可能とする法的基盤がようやく整備されることになる。

さらに同時期、かねてより外務省が派遣先として見据えてきたカンボジア情勢は好転を迎えていた。外務省が新たに開示した文書によれば、法案成立前年の一九九一年五月時点で『カ』各派は、共同議長及び国連事務総長の呼び掛けに応え、五月一日よりの一次停戦に合意、一つの明るい兆しを投げかけている」[34]（傍線原文のまま）状況だったのである。そして同文書は、UNTACへの参加を次のように位置付ける。

……アジアの一国である我が国の貢献に対する各国、国連の期待は高い。特に、PKOに対する伝統的な貢献国（北欧諸国、墺等）にとり、カンボディアは地理的にも遠隔地で不慣れな地域であることもあり、我が国に求められる役割は極めて大きい[35]（括弧書き、傍線原文のまま）。

一九九〇年三月の担当官会議で、外務省は日本を「PKOへの後発参入国」として位置付けていたことは、既に前章で論じた通りである。けれども、同じアジアという地理的条件を考慮した場合、カンボジアならば、たとえ「PKOへの後発参入国」であろうとも、日本の方が伝統的な「PKO先進国」よりも役割を果たし得るのではないか、と考えられたのである。

しかし、国際環境にも恵まれ、竹下、海部の経験を見てきたとはいえ、同一内閣で法案成立と人的貢献を同時に実現するのは、国際派の総理大臣として名を馳せた宮澤喜一にとっても容易ならざるものがあった。ねじれ国会による野党の勢力伸長に加え、新たなアクターとして警察庁が関与し、それまで以上に政治過程は多元化の様相を呈していく。やがてカンボジア情勢が流動化し、被害者が出ると、今度はUNTAC関係者との調整が困難を極める。冷戦後、国連文民警察の役割が拡大する一方[36]、これまで経験がなく、知見に乏しい人的貢献の主体をめぐって、宮澤内閣は窮地に立たされるのである。

宮澤内閣で総理府国際平和協力本部事務局長も務めた柳井は、「タケオの自衛隊は部隊で行動しているから、割に手間がかからなかった」とし[37]、次のように文民警察官派遣を回想する。

……文民警察官要員として全国の警察から七五人が派遣されましたが、彼らもみんなバラバラに配属されるわけですから、やはり国連側との折衝とか、彼らのサポートの態勢をつくるというような仕事がたくさんありました[38]。

それでは、このような宮澤内閣のカンボジア派遣をめぐって、どのような研究がこれまで蓄積されてきたのか。たとえば、村上友章は、外交努力、民軍協力も含め通史的に論じているものの、そもそも自衛隊や文民警察官の配置場所がどのように決定されたのか、など派遣の根本的部分を明らかにしていない。ましてや柳井が、自衛隊よりも「仕事がたくさん」と評した文民警察官の動向は、犠牲者発生という「帰結」の部分にとどまる[39]。一方、日本人文民警察官隊長を務めた山崎裕人[40]や警察庁警務局人事課課長補佐の斉藤実[41]は、現場の目線に立った具体的な報告を残しているが、彼らの記述は事実経過が多くを占める。

そこで、以降ではカンボジアへの宮澤内閣の文民警察官派遣政策を、前章までの内閣、外務省などに加え、新たに警察庁も含めて検討していきたい。先に述べたように、カンボジア現地情勢が急速に悪化し、日本人文民警察官は最初の派遣先で初の犠牲者を出すことになるが、任務途中の撤退という選択肢はとられなかった。宮澤内閣で日本人文民警察官派遣政策はいかにして模索され、そして最後まで維持されたのか。日本にとってのカンボジア派遣とは、自衛隊派遣という一つの目標の達成であるばかりでなく、文民警察官派遣という新たな難題への挑戦でもあったのである。

## 3 カンボジア派遣前夜の警察庁

### (1) 未知の派遣主体

宮澤が国際平和協力法案の成立過程で苦境に立たされていた頃、カンボジアでの国連の活動は活発化しつつあった。明石康国連事務総長特別代表(SRSG: Special Representative of the Secretary-General)が軍事部門司令官のジョン・サンダーソン(John Sanderson)豪陸軍中将とともに首都プノンペンに着任したのは、一九九二年三月一五日のことである。[42]同日付けでUNTACが設置され(図3-1)、武装解除、停戦監視、選挙監視、難民帰還などを掲げる「カンボジア紛争の包括的解決に関する和平協定」(パリ協定)のプロセスを担うことになった。[43]

ただし、この時点でUNTACの本格的な活動開始が五ヵ月以上遅れ、文民警察部門は後に「UNTAC全体で最も非効率な一つ」[44]と評されるほど活動に困難を伴うものだった。UNTACの文民警察部門は最大時三六〇〇名を集め、当時最大級の規模を誇った。[45]だが、彼らのなかには、基本的な調査能力を欠き、業務に不可欠な英語や仏語を話せないばかりでなく、[46]汚職や痴漢行為にまで手を染めた警察官も存在した。[47]UNTACの実施計画によれば、文民警察官は「文民警察監視員(Civilian Police Monitors)」とも呼ばれ、従来までの地方警察の監視や統制に加え、人権や基本的自由の保護も任務に含まれていたから、[48]彼らは任務遂行に求められる基本的な能力を備えていなかったのである。

こうした不安定な状況下で、明石はカンボジア復興会議出席のために来日し、日本政府に対する人的貢献案を提示した。その具体的内訳は、工兵部隊四〇〇名から七〇〇名、選挙監視要員五〇名から一〇〇名、文民警察官七五名、

図3－1　国連カンボジア暫定統治機構（UNTAC）組織編成

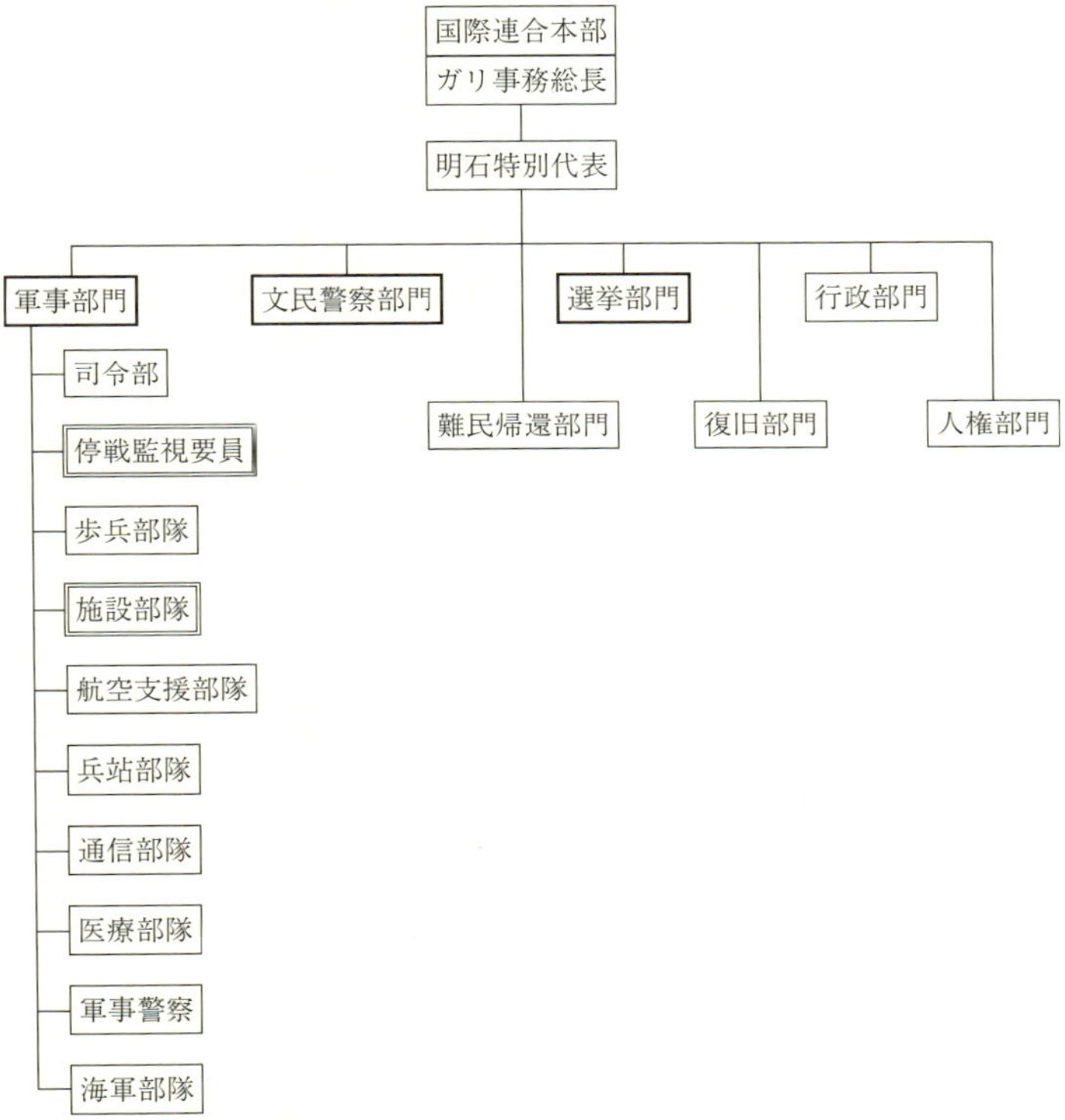


注：太枠と二重線は日本人要員派遣部門。
出所：警察庁「カンボディア派遣――日本文民警察要員活動記録」警察庁甲情公発第69-2、1994年2月。

停戦監視要員八名というものであった。[49] 国際平和協力法では、参加五原則の一つとして紛争当事者間の停戦合意が掲げられており、同法成立に賛成した公明党が慎重な対応を要請し、宮澤も「初めてなので、慎重なうえにも慎重に」と言及するにとどまった。[50] 宮澤としては、国際平和協力法を成立させるにあたって、参議院のねじれ状況を解消する目的で民社党の協力を得ておきながら、公明党との関係を悪化させ、国会運営を振り出しに戻すのは何としても避けたかったのである。

そうした政局の火種にもなりかねないカンボジアの情勢を見極めるべく、同年七月二日に有馬を団長とするカンボジア国際平和協力調査団が空路でプノンペン入りした。[51] 折しも、ポル・ポト（Pol Pot）派が武装・動員解除拒否を鮮明にし、カンボジア和平の先行きが不安視された時期と重なる。この派遣は、国連平和維持活動参加に関する初の政府調査団派遣であり、[52] 次のように停戦合意の状況を結論付けていた。

……現状では、カンボディアの一派がパリ包括和平協定の義務を履行していないなど懸念材料も存在するが、いずれの派もパリ包括和平協定そのものに異論を唱えているわけではなく、その枠組みは引き続き維持されてきており、各派間の大規模な戦闘が再開されるような状態が生じているわけではない。

……

……国連の平和維持活動が準拠すべき原則となる停戦の合意、受入れ側の同意及び中立性の要件に関しては、今次調査の結果、現状においてはＵＮＴＡＣについてそれらが満たされているものと認められる[53]（傍線原文のまま）。

同調査団に警察庁から参加したのは、山崎警視正（文民警察官隊長）、倉持謙二同副隊長であり、現地でクラス・ルース（Klaas Roos）ＵＮＴＡＣ文民警察部長からブリーフィングを受け、主にＵＮＴＡＣや文民警察官の活動を調査した。[54] 日本警察は、カンボジアの状況を認識しただけでなく、このとき初めて文民警察官の実態を把握したのであった。[55]

後に述べるように、八月一一日に官邸は警察庁に派遣を要請し、それを契機として庁内で派遣準備が開始される。それ以前にも、杉田和博人事局長が事前準備を提起していたが、準備の実施によって派遣が既成事実化されるのを危惧した警察庁内は、準備に消極的だった。[56] そもそも、警察庁では、日本警察は平時の治安を対象に訓練されており、平和維持活動が展開する状況には対応できないと考えられていた。[57] 複数の政権で議論されてきた自衛隊派遣とは異なり、にわかに浮上した文民警察官派遣は、[58]やがて事前調査では想像もつかないほど急速な治安悪化に否応なく巻き込まれていく。「ＰＫＯへの後発参入国」の行末には、これまでとは根本的に異なる事態が待っていた。

### (2)　国連からの打診と対応

政府調査団派遣と並び、九月二日には、国連からＵＮＴＡＣへの要員派遣を要請する口上書が、国際連合日本政府代表部に届いた。そこには、停戦監視分野八名、文民警察分野七五名、道路、橋梁の修理等の後方支援分野約六〇〇名と書かれていた。[59]政府内では、八月一一日の閣議で加藤紘一内閣官房長官が関係各省庁に協力を求め、[60]この要請を踏まえ、総理府国際平和協力本部事務局は、警部七名程度、警部補三〇名程度、巡査部長三四名程度の派遣を警察庁に依頼したのであった。[61]

国連の要請に対し、外務省では、カンボジア情勢が国際平和協力法で掲げられている参加五原則に抵触しないか否かが検討され、次のような結論に至った。

・停戦合意の存在：散発的かつ小規模な停戦違反はあるが、パリ協定に基づく和平プロセスの枠組みは維持されている。
・受入れ国及び紛争当事者の同意：受入れ国としてのＳＮＣの同意及び紛争当事者各派の総意としてのＳＮＣの同意の存在。
・中立性：いずれの当事者に偏ることなく活動。
・業務の中断・派遣の終了：国連側の了解あり。
・武器の使用：ＵＮＴＡＣ側より武器を使用したことはない。[62]

こうした外務省の情勢判断に総理府、警察庁も異を唱えず[63]、政府は国連の要請を受け入れる[64]。事前に警察庁で念頭に置かれていた人数は四〇名から七〇名程度であり、要員を派遣する警察庁の想定内であった[65]。そして、九月八日に政府は、「カンボディア国際平和協力業務実施計画」[66]と「カンボディア国際平和協力隊の設置等に関する政令」[67]を閣議決定し、警察官の身分を有する者七五名が「警察行政事務に関する助言若しくは指導又は警察行政事務の監視に関連する業務」に従事するよう規定したのである[68]。

ただし、実施計画に盛り込まれた七五名という数字は、警察庁だけで充足できるものではなく、都道府県警察の協力が不可欠だった[69]。それゆえ警察庁は、九月八日の閣議決定に伴い、杉田和博長官官房総務審議官を室長、人事課長を副室長、関係課長（総務、企画、会計、装備、給与厚生、警備企画）を室員とする国際平和協力関係対策室を設置し、本格的に派遣準備を講じることになる[70]。この過程で、山崎は警察庁に警部以上の人選を一任するよう求め、それが認められた後、知り合いに直接声を掛けて警部以上一〇名をまず確保している[71]。

警部以上で一〇名が決まり、残りの警部補以下六五名程度を選抜するにあたっては、各都道府県警察に推薦を求めた[72]。その選抜方法は各都道府県に委ねられ、最終的に警察庁の平和維持活動関係者と山崎自身が全員に面接を行い、警部補以下六五名を決定する[73]。なお、この六五名の集め方をめぐり、警察庁内では、(1) 警視庁中心に要員を集め、指定府県に二〇名程度を割り振る方法と、(2) 全四七都道府県に募集をかけ、最低一名を出す方法とで若干の議論があった[74]。最終的には、現地に隊長として派遣される山崎自身が後者を要求し、採用されたのだった[75]。

このように、警察庁内の派遣隊員選抜過程では、山崎の意向が強く反映されたわけだが、これには二つの理由がある。第一に、警察庁内において、文民警察要員を選抜するシステムが存在しなかった。後に、あらかじめ文民警察要員を登録するシステムを構築する案が警察庁内で検討されたが、犠牲者の発生で具体化は叶わなかった[76]。第二に、山崎の経歴も影響している。山崎は、一等書記官として在インドネシア大使館に赴任した経験をもち[77]、海外経験も豊富なことから、この問題を任せるのに最も相応しいと警察庁内で考えられていた[78]。つまり、警察庁は、山崎という経験豊富な個人に委ねる形で、要員選抜システムの不在をどうにか補おうとしたのである。

## 4　日本人文民警察官殉職の前兆――二つの事件

### (1)　偶発的な危機回避

山崎を隊長とする文民警察官七五名は、一九九二年一〇月一三日にカンボジアへ向けて空路出発し、翌日午後プノンペンに到着した[79]。日本人文民警察官の派遣場所が最終的に決定されたのは、一七日のことである[80]。およそ一ヵ月前の九月一四日時点で、UNTAC文民警察部門の必要定員数三六〇〇名のうち二五〇三名が展開済みであったから[81]、既に安全な地域は他国の文民警察官で埋められており、カンボジア北部のアムピルなど相対的に危険な地域しか残されていなかった[82]（図3-2）。それでも、今川幸雄在カンボジア日本国大使館特命全権大使や、明石の調整作業によって、他国の場合のように、完全に各警察官が単独で任地に赴くのではなく、数名程度の集団で分散的に配置されることになった[83]。

一方、自衛隊施設部隊の配置先をめぐり、UNTACでは、クメール・ルージュ（Khmer Rouge）の影響が強く、危険なプレアウィヒア、バンテアイ・ミアンチェイの北部二州が候補地として挙がっていた[84]。防衛庁の陸上幕僚監部が配置先を指定したわけではなかったが[85]、大使の今川は、コンポンチャム、コンポントム、プレイヴェン、カンダル、タケオなどの配置先を明石に求め、明石も前述の北部二州への配置は認めず、UNTACの会議でもそう発言していた[86]。外務省アジア局南東アジア第一課作成の一九九一年七月一日付内部資料によれば、北部と西部はゲリラ活動や各

## 図3-2 日本人要員配置図（最終配置）

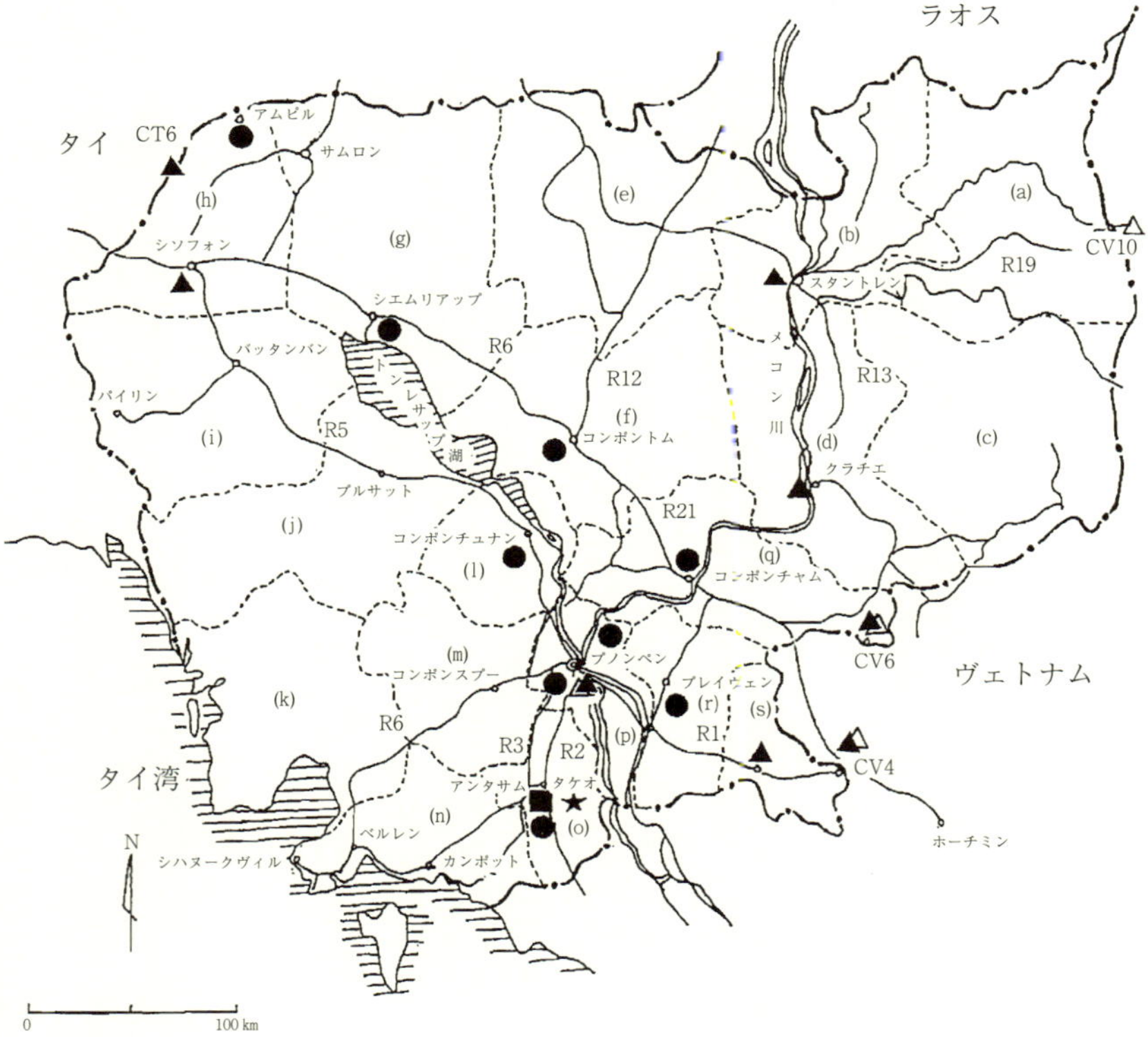


凡　例

| | | | |
|---|---|---|---|
| △　第1次停戦監視要員 | (b)　スタントレン | (i)　バッタンバン | (p)　カンダル |
| ▲　第2次停戦監視要員 | (c)　モルドルキリ | (j)　プルサット | (q)　コンポンチャム |
| ●　文民警察要員 | (d)　クラチエ | (k)　ココン | (r)　プレイヴェン |
| ■　施設部隊 | (e)　プレアウィヒア | (l)　コンポンチュナン | (s)　スバイリエン |
| ★　選挙要員 | (f)　コンポントム | (m)　コンポンスプー | |
| ……　州境 | (g)　シェムリアップ | (n)　カンポット | |
| (a)　ラタナキリ | (h)　バンテアイ・ミアンチェイ | (o)　タケオ | |

出所：「カンボディア国際平和協力業務の実施の結果」1994年11月、を一部改。

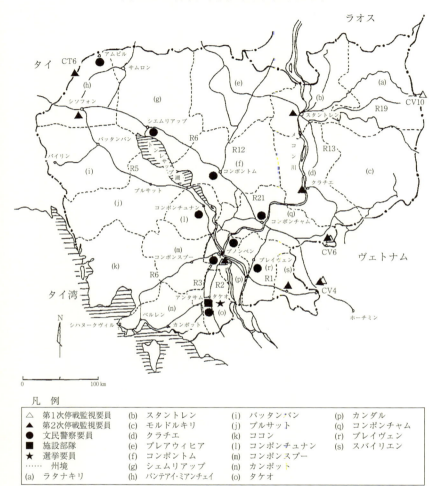

派の軍が支配する地域として指定されていたから、[87]今川からすれば到底受け入れられない候補地だったのである。今川が明石に求めた地域のなかで、とりわけタケオは、幹線道路に面し、首都プノンペンに近いだけでなく（図3-2）、フランス部隊の警備担当地域でもあった。[88]UNTAC文民警察部長のルースに対し、事前に有馬が有事の際の「防御」措置を要請しており、[89]安全確保という面でも望ましい。つまり、異なる形ではあるにせよ、自衛隊、文民警察官ともに日本人特別代表の恩恵に浴していたのである。

タケオに集中配置された自衛隊施設部隊とは対照的に、日本人文民警察官は九つの州に分散配置された。[90]警察庁では、分散配置といっても各都道府県警察で採用されている、車両で駆け付けられる程度の近接地域内での配置を想定していた。[91]だが実際には、国境地域にまで及ぶ広範囲に分散しており、本部から車両で駆け付けることが困難な地域もあった。[92]警察官同士の連絡も困難なほど孤立した状況に、警察庁は派遣後に気付く。[93]こうしたUNTACと日本の警察庁の、配置をめぐる捉え方の相違によって、日本人文民警察官の安全は極めて厳しい状況に直面していた。

日本人文民警察官が各地域に配属されてから、カンボジアの治安状況は、緊張の度を増していく。その直接的契機となったのが、クメール・ルージュによるテロ、暴力沙汰、襲撃事件の相次ぐ発生である。クメール・ルージュが武装解除のための停戦第二段階入りを拒んだ結果、その他の派との間で進展していた武装解除は中止を余儀なくされ、治安も悪化しつつあった。[94]たとえば一九九二年一二月、コンポントム州で、UNTAC関係の軍事監視要員六名がポト派の勢力によって拘留され、その釈放支援目的で派遣されたUNTACのヘリコプターまでも銃撃を受け、一名が負傷するという事件が発生している。[95]もはや、日本人文民警察官到着前の「全体として静穏。……わずかな砲撃戦有り」、[96]「最近はかなり安定している（ただし、軽微な銃の発砲等はある）」[97]（括弧書き原文のまま）などの情勢認識は通用しなくなっており、彼らの身近でも被害が発生し始めていた。

そして、シェムリアップで日本隊員宿舎等襲撃事件が起こる。一九九三年一月一二日午後一一時頃、同州アンクロン村の日本隊員宿舎等が、正体不明の武装集団約四〇名に襲撃された。[98] 砲撃で日本隊員宿舎は全焼したが、偶然にも休暇で不在だったため、日本人文民警察官五名に被害はなかった。[99] だが、UNTAC有権者登録チームの現地女性二名と七歳の少女が死亡し、インド人とガーナ人の文民警察官が軽傷を負い、現地男性一名が負傷した。[100] 同事件は、UNTAC関係者が死亡した初めてのケースであった。[101] 事件後、強盗対策の一環として、UNTAC軍事部門が再配置を実施し、遠隔地でのパトロール、UNTAC他部門と選挙準備への支援を強化している。[102]

それでは、政府側の脅威認識はいかなるものだったのか。河野洋平官房長官は「今回の事件だけで停戦合意が崩れたとは認識していない」と言及し、日本隊員の引き揚げや配置変更を否定したうえで、在カンボジア大使館などを通じて事件の背後関係を調査する方針を示した。[103] 宮澤も「一種の何と申しますか盗賊と申しますか、武装集団で身元がはっきりしない」との認識を示し、[104] 今川から明石へ安全確保の申し入れを行い、[105] 宮澤も同様の措置にとどまった。[106] 政府の安全確保の申し入れに対し、明石ができる限りの安全対策を講じたい旨を回答したため、[107] 具体的措置には触れられていない。

政府の反応と異なり、メディアの関心は、日本人要員への対策よりも、事件そのものに向けられていた。『毎日新聞』は、この事件がポト派によるものとし、前提条件の停戦合意が崩れつつあると指摘した。[108] それに対し、『産経新聞』は、そもそも平和維持活動に「絶対安全」はあり得ないという。[109] 同時期の『朝日新聞』と『読売新聞』が注目したのは、ポト派の総選挙不参加であり、五原則との関連では十分に論じていない。[110] 『日本経済新聞』は、事件のあらましを伝えている。[111] 全体として、新聞の関心は事件の概要かポト派の動向にあった。各紙とも、それほど危機的には捉えていなかったようである。

## (2) 直接的被害の発生

しかし、シェムリアップでの襲撃事件は、カンボジアの治安状況が悪化していく予兆を示すものに過ぎなかった[112]。事件からおよそ二ヵ月後の三月一〇日、シェムリアップから南に約一〇キロ離れたチョン・クニアスの漁村で、ベトナム人三三名がポト派によって殺害される[113]。この事件は、パリ協定調印後にポト派がベトナム人を殺害したものとしては、最大規模のものであった[114]。さらに四月二日には、UNTACのバングラデシュ部隊二名とブルガリア部隊三名が殺害されている[115]。

こうした状況に対処すべく、四月一二日にUNTAC軍事、文民両部門とポト派を除く三派との間で選挙プロセス期間中の安全措置調整で合意が成立する[116]。ところが、その直後に日本人文民警察官が被害に遭う初の事件が起こる。四月一四日午前九時一五分頃、アムピルでの会議に出席するため、平林新一警部補が国道六九一号線を車両で移動中、ジャングルから現れた武装集団七、八名に取り囲まれ、財布（五〇〇〇バーツ入り）、UNTAC車両、腕時計、ライターを強奪された[117]。幸い、平林に負傷はなかった[118]。事件後、警察庁の田中節夫長官官房総務審議官が、派遣警官の配置先を変更するよう申し入れているが、UNTAC側は日本だけを特別扱いできないとして、受け入れなかった[119]。さらに田中は、現地に安全確保のための適切な行動をとるよう注意喚起を行うとともに、総理府の柳井に対しても、状況の変化に応じた安全確保対策を要請している[120]。

先行研究では論じられていないが、そうした状況を反映し、外務省は他国の動向を分析している。第一に注目されたのが、四月一一日のギャレス・エヴァンス（Garat Avance）豪外相の同国テレビ（Nine Network Television）での発言である。エヴァンスは「ポル・ポト派が国連の要員を組織的に攻撃の対象としているかどうかは明らかではない」としたうえで、「我々は、個別の散発的事件、……その連続によっても抑止されることはない」と任務継続の意思を明らかにした。[121]

第二に、インドネシア政府のエディ・スドラジャト（Edi Sudradjat）国軍司令官とアリ・アラタス（Ali Alatas）外相の発言である。アラタスはエヴァンスと同様の見解を述べているが、スドラジャトはそれに一定の理解を示しながらも、「もし、我々の部隊が攻撃されたとしたら、現地に滞る理由はない」と懸念を示している。[122] このインドネシア政府内の意見相違を伝える情報は、在インドネシア大使館から本省宛に伝達され、[123] 外務省本省は「現時点で豪やＵＮＴＡＣのその他の国の部隊や要員の引き揚げが考慮されている訳ではない」と結論付ける。[124] 伝統的な「ＰＫＯ先進国」ではなく、同じアジア太平洋地域に位置する豪州とインドネシアの動向に関心を寄せ、いったいどの程度の事件で活動停止や撤退が本格的検討に付されていくのかを、慎重に線引きしていたのである。

また、この事件を契機として、外務省は独自の措置を模索し始める。たとえば、四月二七日に正式決定される選挙監視要員の派遣を控え、一六日夕に今川は、⑴緊急事態で早急に連絡、対応がとれる主要都市や、自衛隊施設部隊の近くへの配属、⑵監視行動の際のＵＮＴＡＣ軍事要員による警護、を明石に要請し、安全確保がなされなければ随時派遣を取り止めると伝達した。[125] 後に選挙監視要員四一名が自衛隊駐屯地のタケオに配置されると、[126] 柳井と畠山蕃防衛事務次官が協議し、「補給と情報収集」の名目で巡回を実施に移すことになる。[127]

選挙監視要員と同様に、文民警察官に関しても、⑴夜間に歩兵部隊と同じ宿泊地に泊まること、⑵歩兵部隊との緊密な連絡体制を確立して任務を遂行すること、などの対策を実施するとした。[128] つまり、従来よりも踏み込んだ措置によって、政府は要員の安全を確保しながら、同時に現地、ひいては国際社会でのコミットメントも何とか維持しようとしたのであった。

これほど状況が変化したにもかかわらず、各紙の反応は、日本隊員宿舎等襲撃事件時とほとんど変わらない。『朝日新聞』と『産経新聞』は、ポト派やＵＮＴＡＣの動向などに触れ、とくに前者はパリ協定が置かれた状態を「風前の灯」と指摘した[129]。その他各紙は、この事件の概要と、事件現場がポト派の支配地域周辺であったことを報じた[130]。新聞各紙にとって、実際に日本人文民警察官が負傷したわけではない以上、派遣の前提条件である現地情勢が重要だったのである。しかし、こうした状況下、日本人文民警察官の犠牲者が出るまでそう時間はかからなかった。

## 5　安全確保の蹉跌

### (1)　犠牲者発生とUNTACの反応

日本人文民警察官が巻き込まれる事件に慌ただしく対応していた宮澤政権に、派遣を根本から覆しかねない事態が襲う。一九九三年五月四日午後一二時三〇分頃、アムピルに向かっていたUNTAC車両縦隊が、武装集団のロケット砲や小銃による襲撃を受け、九名が死傷した[131]。そのなかには、日本人文民警察官五名も含まれており、岡山県警所属の高田晴行警部補が死亡し、四名が重軽傷を負った[132]。そのうち重傷者二名は、同日中に隣国タイのロイヤル・エアフォース病院に搬送され、高田警部補の遺体も翌日には搬送された[133]。

今川がベフルーズ・サドリ（Behrooz Sadry）UNTAC特別代表代理に強く求め、タイの病院に死傷者を移送させた日本政府には[134]、UNTAC側の辛辣な評価が待っていた。文民警察部長のルースが「今回の日本人文民警察官のタイ領に入った行動は職場離脱で規律違反である」と強い口調で今川に抗議を申し入れると、今川は緊急避難と人命尊重を理由にルースの抗議を拒絶する[135]。同様の抗議を受け取った波多野敬雄国際連合日本政府代表部特命全権大使は、「また命令を出せばいつでも原隊へ復帰しますから」と述べてその場をどうにか治めているが[136]、既に日本側とUNTAC側の対立は決定的になっていた。

だが、事件に巻き込まれた車両縦隊は、正規のエスコート体制を組んでいた。(137) 一両目にオランダ海兵隊、二、三両目に日本人文民警察、四から六両目にインド地雷処理訓練部隊とノルウェー人選挙監視要員の車両という順序で編成され、集団で移動していた。(138) 明石が指摘したように、まさに「大胆不敵」である。(139) 外務省が開示した調査結果概要によれば、UNTAC要員は公務を遂行していたから、「本件待ち伏せは彼らの制御能力を超えたもの」でもあったが、正確な位置情報の把握と救援隊の組織化に時間を要し、二、三分で到着する現場に救援隊が到着するまで三時間もかかっていた。(140) それに、「救助や避難業務のような緊急事態における不測事態への対処計画がなかった」という点も事件後明らかとなる。(141) 同事件は、日本とUNTACの関係に亀裂を走らせたばかりでなく、国連平和維持活動が内包していた根本的な問題を露呈するものでもあったのである。

### (2) 国内の反応——撤退の判断をめぐる分裂

高田警部補の殉職後、今川が「本件はUNTACに対する敵対行為であり和平協定の重大な違反行為としてとらえている」、「シハヌーク殿下の下、『カ』四派の会合が明日にも開催されることは、和平協定のわく組み、が未だくずれていないことを示している。本件は日本への個別的な攻撃行為であるとは考えない」などと現地邦人記者の質問に答えていたとき、(142) 日本では意見対立が惹起していた。警察庁長官の城内康光は「警察庁の雰囲気としては、これ以上はやってられない」と主張し、(143) 小泉純一郎郵政相も、血を流す国際協力に異議を唱え、撤退も視野に入れた検討を求めた。(144) いわば、文民警察官の派遣を維持するための根幹がにわかに揺らぎ始めていたのである。

こうした反応は、メディアにも見られた。新聞各紙は、論点となった停戦合意の評価や今後の対応をめぐって議論が分かれていた。『朝日新聞』と『毎日新聞』は、停戦合意が崩れつつあるとしたうえで、首都プノンペンへの一時集結などを主張した。(145) それに対し、『読売新聞』は、ポト派が停戦合意から離脱を宣言していないとし、文民警察官などの引き揚げを否定する。[146]また、『日本経済新聞』と『産経新聞』は、そもそも停戦合意の評価を日本が独自に行うことに懐疑的で、最後まで日本の要員が活動をやり遂げるよう求める。[147]

それでは、官邸における分裂状況はいかなるものだったのか。事件発生時、宮澤は静養中で軽井沢に滞在していた。[148]柳井は、首相秘書官に会議を開くよう求め、宮澤は急遽帰途につく。[149]移動中の宮澤には、東京の河野から逐一電話で打ち合わせの経過が報告されたが、その内容は撤退論が根強く、宮澤は「それは待ってくれ、私が帰るまで。どうせ夜中過ぎには着くから、もう少し待っていろ」と止めたという。[150]撤退を「一瞬も思わなかった」[151]宮澤がようやく官邸に到着すると、河野と柳井の他、近藤元次、石原信雄両官房副長官、小和田恒外務次官が総理執務室に入り、緊急対策会議が開始された。[152]当時、内閣総理大臣秘書官を務めた竹内行夫は、宮澤の決断過程を語る。

河野長官から、遺体の移送の段取り、対策本部の設置などについて報告を受けたあと、宮澤総理は、葬儀や補償についてできるだけのことをするよう指示したうえで切り出した。「さて、今度の事件は、総選挙を経て新たな国造りをしようとするパリ協定プロセス全局面の中で、どのように分析評価すればよいのでしょうか」。……「柳井さん、小和田さん、どうですか」。総理は、二人の発言を促した。

柳井事務局長と小和田次官の分析は一致していた。今後とも選挙妨害のための襲撃やテロは続くだろうが、ポル・ポト派の実力からみて全土にわたる大規模な行動は困難であろう。種々の可能性は排除し得ず安全対策を強化する必要はあるが、何とか選挙は実施できると思うし、されなければならない、それにポル・ポト派もパリ協定は厳格に遵守されるべしと主張しているというものであった。

これを受けて宮澤総理は、「そういうことならば、こう考えられますね」として、「安全対策を強化したうえで、総選挙を実施する。選挙の結果がどうなるかはわからないが、あとはシアヌーク殿下を中心にまとめることができれば、総選挙をやった意味は大きいということになる。和平プロセスが進んで何らかの成果を生む見通しがあるのならば、そこから逆算して、われわれとしても、ここのところは頑張ってやりかけた仕事をしっかりとやり遂げましょう」と結んだ。(153)

つまり、外務省の小和田や、同省から総理府国際平和協力本部事務局長に就任した柳井が宮澤を説得したわけではなく、宮澤自ら撤退論を覆す根拠となる情報を二人に求めたのである。その意味で、対策会議におけるやりとりは、宮澤にとって自身の考えの裏付けを導き出す過程だった。

宮澤の決断後、河野を本部長とする国際平和協力業務安全対策本部（対策本部）が設置され、(154)翌五日に対策本部会議が行われた。(155)会議では、(1)今回の事件の概要、(2)最近におけるカンボディアの情勢と見通し、(3)文民警察要員の安全対策、(4)選挙要員の派遣及び安全対策、(5)停戦監視要員及び施設部隊の安全対策、などが主に話し合われた。(156)そして河野は述べる。

宮澤総理も昨晩急遽軽井沢から官邸に戻り、協議を行った。総理より、安全の確保が重要であり、安全対策をしっかりやるようにとの御指示があった。カンボディアに和平をもたらすという目的に向かっての我が国の国連平和維持活動への協力は変更ない。この本来の大目的を如何に達成するかが重要である。そのためには十分な安全対策が必要。選挙は何としても予定通り実施すべきである。こうした総理の基本認識を踏まえてしっかりやってもらいたい。(157)

ここで一つの疑問が浮かんでくる。宮澤の決断を受け、どのように外務省は行動したのか。実は、河野が宮澤の意向を伝えた五日には、外務省でも対策会議が開かれていた。この協議のなかで、小和田は「我が国のＰＫＯ協力が動揺すれば、ＫＲ（クメール・ルージュ）の思うつぼであり、我が国の国際貢献のクレイディビリティがかかっている」（括弧書き筆者）と説明し、宮澤も同様の考えであった。[158]カンボジア情勢の捉え方を官邸で説明した小和田は、今の日本が置かれている状況がいったい何を意味しているのかを今度は伝え、宮澤の意思をより確たるものにしようとしたのである。それでは、「国際貢献のクレイディビリティ」を維持するため、いかなる安全対策を官邸は最終決定したのだろうか。

本日の会議では、文民警察要員の安全対策としては、文民警察要員に対する警護の更なる強化をＵＮＴＡＣに申し入れるとともに、配置先の再検討及び安全対策の協議のため文民警察要員を一時的にプノンペンに集め会議を行うことをＵＮＴＡＣに申し入れることとした。

選挙要員については、予定通り五月六日付けでカンボディア国際平和協力隊の隊員に発令するが、五月一二日に予定される出発までに安全措置と本人の意向を更に確認するとともに、要員の警護の強化を図ることをＵＮＴＡＣに対し申し入れることとした。

また、停戦監視要員及び施設部隊についても、今後とも安全対策を強化するとともに、要員の警護の強化をＵＮＴＡＣに申し入れることとした。[159]

この最後の部分に見られる自衛隊施設部隊の安全対策をめぐっては、これまで実に様々な措置が講じられてきた。たとえば、従来からの一般的な措置として、⑴関連情報の収集、⑵夜間の外出禁止、⑶外出時及び国際平和協力業務実施時の単独行動の禁止、⑷単独の車両での運行を極力避けること、⑸車両移動時に国連旗を携行すること、であった。[160] また、武器の携行に関しても、⑴大隊長の判断により、必要に応じ、国連の指図の範囲内で、武器を携行、⑵大隊長の判断により、必要に応じ、鉄帽、防弾チョッキの携行・着用、⑶宿営地における巡察の実施、が行われていた。[161] それが、次のようなより踏み込んだ措置に変化していく。

⑴　警衛所（タケオ宿営地正門脇）の周囲等、所要の箇所における土のう《ママ》積み。

⑵　所要の箇所における防護壁の設置。

⑶　防弾チョッキ付加機材の装着。

⑷　伏撃対処訓練展示　等[162]（括弧書き原文のまま）。

文民警察官と業務内容や配置状況が異なるとはいえ、いずれも襲撃への対処である点からすると、少なからず施設部隊も犠牲者発生の影響を受けていたといえよう。しかし、いずれの措置も、文民警察官ほど移動や「配置換え」を伴わない点に相違があった。

一方、文民警察要員に限ってみれば、警護の強化以外の対策は、実際に被害者を出した警察庁が強く要請したものであった。[163] 加えて、安全装備として、防弾チョッキ、ヘルメットが配布され、連絡体制強化の目的でインマルサット（衛星通信機器）の設置が決定している。[164] こうした措置によって、警察庁も含め政府に打てる対策は全て出揃っていたが、[165] これらは装備によって個々人の防護を強化したというのみで、危険の低減・除去にはつながらない。それゆえ、ＵＮＴＡＣが要請を拒否することは明らかだったにもかかわらず、[166] 政府は「配置換え」を主軸とする策に拘泥せざるを得なかったのである。

結局のところ、憲法以下の法制度枠組み、国会論議など国内的制約からも、また本来的に国連平和維持活動が有している性質からも、部隊・要員に十分な安全対策を施すことは難しく、日本にとって安全体制を整備したうえで遂行し得るような任務、地域を確保することが、派遣の維持にいかに重要かを官邸に痛感させたのである。

### (3)　申し入れの拒絶――国連側との摩擦

対策本部会議で決定した三つの安全対策を実現すべく、荻次郎国際平和協力本部事務局次長が現地に派遣された。五月七日にサンダーソンUNTAC軍司令官、翌八日にサドリとの会談に臨み、荻は五日に決定した安全対策の実施を申し入れる(167)。なかでも一時的に文民警察官を集めての会議開催に対し、UNTAC側は、日本だけを特別扱いできないため、拒否する姿勢を示した(168)。同時期、日本政府にとって頼みの綱である明石は、北京会合出席でプノンペンを不在にしていた(169)。

直接的な申し入れにもかかわらず、思わしい反応が得られなかった日本政府は、遂に現職閣僚の派遣に踏み切っていく。五月八日未明まで官邸で河野らを中心とする協議が行われ、村田敬次郎自治大臣（国家公安委員長）をプノンペンに派遣する方針を決定した(170)。外務省、防衛庁関係者ではなく、政府が村田を派遣した理由は、単に警察の長であるばかりでなく、その後に派遣される予定だった選挙監視要員の多くが地方自治体職員だからに他ならない(171)。荻の時とは異なり、UNTAC関係者経由で明石に要請するのではなく、村田が明石と直接会談し、これまで以上に強く三つの安全対策の申し入れをする必要があったのである。

他方、警察庁においては、城内が安全対策会議を開いていた。会議では、派遣警官は本人の意思で応募したわけだから、帰国も自由であるという理由で、文民警察官の意思確認を求める声が大勢を占めた(172)。このため、警察庁は任期途中の要員帰国の検討を迫られた。しかし、警察の長である村田が九日にプノンペン入りし、集合した山崎以下文民警察官約二〇名に「何でも自由に話してもらいたい」と切り出したとき、総選挙の実施前に帰国を希望した警察官は誰一人としておらず、[173] 日本独自の判断での撤退は回避された。

だが、三つの安全対策は、頼みとした明石からも断られた。五月一〇日、村田は明石との会談に臨み、三つの申し入れを伝えた[174]。そのうち、日本人文民警察官の「配置換え」について、明石は「日本にだけ安全地帯への配置がえ《ママ》を認めたりプノンペンへの一時集合を認めたりするわけにはいかない」として受け入れていない[175]。このとき、明石が深く憂慮していたのは、実際の攻撃よりも、誇張された報道によって、「カンボジアへ軍隊や警察官を派遣した各国政府が、弱気になってしまい、……撤退させてしまうこと」であった[176]。日本の「配置換え」は、そうした報道を誘発し、UNTACの選挙実施を不能にしかねないものとして、明石の目には映っていたのである。そこで明石は、二つの代替案を提示する。第一に、部隊派遣国の選挙監視要員に関しては、自国部隊の展開地域に配置するという原則の確認であり[177]、第二に、文民警察を各州都に集め、山崎隊長が視察に回るというものであった[178]。カンボジア和平実現と選挙実施を使命とする明石にとって、UNTAC全体に影響を及ぼしてまで日本を特別扱いするということは、採り得ない選択肢だったといえよう。

折しも、カンボジアで明石が「配置換え」の要請を拒んだ五月一〇日は、城内が河野に業務が実施し得る地域に「配置換え」を要請した日でもあった[179]。だが、政府、自民党内では、「配置換え」ではなく、むしろ別の対策が議論されていた。五月一三日夕刻、院内幹事長会議室で開催された外務大臣、官房長官、自民党四役の会合記録によれば、河野と梶山静六幹事長が山崎の巡回、佐藤孝行総務会長と武藤嘉文外相がタイの支援の獲得を対策として挙げる一方で、「配置換え」については誰一人として言及していない[180]。また、元自民党幹事長の小沢は「UNTACに対し、安全対策の強化等を強く申し入れることは当然であるが、日本人だけ特別扱いを求めることは絶対によろしくない」と同日訪ねた林貞行外務省官房長に伝え、林もそれに同意する[181]。同日、城内は、コンポントム、シェムリアップ、コンポンチャムの三州とアムピル郡を「危険地域」と初めて指定し、なおも「配置換え」を申し入れる方針を明らかにしたが、[182]もはやＵＮＴＡＣにそれが届けられるどころか、政府、自民党内ですら受け入れられる余地は喪失されていた。それはまた、文民警察官派遣が著しい停滞を迎え、自衛隊海外派遣が進められていく時代を決定付けた瞬間でもあったのである。

## 6　「ＰＫＯへの後発参入国」日本の試練

従来までの自衛隊に加え、文民警察官の国際協力も見据えてきた外務省にとって、本章が扱った時期は、国内外を問わず政治環境の恩恵に浴した時期だったといえよう。米ソ冷戦終結、カンボジア情勢の好転は、これまで模索してきた「実績積上げ」に資するものであり、ケネス・パイル（Kenneth B. Pyle）が「その法律は自衛隊海外派遣の禁止に終止符を打った」[183]と指摘したように、国際平和協力法の成立は、自衛隊、文民警察官も含めた継続的な「実績積上げ」の端緒を意味した。

政府調査団派遣後、これまで「実績積上げ」を模索してきた外務省だけでなく、警察庁もカンボジア派遣に躊躇しなかった。けれども、警察庁が不満や懸念を抱いていなかったと解釈するのは、いささか単純過ぎよう。確かに警察庁も、カンボジア情勢の好転を調査団派遣に伴い認識していたが、内政で派遣が既成事実化されるのを何よりも忌避した。この警察庁が抱く懸念によって、体制整備は万全とは言い難い状況となったし、安定した社会秩序を前提として訓練された日本人文民警察官をいかに平和維持活動に適用させ、彼らを支援するかという問題も取り残された。警察庁が国際協力に消極的な理由を、歴史の後知恵としてわれわれはカンボジアの事件に求めがちだが、そもそもの根底には同庁の内政に対する警戒心があり、事件発生前からその萌芽は備わっていたのである。

一方、外務省は、自衛隊、文民警察官を問わず、安全性の高い派遣の可能性を押し広げる環境を模索する。今川の行動によって、特別代表の明石を説得し、前者はタケオという場所、後者は複数名での派遣という他国が得られない条件で配置され、日本人特別代表を介した「PKOへの後発参入国」の貢献は当初盤石かに思われた。

だが、こうした配置環境は、必ずしも日本人文民警察官の安全を保障しなかった。シェムリアップでの襲撃事件はともかくも、後の強盗事件をめぐり、外務省は危機感、不安感を募らせたわけではないものの、少なくともある種の判断基準を求めた。そして外務省内でその位置付けを与えられたのが、豪、インドネシア両政府に代表される「その他の国」の動向分析だったといえよう。これまで派遣の実現、維持を一貫して模索してきた外務省にとって、この作業は一種の「確認」でもあったのである。

宮澤は、このような外務省の分析を誰よりも求めた。日本人文民警察官の犠牲者発生に伴い、内政に著しい亀裂が入り、宮澤をはじめ官邸はそれらへの対応に迫られていく。官邸でも撤退論が多数を占めるなか、彼は竹内のいう「孤独な決断」[184]、すなわち撤退回避を望む。小和田、柳井らは、宮澤の求める根拠を提示することで、今度は宮澤の意思を確信に導く役割を果たしたと解釈できよう。

だが、日本にとって望ましい配置環境を少なからず実現し、宮澤の意思に応えた外務省も、UNTACとの調整では難航を極めた。派遣維持の可能性を押し広げるべく、今川を通じて特別代表の明石に安全確保を委ねる策は、カンボジア和平と総選挙実施というUNTACの目標を浸食する可能性が低く、UNTACの許容範囲を逸脱しなかった。これらは一見すると、「明石頼み」のそしりを免れない一方で、最も現実的な方法だったといえなくもない。だが、日本のUNTACへの申し入れがひとたび「配置換え」に及んだとき、もしくは日本がタイへの一次退避など独自策を求めるほど、たちどころに彼らとの溝は決定的なものとなった。日本の「配置換え」が混乱を誘発し、本来目標が失われる危険性を明石らUNTAC側は憂慮していたが、外務省だけでなく、総理府、警察庁、官邸も、UNTAC側が抱いた不安感を緩和、払拭する術を導き出すことができなかったのである。

事件後、タケオの自衛隊施設部隊の安全確保がさらに整えられたのと対照的に、「配置換え」という中核政策が挫折したにもかかわらず、文民警察官の派遣が維持されたのは、文民警察官たちの意思によるところも無視できない。外務省だけでなく、政府全体で物質的措置が万策尽きた以上、もはや派遣を維持するか否かの意見を警察官たちに問わずにはいられなくなっていたのである。彼らが任期途中の帰国を望まなかったため、宮澤内閣は、例外なき普遍性を望む明石らUNTACに対し、特殊性の顕著な要請を繰り返しながら、日本人要員の帰国を待たねばならなかった。つまり、派遣維持か撤退かというジレンマを「配置換え」などで解消しようとする反面、外務省、宮澤内閣は国連を通じた政策の自由度を大きく拘束されてもいたのである。

さらにこの時期、宮澤内閣はもう一つの試練を迎えていた。ガリ構想を契機とし、アフリカ大陸での「実績積上げ」の機会が訪れ、カンボジア派遣後か、あるいは同時派遣かをめぐって、官邸と外務省の対立が先鋭化していく。そこにカンボジア以来の派遣先の選択をめぐる議論が加わり、日本政治はより一層複雑さを増していくことになる。

注

（1）海部、前掲『政治とカネ』一五五頁。
（2）同前、九二頁。
（3）ペルシャ湾への海上自衛隊掃海艇派遣を論じたものとして、加藤博章「ナショナリズムと自衛隊――一九八七年・九一年の掃海艇派遣問題を中心に」『国際政治』第一七〇号、二〇一二年一〇月、が詳しい。
（4）「掃海艇の派遣」情報公開第00682号、開示請求番号2008-00682、一九九一年四月二二日。
（5）中近東第一課「我が国掃海艇のペルシャ湾への派遣（湾岸諸国等の反応）」情報公開第00682号、開示請求番号2008-00682、一九九一年四月二二日午前〇時現在。
（6）信田、前掲『冷戦後の日本外交』七一頁。
（7）「第一二二回国会における所信表明演説」一九九一年一一月八日、内閣総理大臣官房監修『宮澤内閣総理大臣演説集』日本広報協会、一九九四年。「第一二二回国会衆議院会議録第二号㈠」『官報号外』一九九一年一一月八日。「第一二二回国会参議院会議録第二号（その一）」『官報号外』一九九一年一一月八日。

（8）羽場久美子「ヨーロッパの拡大――グローバリズムとナショナリズムの相克」、羽場久美子、小森田秋夫、田中素香編『ヨーロッパの東方拡大』岩波書店、二〇〇六年、九-一〇頁。

（9）庄司克宏『欧州連合――統治の論理とゆくえ』岩波書店、二〇〇七年、三〇-三二頁。

（10）前掲「第一二二回国会における所信表明演説」。前掲「第一二二回国会衆議院会議録第二号㈠」。前掲「第一二二回国会参議院会議録第二号（その一）」。また、冷戦後のソ連、東欧の状況、社会主義の崩壊をめぐる、宮澤の認識を窺い知れるものとして、宮澤喜一『戦後政治の証言』読売新聞社、一九九一年、二〇九-二三四頁。

（11）前掲「第一二二回国会衆議院会議録第二号㈠」。前掲「第一二二回国会参議院会議録第二号（その一）」。

（12）御厨、渡邉、前掲『首相官邸の決断』七七-七八頁。

（13）待鳥聡史『首相政治の制度分析――現代日本政治の権力基盤形成』千倉書房、二〇一二年、一〇一頁。

（14）御厨、渡邉、前掲『首相官邸の決断』七七-七八頁。

（15）『朝日新聞』一九九一年一一月九日。

（16）総理府内閣総理大臣官房広報室「自衛隊・防衛問題に関する世論調査――平成三年二月調査」一九九一年二月、一八頁。

（17）宮澤喜一、高坂正堯『美しい日本への挑戦』文藝春秋、一九九一年、五九-一〇九頁。

（18）「自民、公明、民社三党による『国際平和協力に関する合意覚書』」一九九〇年一一月八日、朝日新聞、前掲『湾岸戦争と日本』。

（19）五百旗頭、伊藤、薬師寺編、前掲『外交激変』八一頁。

（20）同前、八一-八二頁。

（21）外務省編、前掲『平成四年版（第三六号）外交青書』五四頁。

（22）斎藤、前掲「国連平和維持活動への我が国の参加問題」一四九頁。

（23）同前。佐々木、前掲『海を渡る自衛隊』一七五-一七六頁。神余、前掲『新国連論』二二二頁。

（24）御厨貴、中村隆英編『聞き書　宮澤喜一回顧録』岩波書店、二〇〇五年、二九六-二九七頁。

（25）『日本経済新聞』一九九二年一月一七日夕刊。

（26）五十嵐武士「宮澤喜一――保守本流、最後の指導者」、渡邊、前掲『戦後日本の宰相たち』四二七頁。

（27）御厨、渡邉、前掲『首相官邸の決断』九二頁。

(28) 梅澤昇平『野党の政策過程』芦書房、二〇〇〇年、一七五頁、一七八―一七九頁。岩井文男「日本の国際平和協力制度」、神余編、前掲『国際平和協力入門』一八五頁。佐々木、前掲『海を渡る自衛隊』二一〇―二一二頁。

(29) 「第一二三回国会衆議院会議録第三三号」『官報号外』一九九二年六月一五日。

(30) 五百旗頭真、伊藤元重、薬師寺克行編『宮澤喜一――保守本流の軌跡』朝日新聞社、二〇〇六年、一六三―一六四頁。

(31) 御厨、中村編、前掲『聞き書　宮澤喜一回顧録』三〇〇頁。

(32) 御厨、渡邉、前掲『首相官邸の決断』九二頁。

(33) 長谷川大使発外務大臣宛第一八五号「国連平和維持活動（文民警察）／回答」開示文書整理番号01-908-9、外務省外交史料館蔵、一九九一年二月二二日。

(34) 「カンボディア和平と我が国のPKO参加」情報公開第01879号、開示請求番号2011-00144、一九九一年五月八日。

(35) 同前。

(36) 国連平和維持活動における文民警察官の役割を検討したものとして、Robert B. Oakley, Michael J. Dziedzic and Eliot M. Goldberg, eds., *Policing the New World Disorder: Peace Operations and Public Security*, Washington D.C.: National Defense University Press, 1998. Tor Tanke Holm and Espen Barth Eide, eds., *Peacebuilding and Police Reform*, London: Frank Cass, 2000. 石原直紀「国連平和活動と警察」、秋月弘子、中谷和弘、西海真樹編『人類の道しるべとしての国際法――平和、自由、繁栄をめざして』国際書院、二〇一一年。永田博美「PKOと文民警察の役割――破綻国家における警察再建支援についての一考察」『海外事情』第五〇巻第一一号、二〇〇二年一一月。福田菊「PKOにおける文民警察（CIVPOL）」、龍谷大学国際文化学会『国際文化研究』第六号、二〇〇二年。藤重博美「国連警察――その役割の変遷と今後への課題」『警察政策』第一五巻、二〇一三年三月、などが挙げられる。他方、日本警察の国連平和維持活動参加に絞り、政策提言を行ったものとして、藤重博美「日本の警察と国際平和協力――その活性化に向けた七つの政策提言」『国際安全保障』第三九巻第三号、二〇一一年一二月、が有益である。

(37) 五百旗頭、伊藤、薬師寺編、前掲『外交激変』九五頁。

(38) 同前、九五―九六頁。

(39) 村上友章「カンボジアPKOと日本――『平和の定着』政策の原型」、軍事史学会編『PKOの史的検証』第四二巻第三・四合併号、錦正社、二〇〇七年三月。

(40) 山崎裕人「カンボジア文民警察日記」『文藝春秋』第七一巻第九号、一九九三年九月。

(41) 斉藤実「国際連合平和維持活動への警察職員の派遣について」『警察学論集』第四五巻第一二号、一九九二年一二月。

(42) First Progress Report of the Secretary–General on UNTAC, S/23870, May 1, 1992. Ratner, *The New UN Peacekeeping*, p. 166.

(43) ＵＮＴＡＣの設立経緯、構造、任務などを扱ったものとして、Janet E. Heininger, *Peacekeeping in Transition: The United Nations in Cambodia*, New York: The Twentieth Century Fund Press, 1994. Michael W. Doyle, *UN Peacekeeping in Cambodia: UNTAC's Civil Mandate*, Boulder and London: Lynne Rienner Publishers, 1995. Ratner, *The New UN Peacekeeping*. Trevor Findlay, *Cambodia: The Legacy and Lessons of UNTAC*, Oxford: Oxford University Press, 1995. United Nations, *The United Nations and Cambodia, 1991–1995*, New York: United Nations Department of Public Information, 1995. 秋月弘子「国連カンボジア先遣隊（UNAMIC: 1991–1992）国連カンボジア暫定統治機構（UNTAC: 1992–1993）」、横田編、前掲『国連による平和と安全の維持』。一柳直子「国連カンボジア暫定統治機構（ＵＮＴＡＣ）活動の評価とその教訓（一）、（二・完）――カンボジア紛争を巡る国連の対応（一九九一―一九九三）」『立命館法學』第二五二号、第二五三号、一九九七年九月、一〇月。今川幸雄「『カンボジア紛争の包括的な政治解決に関する協定』と、カンボジア和平に対する国連の貢献」『関東学園大学法学紀要』第六巻第二号、一九九六年一二月。上杉、前掲『変わりゆく国連ＰＫＯと紛争解決』第五章。望月康恵「国際機構による『統治』――国連の暫定統治機構の事例」、関西学院大学『法と政治』第五七巻第二号、二〇〇六年、などがとくに有益である。

(44) James A. Schear and Karl Farris, "Policing Cambodia: The Public Security Dimensions of U.N. Peace Operations", Oakley, Dziedzic and Goldberg, eds., *Policing the New World Disorder*, p. 88.

(45) Dziedzic, "Introduction", *Ibid*, p. 8.

(46) Schear and Farris, "Policing Cambodia," *Ibid*, p. 89. このＵＮＴＡＣの文民警察部門について、明石も次のように評価している。「なかでも深刻な問題として、三三〇〇人以上の文民警察は、一万六〇〇〇人の軍事要員と比較すると、その質はばらつきがあった。雇われた警察のうちの何人かは、人権に関する経験もわずかであって、必要な資質を欠いていた。何人かは車の運転すらできず、故郷に送り返さねばならなかった」。明石康著、久保田有香訳「カンボジアの事例研究――ＵＮＴＡＣの政治的分析」、横田洋三、宮野洋一編『グローバルガバナンスと国連の将来』中央大学出版部、二〇〇八年、一三〇頁。

(47) Ratner, *The New UN Peacekeeping*, p. 172.

(48) Report of the Secretary–General on Cambodia, S/23613, February 19, 1992.

(49) 三好範英『特派員報告カンボジアＰＫＯ――地域紛争解決と国連』亜紀書房、一九九四年、九八頁。

(50) 『朝日新聞』一九九二年七月三日。

(51) 「カンボディア国際平和協力調査団報告書」情報公開防官文第2267号、一九九二年七月一五日。

(52) 同前。
(53) 同前。
(54) 警察庁「カンボディア派遣――日本文民警察要員活動記録」警察庁甲情公発第69-2、一九九四年二月。
(55) 政府調査団派遣前の段階で、文民警察官について、山崎自身が知らなかったと述べている。山崎、前掲「カンボジア文民警察日記」二〇一頁。
(56) 杉田和博警察庁長官官房総務審議官へのインタビュー、二〇〇九年八月六日。
(57) 同前。
(58) 同前。
(59) Personnel Requested from Japan for UNTAC, September 2, 1992.（仮訳「UNTACのために日本から要請される要員」開示文書整理番号01-907-1、外務省外交史料館蔵、一九九二年九月二日）。
(60)「国際平和協力法の施行及び国際平和協力業務の実施準備について（平成四年八月一一日閣議内閣官房長官発言要旨）」府平第142号、一九九二年八月一一日。
(61) 総理府国際平和協力本部長発警察庁長官宛「国際連合カンボディア暫定機構への警察官の派遣について（依頼）」府平第834号、一九九二年。
(62) 国連政策課「国連カンボディア暫定機構（UNTAC）に対する我が国要員の派遣について」情報公開第02300号、開示請求番号2008-00681、一九九二年九月三日。
(63) 山崎裕人警視正へのインタビュー、二〇〇九年四月二日。
(64) SC/92/294, September 10, 1992.（仮訳、文書名不明、開示文書整理番号01-907-2、外務省外交史料館蔵、一九九二年九月一〇日）。
(65) 前掲、杉田警察庁長官官房総務審議官へのインタビュー。
(66) 文民警察分野七五名の他に、停戦監視分野八名、選挙分野五〇名、道路、橋梁等の修理等の後方支援分野六〇〇名の派遣が実施計画に盛り込まれている。なお、停戦監視と後方支援は、自衛官が対象である。派遣期間については、一九九二年九月一一日から一九九三年一〇月三一日と定められた。「カンボディア国際平和協力業務実施計画」一九九二年九月八日。
(67)「カンボディア国際平和協力隊の設置等に関する政令」平成四年政令第二九五号、一九九二年九月一一日。
(68) 前掲「カンボディア国際平和協力業務実施計画」。
(69) 前掲、山崎警視正へのインタビュー。

(70) 警察庁、前掲「カンボディア派遣」。
(71) そのうち、警視庁をはじめ、山形、新潟、神奈川、兵庫、鹿児島の隊員については、在外公館での勤務経験を既に有していた。前掲、山崎警視正へのインタビュー。
(72) 山崎、前掲「カンボジア文民警察日記」二〇一頁。
(73) 同前。
(74) 前掲、山崎警視正へのインタビュー。
(75) 六五名を選抜する際、三、四倍の応募があり、五、六名の集団面接で選抜する方法がとられた。この過程で、語学能力は一切考慮されず、むしろカンボジア現地との適正のみが重視されたのであった。この選抜の結果、七五名の警察官は、各県最低一名、年齢は二五歳から四五歳で、階級は警視正から巡査まで幅広い層で要員編成されたという。同前。中島久宜「日本の参加実績」神余編、前掲『国際平和協力入門』二二四頁。
(76) 田中節夫警察庁長官官房総務審議官へのインタビュー、二〇〇九年七月一日。
(77) 山崎裕人「信頼ある『市民警察』誕生のお手伝い」『外交フォーラム』第二一巻第九号、二〇〇八年九月、五五頁。
(78) 前掲、杉田警察庁長官官房総務審議官へのインタビュー。
(79) 今川幸雄『カンボジアと日本』連合出版、二〇〇〇年、一八九頁。
(80) 朝日新聞国際貢献取材班『海を渡った自衛隊』朝日新聞社、一九九三年、一二三頁。
(81) 「カンボディア情勢(UNTACの活動状況)」情報公開第00236号、開示請求番号2011-00736、一九九二年一〇月一日。
(82) 前掲、杉田警察庁長官官房総務審議官へのインタビュー。
(83) 今川幸雄在カンボジア日本国大使館特命全権大使へのインタビュー、二〇一〇年九月一〇日。
(84) 同前。
(85) 防衛省防衛研究所戦史部編『西元徹也オーラル・ヒストリー――元統合幕僚会議議長』下巻、防衛省防衛研究所、二〇一〇年、六八頁。
(86) 前掲、今川在カンボジア日本国大使館特命全権大使へのインタビュー。
(87) 外務省南東アジア第一課「カンボディア各派軍の勢力及び支配・活動地域」情報公開第0228号、開示請求番号2011-00736、一九九一年七月一日。
(88) 前掲、今川在カンボジア日本国大使館特命全権大使へのインタビュー。

(89) C・O・E・オーラル・政策研究プロジェクト『有馬龍夫（元日本政府代表）オーラル・ヒストリー』政策研究大学院大学、二〇一一年、三五二頁。
(90) 警察庁、前掲「カンボディア派遣」。
(91) 前掲、杉田警察庁長官官房総務審議官へのインタビュー。
(92) 同前。
(93) 同前。
(94) 池田、前掲『カンボジア和平への道』一八一―一八二頁。
(95) Note by the President of the Security Council, S/24884, December 2, 1992.
(96) 「カンボディア情勢（UNTACの活動状況）」情報公開第02284号、開示請求番号2011-00736、一九九二年八月七日。
(97) 前掲「カンボディア情勢（UNTACの活動状況）」一九九二年一〇月一日。
(98) Report of the Secretary-General on the Implementation of Security Council Resolution 792 (1992), S/25289, February 13, 1993. 警察庁、前掲「カンボディア派遣」。
(99) 警察庁、前掲「カンボディア派遣」。
(100) 同前。
(101) 同前。
(102) 国連政策課「総選挙実施の安全確保に関するUNTACの対策」開示文書整理番号04-918-5、外務省外交史料館蔵、一九九三年四月一五日。S/25289.
(103) 一月一三日夕の記者会見において、河野官房長官は「事件が誰によって行われたのかについて確認できない。したがって、それが停戦合意を崩す行為なのかも確認できていない」とも語っている。また、今後の対応について、外務省も国連側と協議する方針を示しつつ、日本人要員の配置換えの話は出ていないと述べた。一方、防衛庁では、今回の事件が自衛隊を対象としたものではなかったが、情報収集を行っていた。しかし、防衛庁では現地部隊に特別な指示を出してはいない。『朝日新聞』一九九三年一月一四日。
(104) 「第一二六回国会参議院会議録第二号」『官報号外』一九九三年一月二六日。
(105) 前掲、今川在カンボジア日本国大使館特命全権大使へのインタビュー。
(106) 前掲「第一二六回国会参議院会議録第二号」。

(107) 「第一二六回国会衆議院会議録第二号」『官報号外』一九九三年一月二五日。
(108) 『毎日新聞』一九九三年一月一九日。
(109) 『産経新聞』一九九三年一月一四日。
(110) 『朝日新聞』一九九三年一月三〇日。『読売新聞』一九九三年一月三〇日。
(111) 『日本経済新聞』一九九三年一月一三日夕刊。
(112) 「最近の主要な停戦違反事件等（平成五年）」開示文書整理番号04-918-6、外務省外交史料館蔵、日付不明。
(113) Letter Dated 12 March 1993 from the Permanent Representative of Viet Nam to the United Nations Addressed to the Security-General, S/25409, March 13, 1993.
(114) Ibid.
(115) Note by the President of the Security Council, S/25530, April 5, 1993.
(116) 合意の例として、次の諸点が列挙されていた。(1) 現存の行政機構が自派の支配地域内において一般的な安全確保を行う。(2) 各投票所の整備は、ＵＮＴＡＣ軍事部門又は同文民警察が責任を負う。(3) いかなる時、形においてもＵＮＴＡＣ軍事部門が三派の軍に合流することはない。(4) 選挙プロセスの実施にかかわる安全措置は、ＵＮＴＡＣのみが責任を負う。国連政策課、前掲「総選挙実施の安全確保に関するＵＮＴＡＣの対策」。
(117) 篠原臨時代理大使発外務大臣宛第七一八号「日本人文民警察官の強とうひ害事件」情報公開第00819号、開示請求番号2013-00849、一九九三年四月一四日。
(118) 同前。
(119) 前掲、田中警察庁長官官房総務審議官へのインタビュー。
(120) 「第一二六回国会衆議院地方行政委員会議録第一一号」一九九三年四月一五日。
(121) 神余隆博「（参考）」開示文書整理番号04-918-2、外務省外交史料館蔵、日付不明。
(122) 藤田大使発外務大臣宛第八八一号別ＦＡＸ信「インドネシア部隊の撤退に関する報道（防衛情報）」開示文書整理番号04-918-4、外務省外交史料館蔵、一九九三年四月一六日。引用部分の原文は、*The Indonesia Times*, April 15, 1993.
(123) 同前。
(124) 「インドネシア・豪の撤収に関する発言」開示文書整理番号04-918-1、外務省外交史料館蔵、日付不明。
(125) 「当省として取るべき立場」開示文書整理番号04-918-8、外務省外交史料館蔵、日付不明。

(126) 選挙監視要員四一名（国家公務員五名、地方公務員一三名、民間人二三名）は、一九九三年五月一七日にタケオに到着し、二一日から二二日にかけて全員がタケオ州内に配置されている。日本人選挙監視要員は、憲法制定議会選挙の公正な執行の監視、管理などの業務に従事するとともに、投票所の統括責任者であるカンボジア人担当官を補佐した。また、タケオ、プノンペンの開票所においては、二四時間交代勤務制の開票作業の監視などに携わっていた。彼らの活動は、憲法制定議会選挙を目前に控え、カンボジア国内の緊張が高まった時期に行われたものの、各要員は、適宜、防弾チョッキを携行、着用し、監視業務を実施した。彼らは、同年六月二日にタケオを後にし、六月四日に帰国している。「カンボディア国際平和協力業務の実施の結果」一九九三年一一月。

(127) 五百旗頭、伊藤、薬師寺編、前掲『外交激変』一〇五頁。

(128) 「第一二六回衆議院決算委員会第七号」一九九三年四月一九日。

(129) 『朝日新聞』一九九三年四月一六日。『産経新聞』一九九三年四月二〇日。

(130) 『日本経済新聞』一九九三年四月一五日。『毎日新聞』一九九三年四月一五日。『読売新聞』一九九三年四月一五日。

(131) 「アンピルにおける文民警察要員襲撃事件の概要について」情報公開第00935号、開示請求番号2013-00850、一九九三年五月五日。

(132) 同前。

(133) 同前。

(134) 「アンピルにおける文民警察要員の襲撃事件に関する神余国連政策課長のバックグラウンド・ブリーフィング」情報公開第00935号、開示請求番号2013-00850、一九九三年五月五日。

(135) 今川、前掲『カンボジアと日本』二〇一頁。

(136) 当時、国連大使を務めた波多野によれば、この事件の直後、中山利生防衛庁長官がニューヨークを訪れ、ガリ事務総長と会談を行っている。中山が犠牲者が出たことを強調すると、当初、ガリは懇ろな弔意を示していた。しかし、それが繰り返し伝えられたため、ガリが国連平和維持活動では一〇〇〇人以上の人が亡くなっていると告げると、会談はそこで終わってしまった。C・O・E・オーラル・政策研究プロジェクト『波多野敬雄（元国連大使）オーラルヒストリー――UNTACと国連外交』政策研究大学院大学、二〇〇五年、七頁。

(137) 明石康『忍耐と希望――カンボジアの五六〇日』朝日新聞社、一九九五年、七六頁。

(138) 前掲「アンピルにおける文民警察要員襲撃事件の概要について」。

(139) 明石康「カンボジア日記――初めて公にするUNTAC代表の全記録」『中央公論』第一〇九巻第三号、一九九四年三月、一七三頁。

(140)「ＵＮＴＡＣ車列襲撃事件報告書の概要」情報公開第00935号、開示請求番号2013-00850、日付不明。
(141) 同前。
(142) 今川大使発外務大臣宛第八七五号「本使の記者団質問への応答振り」情報公開第00935号、開示請求番号2013-00850、一九九三年五月五日。
(143) 五百旗頭、伊藤、薬師寺編、前掲『外交激変』一〇〇頁。
(144)『朝日新聞』一九九三年五月七日夕刊。
(145)『朝日新聞』一九九三年五月五日。『毎日新聞』一九九三年五月五日。
(146)『読売新聞』一九九三年五月五日。
(147)『日本経済新聞』一九九三年五月七日。『産経新聞』一九九三年五月五日。
(148) 五百旗頭、伊藤、薬師寺編、前掲『宮澤喜一』一六五頁。
(149) 五百旗頭、伊藤、薬師寺編、前掲『外交激変』九七頁。
(150) Ｃ・Ｏ・Ｅ・オーラル・政策研究プロジェクト『宮澤喜一オーラルヒストリー（元内閣総理大臣）』政策研究大学院大学、二〇〇四年、一八六頁。
(151) 竹内行夫「孤独な決断」『外交フォーラム』第七巻第一号、一九九四年一月、九六頁。
(152) 河野雅治『和平工作――対カンボジア外交の証言』岩波書店、一九九九年、二三八頁。
(153) 日本人文民警察官帰国後の七月二七日、既に退陣を表明していた宮澤の下を、明石が訪れている。明石は「ＵＮＴＡＣ成功の陰には日本外交の努力があった。これは宮澤外交の金字塔です」と感慨無量の表情で告げたという。とりわけ、「金字塔」という言葉を明石は何度も繰り返していたが、宮澤は、ＵＮＴＡＣと明石の功績を讃えるばかりであった。竹内、前掲「孤独な決断」九七頁。
(154) 同対策本部の構成は次の通りである。本部長に内閣官房長官、副本部長に内閣官房副長官（政務と事務）、本部員に総理府国際平和協力本部事務局長、同事務局次長、警察庁長官官房総務審議官、防衛庁防衛局長、外務省アジア局長、外務省条約局長、外務省国際連合局長、自治大臣官房総務審議官、である。なお、対策本部の庶務は、国際平和協力本部事務局で処理される。外務大臣発在別紙三七公館長宛第九四三六号別ＦＡＸ信一「アンピル邦人文民警察官死亡事件（安全対策本部第一回会議）」情報公開第02631号、開示請求番号2008-00155、一九九三年五月五日。
(155) 外務省国連政策課「国際平和協力業務安全対策本部第一回会議の開催」情報公開第00935号、開示請求番号2013-00850、一九九三年五月五日。

(156) 外務大臣発在別紙三七公館長宛第九四三六号別ＦＡＸ信一、前掲「アンピル邦人文民警察官死亡事件（安全対策本部第一回会議）」。
(157) 外務省、前掲「国際平和協力業務安全対策本部第一回会議の開催」。
(158) 「第一回外務省対策本部の会議結果」情報公開第00935号、開示請求番号2013-00850、一九九三年五月五日。
(159) 一方、現地には、総理府国際平和協力本部事務局から萩次郎事務局次長他二名を、警察庁から津和孝亮特別国際協力官、谷口清作国際刑事課長他四名を、外務省から河村武和アジア局参事官他一名の計一一名を派遣する決定を下した。この時点で、津和を含む二名は既にバンコクに出発しており、残りの職員は五日に出発する予定であった。彼らは、現地における状況の一層の把握、ご遺族及びご家族に対する支援、安全対策の協議などを行うために派遣された。外務大臣発在別紙三七公館長宛第九四三六号別ＦＡＸ信一、前掲「アンピル邦人文民警察官死亡事件（安全対策本部第一回会議）」。
(160) 防衛庁「施設部隊の安全対策について」情報公開第02631号、開示請求番号2008-00155、一九九三年五月一九日。
(161) 同前。
(162) 同前。
(163) 『朝日新聞』一九九三年五月六日夕刊。
(164) 「カンボディア要員に対する安全対策のその後」情報公開第02631号、開示請求番号2008-00155、日付不明。
(165) 前掲、杉田警察庁長官官房総務審議官へのインタビュー。
(166) 前掲、田中警察庁長官官房総務審議官へのインタビュー。
(167) 国際平和協力室「文民警察官死亡事件に係わる対応」情報公開第00935号、開示請求番号2013-00850、二〇〇三年一一月一三日。
(168) 前掲、三好『特派員報告カンボジアＰＫＯ』二〇三頁。
(169) 同前。
(170) 同前、二〇三―二〇四頁。
(171) 同前、二〇四頁。
(172) 『日本経済新聞』一九九三年五月九日。
(173) 今川、前掲『カンボジアと日本』二〇一―二〇二頁。
(174) 国際平和協力室、前掲「文民警察官死亡事件に係わる対応」。「国際平和協力本部長としての激励の言葉」一九九三年五月一〇日、内閣総理大臣官房、前掲『宮澤内閣総理大臣演説集』。

(175) 明石、前掲『忍耐と希望』七八頁。
(176) 同前、八二-八三頁。
(177) 前掲「国際平和協力本部長としての激励の言葉」。
(178) 明石、前掲「カンボジア日記」一七五頁。
(179) 国際平和協力室、前掲「文民警察官死亡事件に係わる対応」。
(180) 大臣官房総務課「外務大臣、官房長官、党四役の会合（記録メモ）」情報公開第00935号、開示請求番号2013-00850、一九九三年五月一四日。
(181) 「林官房長の小沢元幹事長往訪（カンボディアＰＫＯ問題）」情報公開第00935号、開示請求番号2013-00850、一九九三年五月一三日。
(182) 『読売新聞』一九九三年五月一四日。
(183) Kenneth B. Pyle, *Japan Rising: The Resurgence of Japanese Power and Purpose*, New York: Public Affairs, 2007, p. 293.
(184) 竹内、前掲「孤独な決断」九六頁。

# 第四章　カンボジアからモザンビークへ
## ――アフリカ部隊派遣の端緒

日本人文民警察官のカンボジア派遣が間近に迫っていた一九九二年一〇月六日、宮澤内閣、とくに外務省はアフリカ大陸の地域情勢も注視していた。なかでも、アフリカ南部のモザンビーク情勢について、外務省中近東アフリカ局アフリカ第二課は「モザンビーク情勢（和平協定署名と今後の見通し）」と題する文書を作成し、最後の部分で国連の関与がいかなるものとなるのかに、わずかながらも関心を寄せている。(1) 初のアフリカ部隊派遣であると同時に、同一内閣下での二度目の派遣を求める外務省の「実績積上げ」の営みが、ここから活発化し始める。

モザンビークに対する日本の人的貢献に関しては、実際に選挙監視要員を務めた浦部浩之、(2) 船田さやかが自身の経験を踏まえ、活動状況を明らかにしている。(3) また、佐藤誠は、新聞各紙の情報に基づいて自衛隊派遣の経過を素描したうえで、(4) 日本国内の認識の希薄さを指摘する。(5) ただし、これらは、現地情勢や日本の協力の中身を主たる考察対象としており、自衛隊派遣の政治過程を分析しようとする本章と重複するものではない。

それでは、こうしたモザンビークへの自衛隊派遣をめぐって、宮澤内閣、なかでも外務省は、いかなる政治環境に置かれ、何を求め、どのような行動をとったのだろうか。本章では、外務省と国連の足並みが揃わないだけでなく、同省と官邸、防衛庁、総理府国際平和協力本部事務局の人的貢献の方式をめぐる温度差も徐々に浮き彫りになっていく。これらの点に留意することで、佐藤が「不透明で閉鎖的な議論のまま最終決定に至ったという印象を拭いがたいもの」(6) と断じた政治過程の全体像を明らかにできるはずである。

# 1 モザンビークという選択――ONUMOZ設置後の試行錯誤

## (1) ONUMOZ発足と治安情勢

ポルトガルとの紛争の末、ようやく念願の独立を果たしたモザンビークでは、その後も十数年間内戦が続き、国連平和維持活動の展開をいよいよ迎えることになる。[7] 一九九二年一〇月四日、ジョアキン・アルベルト・シサノ(Joaquim Alberto Chissano)大統領と、アフォンソ・ドラカマ(Afonso Dhlakama)モザンビーク民族抵抗運動(RENAMO: Mozambican National Resistance)議長のトップ会談が遂にローマで実現し、包括和平協定(General Peace Agreement)が署名された。[8] 同協定は、国連に停戦状況の監視、選挙の技術支援を委ねるものであり、[9] この翌日、外務省は「アンゴラでの大統領及び議会選挙とも相俟って、南部アフリカ地域における今後の安定と繁栄への希望を強めるものである」とのコメントを発出し、期待感を滲ませている。[10]

包括和平協定に基づき、同年一〇月一三日、国連安保理が決議七八二を採択し、イタリア国籍のアルド・アイエーロ(Aldo Ajello)が事務総長暫定特別代表に任命され、二五名で構成された軍事監視団の派遣も決定している。[11] 続く一二月一六日、決議七九七の採択に基づき国連モザンビーク活動(ONUMOZ: United Nations Operation in Mozambique)が首都マプトに設置された。[12] 最終的にONUMOZは、軍事、選挙、人道援助調整事務所、行政、文民警察の五部門で構成されている。このうち、後に自衛隊が参加する軍事部門は最大規模を誇り、司令部要員、停戦監視要員、本部中隊、歩兵部隊、施設部隊、通信部隊、医療部隊、航空部隊、兵站部隊、輸送調整部隊、文民技術班に分かれていた(図4-1)。[13]

図4－1　ONUMOZの組織編成

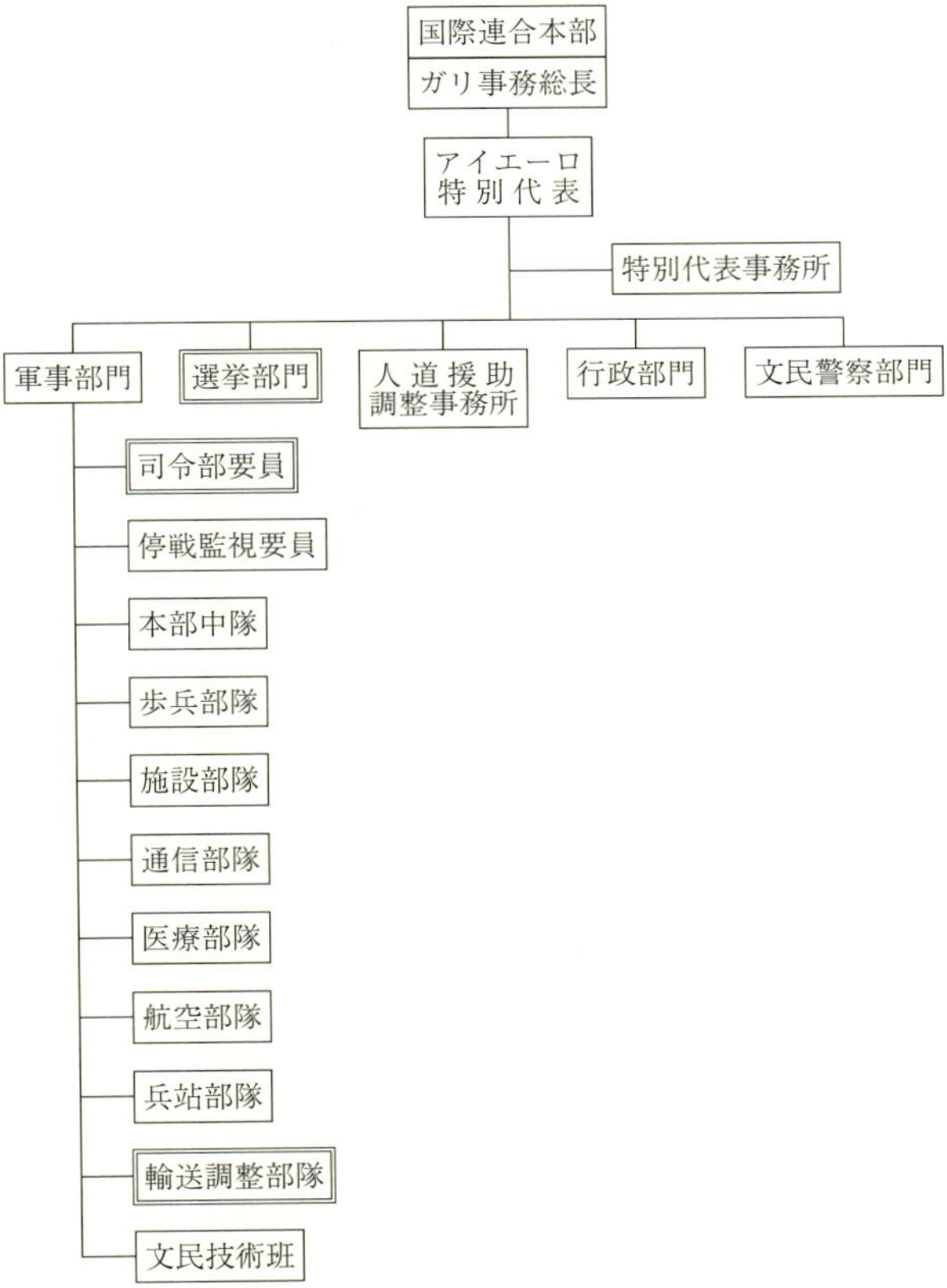


注：二重線は日本人要員派遣部門。
出所：「モザンビーク国際平和協力業務の実施の結果」1995年3月7日。

ONUMOZ設置決議後、日本政府は、ONUMOZの概要、モザンビーク現地の状況などについて、国連との意見交換、情報収集を行い、その過程で国連から派遣に関する数度の打診を受ける。(14) 一九九二年一二月一七日の時点で、外務省は「我が国の具体的な協力については、国連より要請があった段階で国際平和協力法に即して検討することとなろう」としていたが、(15) これは事実と異なる。後述するように、先の打診以後、ソマリア派遣との関係で、モザンビークへの協力も詳細に検討されていくからである。その前提として、外務省の一二月一七日付文書のなかでは、次のように治安情勢が綴られている。

一〇月一二日には同協定が「モ」議会により承認された。一五日にアイエーロ暫定特別代表をヘッドとした国連停戦監視団（約二〇名）が「モ」入りし、同日をもって正式停戦が発効した。しかし、僅か数日の内にRENAMOが北部諸都市を占拠する等、停戦違反が起こり、「モ」駐留のジンバブエ軍（約五〇〇〇名）の撤退も進まず、和平プロセスには早くも遅れがで始めている(16)（略称、括弧書き原文のまま）。

この文章の次の節では「現在のところ政府軍とRENAMO軍との衝突は報告されていない」と締め括られている。(17) しかし、一二月三日付の国連事務総長報告によれば、アイエーロの説得にもかかわらず、RENAMO占領下の北部諸都市を奪還するため、今度は政府側が軍事攻勢に出ていた。(18) 外務省の同文書は、RENAMOの行為を「停戦違反」と断じたものの、その後の政府側の報復行為には分析を与えていなかったのである。

それでは、外務省内の治安上の関心はいかなるものだったのだろうか。たとえば、英国高等弁務官事務所からの情報として、在ジンバブエ大使館から外相に要旨次のような報告が寄せられている。(19)

一．政府軍の兵力は約六〜七万（AK－47ライフルで武装。因みに、輸送機としては旧ソ連製のアントノフ輸送機一機を有するのみ）、これに対しRENAMOは二万人程度に兵力を維持したい考えであるが、現在の兵力は一万七千人程度と見られる。

二．主要都市及び中部から南部にかけては比較的安全であるが、北部についてはRENAMO兵士と関係があるのか判然としないが、山賊やWARLORDが活躍し、相当危険な地域となっている。右のような情況に加え、銃が至る所に氾濫していることが治安をさらに悪化させている。

三．しかし、英国の援助関係者に言わせれば、全国的に見ても治安は以前に比較して相当好転しており、例えば、ベイラ回廊には現在ジンバブエ軍が展開しているが、追剥ぎ等による事件はあるものの、同軍に対する本格的な攻撃は過去一八ケ月行われていない。自分（名前は黒塗りされている）も数ヵ月前ジンバブエ側からベイラ回廊沿い車を走らせたことがあるが、非常に安全であった[20]（最後の括弧書きのみ筆者）。

協定を締結した後も政府とRENAMOが兵力や武器を維持し、組織的背景が不明な勢力による活動も衰えを見せていない以上、安全と危険は地域次第というのである。和平協定を締結したRENAMOや政府だけでなく、その他のアクターにも警戒感を示し始めたといえよう。だが、これらの観察全てが、後の調査で結論を与えられたわけではなかった。

ONUMOZ派遣が日本で検討され始めた頃、国連平和維持活動の在り方そのものが一つの過渡期を迎えていた。その契機となるのが、ガリ国連事務総長の「平和への課題」と題する報告書であった[21]。同報告書は、国連平和維持活動を、(1)予防外交（Preventive Diplomacy）、(2)平和創造（Peacemaking）、(3)平和維持（Peace-keeping）、(4)紛争後の平和構築（Post-conflict Peace-building）という時系列上の四機能に分類し、国連による平和機能の強化を提唱したもるのである。[22]むろん、同報告書の影響は、国際平和協力法の成立から一週間も経ていない永田町や霞が関にも押し寄せることになる。

こうした状況下で、国内の反応は慎重派が多数を占めた。たとえば、自民党の宮下創平前防衛庁長官は、ガリ提案を断ることを明言し、ソマリア派遣にも異議を唱えた。[23]宮下は、米国政府からソマリアに航空自衛隊C-130輸送機を派遣するよう話があっても、この姿勢を崩さない。[24]また、渡辺美智雄副総理兼外相も、第四七回国連総会で「いわゆる『平和執行部隊』の考え方は、将来の国連による平和構築の構想として興味深いものでありますが、従来の平和維持隊とは全く異なった考え方に根差すものであり、引き続き検討していくことが必要と考えます」と述べている。[25]外務省内では、協定調印後のモザンビーク情勢が追跡調査されるとともに、[26]第二次国連ソマリア活動（UNOSOM II: United Nations Operation in Somalia II）参加も検討されてきたが、「通常のPKOに移行するまで我が国よりの参加は見合わせる」と判断していた。[27]それに宮澤も「別途の問題」と指摘するにとどめ、それ以上詳細に答弁しようとしなかった。[28]こうした政府内の慎重さゆえに、憲法に抵触する可能性が低く、停戦合意のあるモザンビークへの派遣に国内の議論は集中していくのであった。

### (2) 三省庁会議開催──「三正面」をめぐる不協和音

ガリ構想を契機として急遽浮上したソマリア、モザンビークに対する人的貢献をめぐり、翌一九九三年一月一二日、外務省、総理府、防衛庁は、課長レベル級の三省庁会議を総理府で開催した。同会議席上、外務省中近東アフリカ局アフリカ第二課長の山口寿男は「三月一五日アディス国民和解会議が開催されることになった。開催まで紆余曲折あろうが、この場で何らかの暫定政府のようなものが樹立できれば、我が国のPKO参加も現実的になりうる」とソマリア情勢に触れ、モザンビークについても「ここ数か月武力衝突もなく平穏な状況との情報に接している」と口火を切った[29]。同様に、外務省国連局国連政策課長の神余隆博も「将来ＵＮＯＳＯＭⅡが従来型のＰＫＯになった時には右への参加（とくに輸送部隊）を検討」（括弧書き原文のまま）とする一方、「停戦合意がしっかりしているし、国連からも日本が参加することへの期待が表明されていることから国際平和協力法に基づく人の派遣を検討すべき」とモザンビーク派遣を山口以上に強く推したのである[30]。

けれども、こうした外務省側の見解に対し、防衛庁側は難色を示している。

カンボディアに加え、ソマリア、モザンビークと「三正面」に派遣することはきつい。理由は①ＵＮＯＳＯＭはロジ（ロジスティクス：兵站）がしっかりしておらず派遣するとすれば数百人の単位で出さざるを得ないが、派遣可能要員の人員数的な問題に加え、英語能力的な問題から十分な数の要員がいるわけではない、②日本の世論はカンボディアの時ほど熟しておらず、何故わざわざアフリカ諸国へ派遣するのか世論対策を十分に勘案する要あり、③国連平和維持活動（ＰＫＯ）への協力は未だ端緒に着いたばかりであり、あまり無理をしたくない。ＵＮＯＳＯＭが従来型ＰＫＯに移行する時期がＵＮＴＡＣへ派遣している部隊の撤収後であれば、ＵＮＯＳＯＭⅡにも相応の派遣は可能。いずれにせよ各派遣の優先度を決めてほしい[31]（ロジの部分の括弧書きのみ筆者）。

なるほど防衛庁にとって、国連平和維持活動への参加そのものが「若葉マーク」であるため、全てを同時に進行し得るほど組織内の体制も国内環境も整っておらず、慎重にならざるを得ない。それでは、外務省にとって「各派遣の優先度」はいかなるものだったのか。この点は、同省の反論が極めて示唆に富む。

三正面作戦が困難であるのは分かるが、アジア以外にも出ていく、カンボディアだけではない、ということが対外的説明の観点からも重要である。

また、これらの地域に積極的に人を派遣することで世論を喚起できるであろうし、国連平和協力法《ママ》の見直しのためにも幾つか実績を積んでいくことが必要。モザンビークでの貢献も当然前向きに検討すべきものと考えるが、外交的インパクトからは、ＵＮＯＳＯＭⅡへの参加が圧倒的に重要である。(32)

要するに、「実績積上げ」によって、世論を喚起し、国際平和協力法を見直す方途としてＯＮＵＭＯＺ、ＵＮＯＳＯＭⅡを位置付け、とりわけ後者への参加こそが有効であると捉えられていたのである。世論が成熟しなければ派遣できないと考える防衛庁に対し、外務省が「実績積上げ」によって世論を喚起できると考えたところに、同省の「実績積上げ」優先の姿勢が窺い知れよう。

だが、外務省の反論は、防衛庁を説得するどころか、かえって懸念を増幅させる結果を招いた。防衛庁は「ＵＮＯＳＯＭⅡに参加することとなった場合、後方支援としていかなる要請がくるか不安」と続け、(33)また総理府も「周辺国にどのようなニーズがあるか更に詳細に調査する必要があり」としていた。(34)それでもなお、三省庁会議翌日の一月一三日に外務省の次官室で開かれた打ち合わせのなかで、ソマリア派遣は「鋭意検討」とされていたが、(35)後に宮澤からも理解を得られぬまま、暗礁に乗り上げてしまうことになる。

一方、モザンビーク（ＯＮＵＭＯＺ）については「ソマリアの場合に比べ従来型のＰＫＯの性格が強いため、派遣しうる可能性が高い」と判断され、可能な限り人的貢献を実施することで三省庁とも一致していた。(36)カンボジアへの派遣を実現して日はまだ浅く、参加五原則の厳格な遵守が求められていた彼らにとって、共通の判断基準である「従来型のＰＫＯ」は最も外せない条件だったのである。

三省庁会議の議論を受け、外務省は、どのようにＯＮＵＭＯＺ派遣を捉えていたのだろうか。同省の一月二九日付文書では、ＯＮＵＭＯＺ派遣を「我が国として自主的な政策判断の問題」とし[37]、「米国を始めとする国際世論、国内世論は我が国のモザンビークへの要員派遣を積極的に後押ししている状況ではないが、以下の点からして我が国は小規模な人的貢献を行うべきと考える」と論じている[38]。

(1) 我が国の国連平和維持活動への協力の実績を積み重ね、国際社会に我が国の人的貢献をアピールすると共に、端緒についたばかりの我が国の国連平和維持活動への協力を《ママ》幅を広げる。

(2) モザンビークは我が国との関係が希薄であるが、他方そのような国へも人を派遣するということで我が国の国際協力がアジア偏重でないことを示す。

(3) 国連としても我が国に対する期待がある。

(4) 他方大規模な参加でなく小規模な参加とした理由は、国際平和協力法上の総員制限（二〇〇〇人）への考慮の他、ＵＮＯＳＯＭへの参加との兼ね合いへの考慮である……。ＵＮＯＳＯＭへの参加とＯＮＵＭＯＺへの参加を比較した場合前者がより重要であることは明白であり、（かりに防衛庁等から主張される場合は）ＯＮＵＭＯＺに人的貢献を行ったからＵＮＯＳＯＭには人的貢献を行えないという主張を抑える必要がある[39]

（括弧書き原文のまま）。

つまり、外務省は、より多様な地域での「実績積上げ」を望んだだけでなく、ＵＮＯＳＯＭ派遣の副次的選択肢としてＯＮＵＭＯＺ派遣を位置付け、かつ防衛庁のＯＮＵＭＯＺ派遣を口実としたＵＮＯＳＯＭ派遣拒否を何とか封じ込めようともしていたのである。

このようにＯＮＵＭＯＺが多くの意義を有し、「従来型のＰＫＯ」で派遣できると判断されれば、次の問題はどの部門に派遣するかである。UNOSOMⅡほど外交的インパクトがないとみなされたONUMOZ派遣について、三省庁会議以降、どの部門への派遣が想定されたのか。再び一月二九日付文書によれば、国連から要請があったのは、本部中隊（輸送小隊）、本部中隊（スタッフ小隊）、輸送調整部隊の三分野であり、そのうち、総理府、防衛庁は、輸送調整部隊への参加のみ積極的だった。(40) 他方、国連の要請を受けてはいないが、防衛庁は、司令部要員、停戦監視要員の派遣にも積極的であった。(41) 逆に、総理府、防衛庁ともに消極的な本部中隊について、外務省も「いわば司令部の雑用係りであり、あえて強く参加を主張する理由があるか疑問」と冷淡な見方をしており、(42) 輸送調整部隊、司令部要員、停戦監視要員いずれにしても、三省庁の判断は派遣可能で一致をみていた。(43)

なお、本部中隊が派遣場所として望ましくないという具体的な理由は、第一に同輸送小隊は「業務内容が矮小（運転手業務）」（括弧書き原文のまま）であり、(44) 第二にスタッフ小隊は「英語が公用語であり、要員確保困難」だからであった。(45) この二分野について、三省庁会議では「要員の提供の可能性がある」と判断されていたものの、(46) プレゼンスの面で難があるという判断は同会議後も覆らなかったのである。

こうした議論の一環として、柿沢弘治外務政務次官がアフリカ六ヵ国を訪問し、日本の要人として初めてモザンビークを視察する。(47) 二月四日、柿沢はシサノ大統領と会談を行い、大統領から正式な派遣要請を受けただけでなく、反政府ゲリラ側からも日本のONUMOZ参加を歓迎する旨の発言があった。(48) 同様に、ONUMOZ特別代表のアイエーロも「どの部門へ参加するかは国連本部が決めることであるが、日本のONUMOZへの参加は歓迎する」と柿沢に伝えている。(49) そして八日に帰国した柿沢は、その足で官邸の河野を訪ね、「モザンビークはPKO派遣五原則の条件を満たしています。日本も派遣すべきです」と切り出した。(50) しかし河野は「あなたは報告だけすればよろしい。後は政治判断の問題です」と返答する。(51) さらに、石原信雄官房副長官によれば、柿沢の発言は河野の逆鱗に触れるものだった。(52)「PKO本部は総理府にあり、本来PKOは総理の直轄で、外務大臣はいわば受益者だ。その外務（政務）

次官が政府の了解を取らずに、ＰＫＯ活動に参加すべきだと言うのはけしからん」[53]（括弧書き筆者）と取り付く島もない。それにしても、なぜ柿沢は、このような発言をしたのか。外務省の考え方は先に触れた通りだが、石原は次のように述懐する。

……一方、柿沢（政務）次官とすれば、加藤紘一前官房長官が外務省出身だったこと、ＰＫＯ活動に積極論者だったことなどから、そのへんの空気を念頭において前向き発言をしたつもりだったのでしょう[54]（括弧書き筆者）。

これまで主に派遣先を検討してきた外務省は、にわかに閣僚人事の変化への対応にも迫られていたのである。そして、この両者の齟齬が解消されるには、さらなる情報が不可欠であった。

しかし、日本の対応は国連の動きに対し完全に遅れをとっていた。日本はどの国に派遣するかを議論していたが、国連事務局は日本からの要員をどの部門に配属するかを検討していた。というのも、国連事務局は、一月八日と二二日にＯＮＵＭＯＺの本部中隊と輸送調整部隊への派遣を既に日本へ打診していたからである[55]。柿沢帰国後も思わしい反応を得られなかった国連事務局は、インド政府の本部中隊への部隊提供に触れながら、二月九日と一〇日に輸送調整部隊への派遣を早期に検討するよう再び外務省に迫ったが、依然として官邸の合意を得られない外務省は沈黙を貫いたままだった[56]。

こうして、三省庁は自衛隊の派遣先としてモザンビークに照準を定めたが、外務省は肝心の官邸を説得できず、国連事務局との板挟み状態になっていたのである。

## (3) 宮澤・ガリ会談と国内分裂

三省庁会議が終わり、柿沢がアフリカ大陸に向かう一方、外務省は官邸に報告を行っていた。二月一日、小和田恒外務次官が宮澤を訪ね、「防衛庁が熱心である」と前置きしたうえで、[57]三省庁会議と同様の論理でモザンビーク派遣を提起する。「防衛庁にそういう余裕があるのであれば検討してもらうことはけっこ《ママ》うであるが、それがソマリアへの派遣に悪影響を与えないことが大切だ」[58]。小和田は、モザンビーク派遣は外務省の独断ではなく、あくまで積極的な防衛庁と一致しているが、実は「圧倒的に重要である」ソマリア派遣にこそ防衛庁を導かねばならないというのである。ただし、ソマリア派遣の場合、平和執行部隊ではなく、あくまで平和維持活動を前提とし[59]、この点は翌日の河野への報告でも貫かれた[60]。このように、カンボジア、モザンビーク、そしてソマリアと派遣を一体的に捉えようとする小和田に対し、河野は「はい」と返答するのみだったが[61]、宮澤は疑問を投げ掛ける。

それはわかる。しかし……《ママ》どうだろうか……《ママ》この話を離れて次官、どのように考えますか。カンボディア《ママ》でなくてアフリカだっていくのだということは良いようなものの、ちょっと、あまり頻度が多すぎませんか[62]（傍線原文のまま）。

宮澤が慎重な理由は、国内世論の不透明さに由来していた。「国民としては、またそっちの方にも行くのですかと、こういうことですかねえ」と述べたように[63]、一九九二年六月に国際平和協力法が成立し、カンボジア派遣がようやく緒に就いたばかりの今、宮澤は国内の反応を慮っていた。外務省は、ソマリア派遣はおろか、三省庁会議で見込まれたモザンビーク派遣の理解すら官邸から得られずにいたのである。

ガリが日本を訪れたのは、まさにこのような時であった。これは、一九八二年八月のデクレヤル事務総長以来、ほぼ一〇年振りの現役国連事務総長の訪日である。[64] エジプト外務担当国務相や副首相として、過去四度も訪日し、日本への関心と造詣が深いガリは、[65] 二月一六日夕刻、宮澤と一時間半に亘って会談を行った。宮澤は、ガリに「世界で最も多忙な人物」と敬意を払う一方で、カンボジア派遣が日本にとって「困難な決定」であり、引き続き議論が行われていると説明した。[66] 一通り宮澤の話を聞き終えたガリは、自らの交渉経験を振り返りながら、遂に持論を展開し始める。

重要なことは、シンボリズムである。……日本からも、二名でも二〇名でも監視要員の参加を得られれば、象徴としての意味（symbolic value）を有する。日本の参加の意味は、まさにこの点にある。即ち、国際的なイメージの構築である。日本の参加は、国連が真に国際的な組織であることを実証し、これを強化することに資するのであり、また日本にとっても、日本の利益がアジアに限られているのではないことを示すことが可能となろう。この関連でエルサルヴァドルおよびニカラグアの指導者からも、日本への協力要請があり、今回の訪日の機会に、自分から日本政府に伝達することを約束した件があるところ、かかる観点から検討いただければ有難い[67]（括弧書き原文のまま）。

各国からの協力に頼らざるを得ないという国連事務総長の立場は、ガリの胸に複雑な心境をもたらしていた。国連が「真に国際的な組織」であるのなら、国名を問わず協力が得られなければならない。だが、当然、各国の影響力には差が生まれる。この苦悩は、ガリが宮澤に漏らした言葉に端的に示されている。すなわち、米国の影響が大き過ぎると国連が「国務省ないし国防省の下請人（subcontractor）になり下がってしまう」[68]（括弧書き原文のまま）。ガリにしてみれば、過度の米国「依存」も、また完全なる米国「除外」も、「国際的なイメージの構築」という目的の侵食なのであった。この状況を避けるためには、米国の参加を得つつ、ドイツ、ブラジルと並び、日本の「より一層の関与」を要する。[69]つまり、日本の参加による「象徴としての意味（symbolic value）」とは、一参加国としての役割だけでなく、米国の影響力の相対化をも意味していたのである。

だが、ガリの口からモザンビークの件は語られなかった。宮澤をはじめ、会談に同席した河野、柿沢、神余、竹内行夫内閣総理大臣秘書官、斉藤邦彦外務審議官、波多野敬雄国際連合日本政府代表部特命全権大使、渋谷治彦国連局長らは、モザンビーク派遣を議論していたから、さぞ意外に思ったに違いない。「なお、貴事務総長は先程、シンボリックな関与の重要性に触れられたが、これはアフリカに関しても同様であろうか」とむしろ宮澤の方から話を切り出している。[70]ようやくガリは「モザンビークについては停戦合意や紛争当事者の受入れ合意が存在する。また、平和維持のみならず、難民、地雷処理、橋や道路の建設といった分野の協力も求められている」と概略を述べたのであった。[71]神余に言わせれば、会談でガリは「日本にどうしろとは言っていない」。[72]また、宮澤も、湾岸、カンボジアの経験を通じてもなお、慎重な対応を要するのは、新憲法下で教育を受けた多くの日本人にとって「第二次大戦の傷がそれ程深いということである」と述べるにとどまり、この場での明確な回答を控えた。[73]

こうした宮澤の慎重さは、カンボジア情勢にも端を発していた。折しも、カンボジアでＵＮＴＡＣの要員を対象にした事件が相次ぎ、[74]宮澤は国連平和維持活動の危険性を改めて認識した。それに、実際の犠牲者発生が「夢想的」な国内世論に与える衝撃が大きいと考えられる以上、[75]ガリへの返答に慎重にならざるを得ない。ところが、先の会議で意見の一致を見ていた三省庁は、首相や官房長官に対し、自衛官四、五〇名をＯＮＵＭＯＺの輸送調整などに派遣する案を非公式に報告する。[76]しかし、これに対しても、やはり宮澤は現地情勢の不透明さから慎重さを固守した。[77]また、河野は、外務省の政策運営を厳しく非難しており、国連平和維持活動参加を世論に影響を及ぼしかねない高度な政治問題とみなし、政治家の判断に強く拘った。[78] 同様に、梶山静六幹事長らが慎重論を展開し始め、後藤田正晴法相も行政当局の先走りを強く非難していた。[79] モザンビーク派遣をめぐって、国内で亀裂が入るなか、小西正樹外務省国連局審議官が団長に就任し、外務省、防衛庁、自治省、総理府国際平和協力本部事務局、在外公館関係者の計八名で構成された現地調査団が三月四日に成田を後にしたのであった。[80]

## 2 政府調査団派遣の波紋

日本の政府調査団派遣は、国連側からすれば完全に計画を狂わせるものであり、明らかに歓迎できぬものであった。河野が外務省に調査団派遣を指示したのは二月二二日のことだったが、それから二日後の二四日、コフィ・アナン（Kofi Atta Annan）PKO担当国連事務次長補は「調査団を派遣してから対応を決定することとなったのは残念であり、輸送調整部隊については早期の展開が必要なので他国に打診せざるを得ない」と外務省に連絡している。[81] そして、ガリ事務総長の指示の下、アナンは日本に対して軍事監視要員の派遣という「象徴的参加」を求めるようになった。[82]

アナンを落胆させた輸送調整部隊の早期展開をめぐる問題は、政府調査団派遣後の日本に思わぬ波紋をもたらした。調査団が視察を終えた三月一五日、バングラデシュ政府が国連に輸送調整部隊の派遣を正式に申し入れた結果、[83] 官邸の説得に手を焼いていた外務省は、一転して派遣部門をめぐる国際競争にも晒されたからである。この点は、国際連合日本政府代表部が国連事務局に確認済みで、[84] バングラデシュ政府が辞退でもしない限り、三省庁会議で一致していた輸送調整部隊の申し入れは断念が濃厚となってしまった。

それでも、外務省は、輸送調整部隊参加への望みを捨てていなかった。三月一七日、神余は、伊藤康成防衛庁防衛局防衛政策課長に連絡し、「無理のない範囲でネゴを行い我が国の何らかの参加の可能性を確保する」と伝えると同時に、輸送調整部隊四五名の「一部を日本が分掌する（例えば、地方司令部の一つを担当）」（括弧書き原文のまま）というバングラデシュとの協力構想を提案した[85]。だが、連絡を得た伊藤は「防衛庁内では内局も陸幕も部隊の参加の可能性は無くなったとの雰囲気である」と告げ[86]、明快に異を唱える。

……輸送調整部隊に限らず部隊参加は all or nothing で考えるべきものであり、他国の部隊の指揮の下に一部を分任することは feasible でもなく、適切でもない。四五人の部隊の内、五〇対五〇という混成比率は部隊では有り得ず、そうであるなら我が国参加人員は五～一〇名となろうが、その場合中隊全体の指揮はバングラがとることになる。バングラの中隊長——恐らく少佐《ママ》程度——の下で地方の一か所を分掌するとすれば、その場合の日本のグループの長はせいぜい一尉か二尉であり、そのようなランクの者に責任を負わせる訳にはいかないし、またその様《ママ》な形でバングラの指揮を受けるのでは日本のグループの士気の高揚にもつながらず最も避けたいオプシヨンである。ユニフォームサイドはこの様《ママ》なアイデアには反対するであろうことは明白である[87]。

防衛庁内部部局の課長として、部隊編成などを担う伊藤には、神余が提起したバングラデシュとの協力構想は、何らかのメリットを見出せるどころか、デメリットばかりが目にとまったのである。ただし、一五日以降、外務省は国連事務局ハイレベルに接触し、バングラデシュが辞退しなくとも日本の受け入れは可能との言質を得ていたから[88]、残る懸案は自衛隊の参加方式であった。その後の外務省と防衛庁の接触について、いまだ行政文書は明らかにしていない。だが、北部の輸送調整をバングラデシュ軍が担い、南部と中部のそれを自衛隊が担当したという事実からすると[89]、「人数の分掌」ではなく、「地域の分掌」によって、神余が提示した協力構想も、また伊藤が懸念を示した他国指揮下での「分任」回避も、何とか結実したのであった。

奇しくも、神余と伊藤が意見を交わした三月一七日は、政府調査団長の小西をはじめ、石原、渋谷、柳井、畠山蕃防衛庁防衛局長（参事官）らが官房長官室の河野を訪ね、報告の任に当たった日でもあった。石原が輸送調整部隊を「荷物の手配師のようなもの」と形容し、「自衛隊が行って役に立つのか、イメージ的には自衛隊の活動と合わない」と説明すると、河野は「（冗談ぽく）左川《ママ》急便にでも頼んだらどうか」（括弧書き原文のまま）と答え、「報告書の中身としてはこんなところで良いであろう」と告げた。[90] 三月二二日、正式に報告書を受け取ると、河野は「説明を多とする」と述べ、二四日までに宮澤の判断を仰ぐと返答した後、ただ一人呼び止めた外務審議官の斉藤に、官邸の最終決定まで「コメントがましいことは一切出さないよう厳重に注意してもらいたい」と指示を出す。[91] 外務省の動きに神経を尖らせ、柿沢発言に激怒していただけに、河野は外務省の動きを牽制したのである。

ただし、輸送調整部隊の派遣をめぐって、外務省に疑念の眼差しを向けていたのは、河野だけではない。第一章で論じたように、中曽根内閣でペルシャ湾派遣に異を唱えた後藤田は、ＯＮＵＭＯＺ派遣でも同様であった。後藤田が「調査団は真面目に見てきたのか。ぶらぶら行ってきただけではないのか」と河野以上に辛辣に切り出すと、斉藤は「とんでもありません。きちんと見てきております」と力説し、報告書の要旨を手交する。[92] ところが、斉藤は、輸送調整部隊を自衛隊が担当する理由、それを担うのは自衛隊のどの部隊かを答えきれず、後藤田から「大体外務省は最初からこの話をルーティーンのようにとり違えている」、「これはハードルを一つ一つ、なし崩しにしようとするもので、そのようにして行けると思うのは間違いだ」などと、たちどころに批判を浴びた。[93] 結局、斉藤は後藤田を納得させられず、河野に託した報告書に宮澤がどう反応するかに委ねられた。

それでは、政府調査団報告書は、どのようにモザンビークの治安情勢を評価したのだろうか。河野に届けられた最終報告書の評価は、調査団が成田を発った三月四日に外務省で整えられた骨子案のそれと実はほとんど変わっていない。[94] 文章表現のみが異なるだけで、後藤田の「ルーティーン」という非難も、この点ではあながち的外れとはいえないのである。最終報告書は次のように評価している。

(イ) 政府及びRENAMOの双方が和平協定遵守の姿勢を明確にしている。
(ロ) 長年にわたる内戦の結果、国内には厭戦気分が広がっており、和平に対する期待が極めて高い。
(ハ) 両軍、特にRENAMO軍は、高度の戦闘能力は有しておらず、現在は外部からの武器供給が停止していると見られる。
(ニ) 主要な都市等は政府軍の支配下にあり、もともとRENAMOの活動はゲリラ活動に限定されている。(95)

これらの理由に基づき、国際平和協力法が求める五原則に照らして、政府調査団は報告書の最終頁で次のように結んだ。

……紛争当事者間の停戦の合意及びONUMOZの活動に対する紛争当事者の同意は確保されており、また、ONUMOZの活動は中立及び非強制の原則を前提として行われているものと考えられる。(96)

つまり、マプトとベイラに滞在した政府調査団は、厭戦気分が国内で広がり、RENAMOに対する外部からの武器供給が停止している以上、彼らの「ゲリラ活動」が調査時点で展開されていても、包括和平協定が破綻する見込みは薄いと判断したのである。しかし一方で、報告書では「昨年一〇月の和平協定署名直後にRENAMOによる北部諸都市の占拠等の散発的かつ局地的な事件があった」とも再び書かれているが、(97) 先に述べた政府側の行為はここでも具体的に触れられていない。さらに、RENAMOの「ゲリラ活動」に加え、前年に在ジンバブエ大使館から情報が寄せられていた「山賊やＷＡＲＬＯＲＤ」[98]も同様の扱いであった。この調査団の目的は「判断材料の収集」であるから[99]、少なからず曖昧さが残されていたのである。

他方、ＯＮＵＭＯＺの進捗状況は、予定よりも遅れていた[100]。当初の計画では三月中に全体の八〇％、四月中に一〇〇％の要員が展開される予定だったが[101]、国連の手続き、武装解除などが進捗せず、ＯＮＵＭＯＺの活動に遅滞が確認された[102]。前年一〇月の協定調印直後、外務省は「六か月以内に政府軍、反政府軍の部隊は武装を解除し、武器は国連に接収される」と見通しを付けながらも[103]、「和平プロセスには早くも遅れがで始めている」としていたから[104]、これは驚くにあたらなかった。なかでも軍事部門の遅れが顕著であり、モザンビークに到着していたのは、停戦監視要員一五四名に加え[105]、イタリア歩兵旅団の一部約二〇〇名に過ぎず[106]、主要人員が揃うまでさらに三ヵ月以上待たねばならなかった[107]。しかも、防衛庁が派遣に前向きな停戦監視要員に至っては、武装解除の「集結地点（Assembly Areas）」開設が遅れ、「待機状態」であった[108]。こうした状況から、アイエーロ特別代表は停戦監視要員派遣を一時延期するよう要請しており、活動期間が相当程度延長される公算が強かったわけである[109]。ただし、同じ軍事部門のうち、外務省が自衛隊派遣を検討していた輸送調整部隊について、報告書で遅れは認められていない[110]。この輸送調整部隊の任務内容をめぐっては、四月九日から二二日まで総理府、防衛庁、外務省職員計二二名で構成された専門調査団がモザンビークに派遣され[111]、最終的に調査団は「我が国派遣要員が、ＯＮＵＭＯＺの下で実際に活動し、任務を遂行することは、十分可能である」と判断した[112]。こうして日本は、輸送調整部隊と司令部要員に限定して派遣を実施することとなり、派遣そのものを見送るという外務省にとっての最悪の事態は回避された。

政府調査団報告書が三月二二日に提出された後も、河野は、カンボジアの任務終了後の派遣を主張し続けた。ところが、ＯＮＵＭＯＺの展開が遅れ、どの分野への派遣も可能ということが明らかになるや、首相に判断を一任されていた河野は、宮澤、渡辺、後藤田、梶山らに意見を求める[113]。後藤田は首相の政治判断の重要性を改めて説き、梶山は消極的姿勢を変えていなかったが、報告書を一読した宮澤は「派遣してもいいんじゃないか」と前向きに意見を変える。[114]そして宮澤が同月二五日にONUMOZの輸送調整部隊に自衛隊員約五〇名を部隊派遣する方針を固めると、翌日午前の閣議で遂に河野が派遣準備を開始するよう発言し、[115]中山防衛庁長官が各幕僚長に派遣準備開始の指示を出す。[116]この派遣要員約五〇名のうち、基幹要員五名を横浜市の中央輸送業務隊から選出し、残りの要員を全国から英語力を重視して選出することになった。[117]

かくして、外務省は、河野らとの調整の面で限界を露呈しながらも、どうにか報告書を通じて宮澤から派遣の言質を取ったのであった。だが、カンボジア情勢が悪化を迎え、さらなる変化が訪れるなか、情報に乏しいモザンビークに派遣された自衛隊を、どのように支援するのかという次なる課題が日本を待っていた。

## 3　大使館設置構想と現地支援チーム派遣――要員支援体制の構築

政府調査団報告書が三月二二日に河野の手元に届けられたとき、出席した石原、小西、斉藤、柳井、小原武外務省中近東アフリカ局長らは、現地支援体制の整備状況についても伝えていた。[118]河野はさして返答をしていないが、この点は国会でもわずかに扱われる一方、[119]外務省内では深刻に受け止められていた。

一．首都マプトに臨時の事務所を開設する。右事務所は、我が方からのONUMOZへの参加要員が到着する前に開設し、我が方要員が最終的に引き上げるまでの間存続する。

二．マプトの事務所には、外務省その他の関係省庁の職員数名（総理府国際平和協力本部事務局等からの支援要員も含む）を派遣し、我が方支援要員に対する支援を行うとともに、モザンビーク政府及びONUMOZとの連絡・調整、現地における情報収集等にあたる。

三　なお、モザンビーク国外とマプトとの通信回線は基本的には問題ないが、念のためマプトの事務所には衛星通信機器を設置し、緊急の際も連絡体制が確保出来るようにする。また、我が方要員が派遣される地方の拠点への衛星通信機器の設置も検討する(120)（括弧書き原文のまま）。

ここで指摘されている事務所とは、明らかに大使館を意味する。以前より、公館新設・再開時には、ホテルに事務所を構える例が多く、モザンビークでも、マプトのホテルの会議室を借り上げるとしていた(121)。また、情報通信については、カンボジアでの犠牲者発生後と同程度の体制の確立が、自衛隊派遣以前から既に検討されていたといえよう。折しも、モザンビーク派遣の支援体制が外務省で練られ始めた四月二日、ブルガリア部隊三名がカンボジアで殺害されると、モザンビーク専門調査団派遣の説明を、山口、神余に加え、川口雄総理府国際平和協力本部事務局総務担当参事官から五日に受けた河野は「ブルガリア人兵士の死亡等カンボジア情勢のほうも憂慮すべきと思われる」と述べた(122)。だが、外務省が何より気掛かりだったのは、反応を示した河野ではなく、ようやく派遣の旗幟を鮮明にした宮澤であった。外務省の文書によると、「カンボディアに於いてさえも緊急事態に対し、十分な情報収集及び迅速な対応体制を組むのが困難な場合があるところ、ましてや実館のないモザンビークに要員を派遣し、一旦事が起こったらどうするのか」と宮澤が懸念を表明した際の措置が急遽検討され始める(123)。カンボジアでの他国部隊の犠牲に加え、不透明性が顕著なモザンビークでも同様の事態に襲われた場合、宮澤までも刺激してしまい、究極的にはモザンビーク派遣が中止に追い込まれかねないという恐れを抱いていたのである。つまり、この点を減じるべく浮上したのが、要員支援体制の構築であったが、より積極的な意図も働いていた。

アフリカに於ける国連PKO活動は、……ソマリア、モザンビーク、西サハラ等我が方出先公館が無いケースがあり、又、国連PKO活動がかかる地域で行われることが多い事を考慮すれば、我が方としてもこれらのケースに対応すべく徐々に経験を積み重ねることが肝要であり、この意味からもモザンビークは、格好の舞台になるのではないかと考えられる。(124)

「出先公館」もなく、アフリカ大陸への部隊派遣の経験もない今、モザンビークこそそれらの先駆けとなるのだ。そしてその一環として、在モザンビーク大使館設置構想が進展する。同大使館の人員は、本官三名（臨時代理大使を含む）、現地職員四名で構成され、通信体制として、直接電話、FAX回線、インマルサットを備え、緊急時の連絡体制も確保するとされていた。(125) さらに、支援体制の万全を期すため、在ジンバブエ大使館及び在南ア大使館からの支援もそれに含まれている。(126) そうした体制を整えたうえで、大使館業務として、⑴モザンビーク情勢及びONUMOZの活動に関する情報収集、⑵モザンビーク政府及びONUMOZとの連絡・調整、⑶我が国派遣要員の円滑な任務遂行のための側面支援、⑷緊急事態への対応（含邦人保護）、⑸日本からの出張者・訪問者に対する便宜供与、が掲げられた。(127)

さらに、要員支援体制のもう一つの柱として、総理府国際平和協力本部事務局の現地支援チーム派遣が検討されていた。彼らに与えられた役割は、⑴国際平和協力業務の実施状況の把握、⑵国際平和協力隊及びONUMOZ等との連絡・調整、⑶国際平和協力隊の人事管理及び支援、⑷国際平和協力業務の視察を目的とした来訪者に対する対応及び便宜供与、⑸国際平和協力業務の取材を目的としたプレスへの対応、とされていた。(128) 先に引用した現地支援体制の第二項目によれば、現地支援チームはマプトの大使館を支援する要員である。したがって、要員支援体制の要となるのは、明らかに大使館である。第三章で論じたように、カンボジア派遣では、大使の今川が配置場所、配置人数などの面でかなりの影響力を発揮していたから、モザンビークでの安全確保を大使館が担う体制は全く新しいものというわけではなかった。しかし、カンボジアの経験も踏まえ、後方支援体制はより整備されていたのである。

要員支援体制の構築が進展していた四月二三日、国連事務総長からの正式要請が遂に日本に届けられた。この口上書の内容は、日本から、(1)司令部業務分野五名、(2)人員、装備品など輸送調整業務分野四八名の計五三名の派遣を求めるものであった。[129] 政府は口上書の人数を了承し、二七日午前に「モザンビーク国際平和協力業務実施計画」と、[130]「モザンビーク国際平和協力隊の設置等に関する政令」[131]を正式に閣議決定したうえで、防衛庁長官に派遣要請が出されることになる。[132]

カンボジア情勢悪化後だったこともあり、閣議決定前も含め、メディアの反応は二つに分かれていた。最も批判的だったのが、『毎日新聞』である。同紙は、「PKOへの参加を急ぐあまり、『紛争後の安全な国際貢献』という幻想を振りまいてきた政府や政党の責任は極めて重い」と批判した。[133]『朝日新聞』も同様に、「自衛隊の海外派遣への『慣れ』は、すでに政府部内に生じている」と指摘した。[134] それらに対し、『読売新聞』は、「地域的利害をこえた国際貢献」と評価し、[135]『産経新聞』も評価はするものの、派遣決定の遅さを指摘する。[136]『日本経済新聞』は、危険性の少ない輸送調整分野に担当が決定したことで、「当面妥当な決定」とした。[137]

ところが、モザンビーク入りした自衛隊を待っていたのは、メディアも含め誰も予期せぬ過酷な環境であった。小規模の部隊に対しては、国連から食糧補給、給食支援が実施されると日本国内で理解されていたゆえに、[138] 日常生活で不可欠な器材の携行を見送り、いわゆる「人だけの派遣」が行われた。[139] その結果、ポルトガル軍から長期間の支援を受けざるを得ないという自己完結性の欠如を招き、活動の根幹である生活面が揺らぐことになる。[140] そもそもそれは、

図4－2　ONUMOZ における自衛隊配置状況

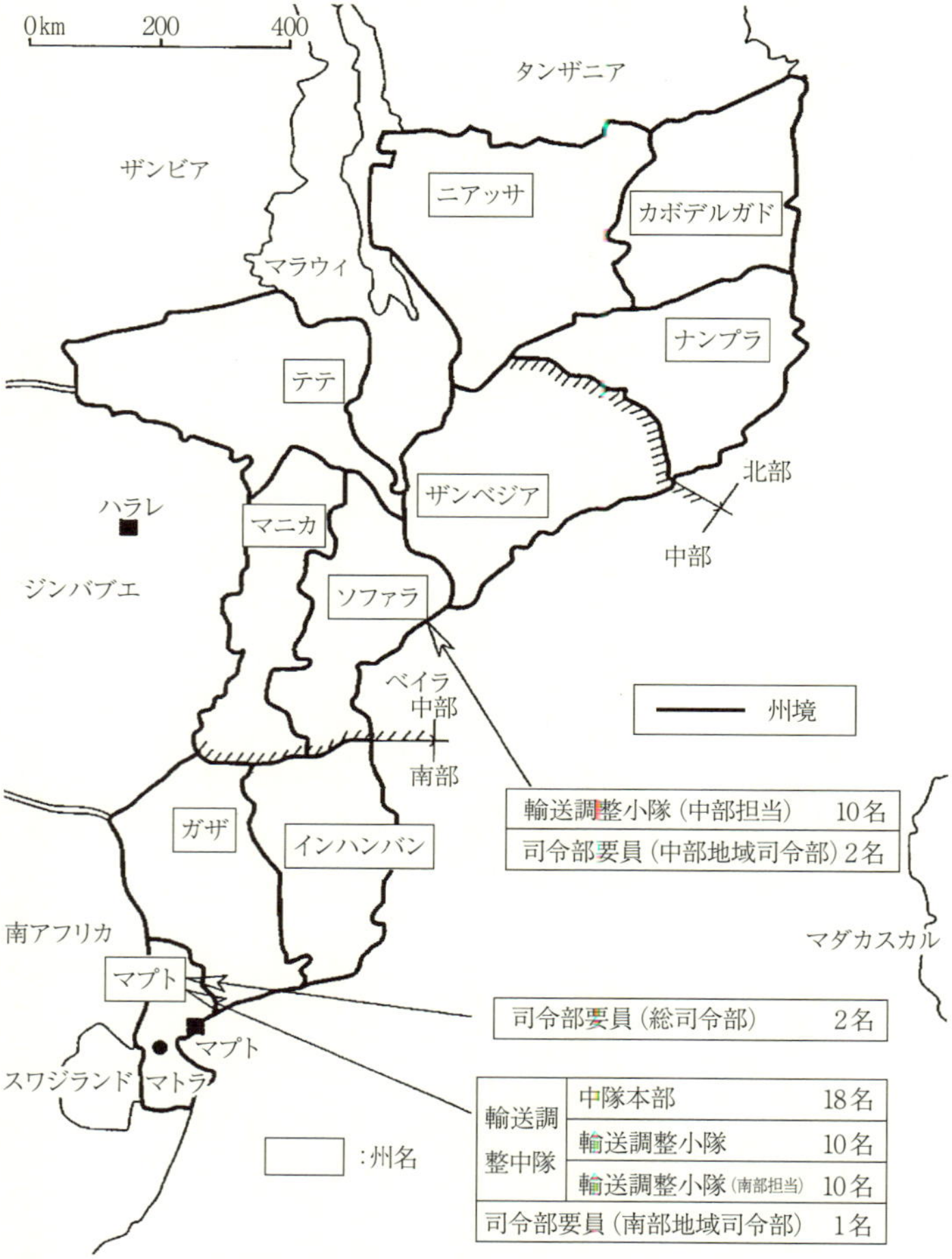


出所：「モザンビーク国際平和協力業務の実施の結果」1995年3月7日。

モザンビークに向けて輸送調整部隊が出国した五月初旬が、[141]カンボジアで事件が発生した時期とも重なり、モザンビーク派遣に対する「世間の注目度も低かった」だけでなく、宮澤内閣が忙殺されていたからでもある。[142]文民警察官と自衛隊を区別する認識が全く皆無だったわけではないが、[143]カンボジア派遣の議論が顕在化するほど、モザンビーク派遣の議論が非顕在化するという皮肉な結末が派遣された自衛隊を待っていた。およそ一年九ヵ月間に及び、モザンビーク南部と中部に派遣された自衛隊の経験は（図4-2）、同一内閣、かつ同時期に異なる国家で国連平和維持活動を成し遂げる困難さを物語るものだったのである。

## 4　アフリカ部隊派遣の実相

一九九五年一月、モザンビークから自衛隊が帰国したとき、もはや宮澤内閣は過去のものとなっていた。竹下内閣で棚上げされ、海部内閣を倒し、政党、省庁のいずれにも亀裂を走らせた法案を成立にまで導いた宮澤は、初のアフリカ部隊派遣を帰国まで全うできないまま、内閣総理大臣の職責を退いたのであった。法的根拠の確立、そして二度の海外派遣を通じ、「世界平和秩序」構想は頂点を迎えたわけだが、ことモザンビークについていえば、カンボジア以上に宮澤の関与は限られていた。

宮澤が慎重さを貫くなか、モザンビーク情勢を分析し、派遣を担ってきたのは外務省であった。包括和平協定署名当初、外務省の治安上の関心は、政府軍やＲＥＮＡＭＯ軍と同様に、山賊やＷＡＲＬＯＲＤにも寄せられていた。いわば、紛争後のアクターの細分化にまで外務省の警戒は及んでいたのである。選挙監視要員と自衛隊という派遣主体の違いこそあるものの、銃の氾濫を意識していたという点で、さほど銃を用いた事件に反応しなかったナミビア派遣時よりも、脅威認識が精緻化されていたといえよう。

だが、政府調査団派遣後、五原則に基づく情勢分析が進められると、政府とRENAMOをめぐる動向に議論は専ら絞られた。ジンバブエ大使館が調査団派遣前に指摘した山賊やWARLORDの実態、銃の氾濫状況の検討はこうして空白となった。帰国後の調査団が指摘したように、たとえ国内で厭戦気分が広がり、外部の武器供給が絶たれても、大使館が指摘した勢力による治安悪化が必ずしも解消されるとは限らない。本来なら、「判断材料の収集」に裨益するはずの調査団派遣が、大使館の分析以上に偏向を伴い、それに基づき省庁と官邸の苛烈な主導権争いに終止符が打たれた結果、政府とRENAMO限定の情勢判断は修正される機会を失い、むしろ「固定化」されてしまったのである。

このようなモザンビーク情勢の分析に加え、外務省がしばしば意識してきたものがある。それは紛れもなく「実績積上げ」に関係するものであり、その典型例がソマリア派遣構想であった。ただし、ONUMOZはもちろんのこと、UNOSOMⅡへの営みはあくまで前提に過ぎず、「実績積上げ」の歩を重ねていかなければ、世論を喚起し、国際平和協力法を見直すという外務省が秘めた狙いは一向に実現が見込めない。それに、より合理的に事を進めるなら、インパクトが大きいUNOSOMⅡこそ望ましいのである。けれども、「三正面」を嫌う防衛庁はおろか、総理府の理解も得られず、外務省は最終的にONUMOZ派遣の先行に照準を合わせざるを得なくなった。しかも、ONUMOZ派遣を実現に導きながらも、それを口実に防衛庁がUNOSOMⅡ派遣をかわさないよう配慮せざるを得ないという一筋縄ではいかない困難も同時に抱え込んだのである。

それに、このモザンビーク派遣でさえ、政府をはじめ、外務省の調整能力は停滞の一途を辿らざるを得なかった。政府調査団派遣は、カンボジア情勢の悪化で慎重になっていた宮澤ら官邸の説得という点で斉藤のいう「必要なプロセス」(144)に他ならなかったが、迅速な参加を求めたアナンら国連側を落胆させるという不整合や、輸送調整部隊派遣をめぐるバングラデシュとの国際競争にも晒される結果を招いた。もっとも、宮澤らが派遣の閣議決定を下す以上、外務省は官邸の意向を無視できず、国連との調整機能を発揮する余地は著しく制限されていたといえよう。同一内閣下での同時派遣の追求は、効率的に推し進められているように見えながらも、実は「実績積上げ」を抑制するものでもあった。

ようやく在モザンビーク大使館設置、総理府現地支援チームの派遣を通じ、自衛隊派遣の基盤が整い、宮澤内閣が初のアフリカ部隊派遣を実現した後、日本政治はかつてない混迷の極みにあった。宮澤内閣は、カンボジアで初の犠牲者を出しただけでなく、政治改革関連法案の扱いをめぐって野党から内閣不信任決議案を突き付けられ、これに同調した羽田孜、小沢一郎両派の賛成で可決する。そして、いわゆる「嘘つき解散」に続く衆議院総選挙で、自民党は遂に過半数割れを起こし、いよいよ自民党単独政権と五五年体制の崩壊を迎えていく。(145) つまり、国際平和協力法見直しという外務省が描いた次なる一手は、政局の変化で断念せざるを得なくなっていた。だが、こうした日本政治の混迷が、アフリカ大陸での外務省の「実績積上げ」を妨げるどころか、むしろ地域、任務の両面でより幅の広い活動に道を開く土壌を提供することになろうとは、まだ誰も知る由がなかったのである。

注

（1）アフリカ第二課「モザンビーク情勢（和平協定署名と今後の見通し）」情報公開第0234号、開示請求番号2011-00735、一九九二年一〇月六日。
（2）浦部浩之「モザンビーク和平と国連平和維持活動」『地理』第四〇巻第一〇号、一九九五年一〇月。
（3）舩田さやか「紛争後の国際選挙監視に関する研究ノート――モザンビークにおける国連選挙監視の経験から」、津田塾大学『国際関係学研究』第二三号別冊、一九九六年。
（4）佐藤誠「モザンビークへの自衛隊派遣と日本のアフリカ政策」、川端正久編『アフリカと日本』勁草書房、一九九四年。
（5）佐藤誠「モザンビークPKO派遣への疑問――日本はモザンビークをどれだけ知っているのか？」『世界』第五八五号、一九九三年八月。同前。

（6） 佐藤、前掲「モザンビークへの自衛隊派遣と日本のアフリカ政策」一二三頁。

（7） モザンビーク内戦と国連の関与を検討したものとして、Richard Synge, *Mozambique: UN Peacekeeping in Action, 1992–94*, Washington, D.C.: United States Institute of Peace Press, 1997. United Nations, *The United Nations and Mozambique, 1992–1995*, New York: Department of Public Information United Nations, 1995. 滝澤美佐子「国連モザンビーク活動（ONUMOZ: 1993–1995）」、横田編、前掲『国連による平和と安全の維持』。中澤香世「モザンビーク」『ＩＰＳＨＵ研究報告シリーズ』第四五号、二〇一〇年三月。舩田クラーセン・さやか「モザンビークにおける平和構築の課題――国家レベルの共存と地域社会内部での対立の深化」、武内進一編『戦争と平和の間――紛争勃発後のアフリカと国際社会』アジア経済研究所、二〇〇八年、が挙げられる。

（8） Statement by the Secretary–General welcoming the signing of the General Peace Agreement in Rome on 4 October 1992, SG/SM/4829, October 5, 1992. 滝澤、前掲「国連モザンビーク活動（ONUMOZ: 1993–1995）」一三三頁。

（9） Letter Dated 6 October 1992 from the Permanent Representative of Mozambique to the United Nations Addressed to the Secretary–General, S/24635, October 8, 1992.

（10） 「外務省コメント――モザンビークの包括和平協定の署名について」情報公開第02092号、開示請求番号2011–00735、一九九二年一〇月五日。

（11） United Nations Security Council Resolution 782, S/RES/782, October 13, 1992. アフリカ第二課「モザンビーク情勢（和平協定署名及びその後の動き）」情報公開第02092号、開示請求番号2011–00735、一九九三年一月一二日。

（12） United Nations Security Council Resolution 797, S/RES/797, December 16, 1992.

（13） 「モザンビーク国際平和協力業務の実施の結果」一九九五年三月七日。

（14） 総理府国際平和協力本部事務局「官房長官発言関連想定」情報公開防官文第2268号、一九九三年三月二六日。

（15） アフリカ第二課、国連政策課「モザンビーク和平（国連安保理決議797の採択）」情報公開第02092号、開示請求番号2011–00735、一九九二年一二月一七日。

（16） 同前。

（17） 同前。

（18） Report of the Secretary–General on the United Nations Operation in Mozambique (ONUMOZ), S/24892, December 3, 1992.

（19） 在ジンバブエ飯島大使発外務大臣宛第五三四号「最近におけるモザンビークの治安状況」情報公開第02092号、開示請求番号2011–00735、一九九二年一二月二三日。

(20) 同前。
(21) Ghali, An Agenda for Peace.（前掲「平和への課題」）。
(22) なお、ガリの「平和への課題」を扱ったものとして、Albrecht Schnabel and Ramesh Thakur, "From An Agenda for Peace to the Brahimi Report: Towards a New Era of UN Peace Operations?", Ramesh Thakur and Albrecht Schnabel, eds., *United Nations Peacekeeping Operations: Ad Hoc Missions, Permanent Engagement*, Tokyo: United Nations University Press, 2001, pp. 239-242. 神谷万文「ポスト冷戦期の国連平和機能強化論——国連事務総長報告書『平和への課題』を中心に」、佐瀬昌盛、石渡哲編『転換期の日本そして世界』人間の科学社、一九九五年。同「国連と安全保障」、防衛大学校安全保障学研究会編『新訂第四版　安全保障学入門』亜紀書房、二〇〇九年、一六〇-一七二頁。神余、前掲『新国連論』一六六-一七一頁。斎藤直樹「冷戦後における国連平和維持活動の変容とその改革問題」、軍事史学会編、前掲『PKOの史的検証』二九五-三〇〇頁。角茂樹「国際平和協力論議の変遷」、神余編、前掲『国際平和協力入門』三五-三七頁。渡部茂己「国連事務総長報告『平和への課題』の理論的検討」『外交時報』第一三〇六号、一九九四年三月、がとくに詳しい。
(23)『朝日新聞』一九九二年一二月二五日。
(24) 同前。
(25) 外務省「第四七回国連総会における渡辺外務大臣演説（『平和執行部隊』関連部分）」情報公開第01877号、開示請求番号2011-00145、日付不明。「第四七回国連総会における渡辺外務大臣一般演説」一九九二年九月二二日、外務省編、前掲『平成四年版（第三六号）外交青書』。
(26) アフリカ第二課、前掲「モザンビーク情勢（和平協定署名及びその後の動き）」。
(27) 国連政策課「ソマリア及びモザンビークに対する人的貢献に関する外務省よりの問題提起」情報公開第00933号、開示請求番号2013-00822、一九九三年一月一一日。
(28) 前掲「第一二六回国会衆議院会議録第二号」。
(29) 国連政策課「ソマリア、モザンビークに対する我が国の人的貢献に関する三省庁会議メモ」情報公開第01877号、開示請求番号2011-00145、一九九二年一月一二日。ただし、この文書の日付は誤りである。同文書は、停戦合意や国連の存在に触れており、モザンビークでそれらが整うのは一九九二年一〇月以降だったという歴史的事実は、既に本文で述べた通りである。つまり、この文書は一九九三年一月一二日に作成されたものである。なお、外務省職員の職位のみが文書で公開され、総理府、防衛庁職員のそれは、そもそも書かれていない。三省庁会議に携わった外務省職員の氏名については、大蔵省印刷局編『職員録（平成五年版）上巻』一九九二年、四七六-四七八頁。
(30) 国連政策課、前掲「ソマリア、モザンビークに対する我が国の人的貢献に関する三省庁会議メモ」。
(31) 同前。
(32) 各論の議論の場で、さらに外務省側は「輸送面での協力について、将来ＵＮＯＳＯＭⅡが通常のＰＫＯに移行した際に、ソマリアにおいて実施する可能性をも留保しておきたいと考えるところ、右可能性を排除しないでほしい」と付け加えている。同前。
(33) 同前。
(34) 同前。
(35) 外務大臣発在米、国連代、寿府代、ケニア、エティオピア大使宛第一〇七一号「対ソマリア人的貢献（今後の方針）」情報公開第00933号、開示請求番号2013-00822、一九九三年一月一三日。
(36) ＯＮＵＭＯＺをめぐって、三省庁間で意見の一致を見た後もなお、外務省は「ＵＮＯＳＯＭⅡへの参加の可能性を念頭に置いた対応が必要である旨指摘」している。こうした行動も、外務省がＵＮＯＳＯＭⅡ派遣をいかに重視していたかを物語る。国連政策課、前掲「ソマリア、モザンビークに対する我が国の人的貢献に関する三省庁会議メモ」。
(37) 国連政策課「モザンビークＰＫＯに対する要員派遣について」情報公開第01877号、開示請求番号2011-00145、一九九三年一月二九日。
(38) 同前。
(39) 同前。
(40) 同前。
(41) 同前。
(42) 同前。国連政策課、前掲「ソマリア、モザンビークに対する我が国の人的貢献に関する三省庁会議メモ」。
(43) 国連政策課「モザンビークへの参加分野検討資料」情報公開第01877号、開示請求番号2011-00145、一九九三年一月二九日。
(44) 同前。
(45) 同前。
(46) 一方、三省庁会議の時点で、既に派遣の実現可能性が低いとされていたものとして、本部中隊の警備小隊、軍警察小隊がある。この二つについて、三省庁は「国際平和協力法上当該業務が国際平和協力業務として規定されていないという問題の他に、政令を作る等して人の派遣が可能となった場合でも国際平和協力隊は武器使用を要員の生命等の防護のために必要な最低限のものに限られることから、それでは実際上用をなさないという問題を生じ得るので派遣可能性は低い」と否定的な判断を下していた。国連政策課、前掲「ソマリア、モザンビークに対する我が国の人的貢献に関する三省庁会議メモ」。

(47) 「モザンビーク調査団報告書資料集」開示文書整理番号01-902-6、外務省外交史料館蔵、一九九三年三月。

(48) 松本達也『PKOと国際貢献』建帛社、一九九四年、二〇〇頁。

(49) 国連政策課「国連モザンビーク活動への要員派遣に関する経緯」情報公開第02296号、開示請求番号2008-00684、一九九三年六月二一日。

(50) 朝日新聞国際貢献取材班、前掲『海を渡った自衛隊』一四三頁。

(51) 同前。

(52) 石原、前掲『官邸二六六八日』七八-七九頁。

(53) 同前。

(54) 同前、七九頁。

(55) 国連政策課、前掲「国連モザンビーク活動への要員派遣に関する経緯」。

(56) 同前。

(57) 「小和田次官の対総理ブリーフ（第四〇回）（平成五年二月一日）」情報公開第00344号、開示請求番号2013-00821、一九九三年二月四日。

(58) 同前。

(59) 同前。

(60) 「小和田次官の対官房長官ブリーフ（第四回）（平成五年二月二日）」情報公開第00344号、開示請求番号2013-00821、一九九三年三月九日。

(61) 同前。

(62) 前掲「小和田次官の対総理ブリーフ（第四〇回）（平成五年二月一日）」。

(63) 同前。

(64) 「ブトロス・ガリ国際連合事務総長歓迎晩餐会における挨拶」一九九三年二月一六日、内閣総理大臣官房、前掲『宮澤内閣総理大臣演説集』。

(65) 同前。なお、神余によれば、ガリは日露戦争時の東郷平八郎元帥海軍大将を尊敬し、国連事務総長として訪日したときには、必ず東郷神社を訪問していたという。神余、前掲『新国連論』二〇頁。
(66) 外務大臣発在国連大使宛第五五五号「ブトロス＝ガーリ事務総長の訪日（宮沢総理との会談）（二―一）」情報公開第00109号、開示請求番号2013-00823、一九九三年二月一六日。
(67) 同前。
(68) 同前。
(69) 同前。
(70) 同前。
(71) 同前。
(72) 国連政策課「総理・ブトロス＝ガーリ事務総長会談（国政長ブリーフ概要）」情報公開第00109号、開示請求番号2013-00823、一九九三年二月一六日。
(73) 外務大臣発在国連大使宛第五五五号、前掲「ブトロス＝ガーリ事務総長の訪日（宮沢総理との会談）（二―一）」。
(74) 第三章で論じたように、一九九三年一月一二日に日本隊員宿舎等襲撃事件がシェムリアップで起きているが、同年二月はUNTAC関係者への攻撃がより多く報告されている。外務省が開示した文書で指摘されている事件に限っても、先の事件も含め一月が二件にとどまるのに対し、二月には九件にまで増加していた。前掲「最近の主要な停戦違反事件等（平成五年）」。
(75) 外務大臣発在国連大使宛第五五五号、前掲「ブトロス＝ガーリ事務総長の訪日（宮沢総理との会談）（二―一）」。
(76) 『朝日新聞』一九九三年二月二一日。
(77) 同前。
(78) 同前。
(79) 『朝日新聞』一九九三年三月五日。
(80) 「モザンビーク調査団報告書」開示文書整理番号01-902-5、外務省外交史料館蔵、一九九三年三月。
(81) 国連政策課、前掲「国連モザンビーク活動への要員派遣に関する経緯」。
(82) 同前。
(83) 同前。
(84) 国連政策課「ＯＮＵＭＯＺへの我が国の協力（調査団帰国後の対応戦略）」情報公開第00360号、開示請求番号2013-00820、一九九三年三月一五日。

(85) 国連政策課「国連モザンビーク活動に対する今後の対応（部隊参加問題）」情報公開第00360号、開示請求番号2013-00820、一九九三年三月一七日。
(86) 同前。
(87) 同前。
(88) 国連政策課、前掲「国連モザンビーク活動への要員派遣に関する経緯」。
(89) 防衛庁編『平成五年版　防衛白書』大蔵省印刷局、一九九三年、二〇二頁。前掲「モザンビーク国際平和協力業務の実施の結果」。
(90) 国連政策課「モザンビーク調査団の河野官房長官に対する報告（メモ）」情報公開第00360号、開示請求番号2013-00820、一九九三年三月一七日。
(91) アフリカ第二課、国連政策課「モザンビーク調査団（河野官房長官への説明）」情報公開第00360号、開示請求番号2013-00820、一九九二年三月二二日。本文で述べたように、モザンビークに調査団が派遣されたのは一九九三年三月であるから、この文書の日付も誤りである。
(92) 「モザンビーク調査団（後藤田法務大臣への説明）」情報公開第00360号、開示請求番号2013-00820、日付不明。
(93) 同前。
(94) 国連政策課「モザンビーク調査団報告書の骨子（案）」情報公開第00360号、開示請求番号2013-00820、一九九三年三月四日。
(95) 前掲「モザンビーク調査団報告書」。
(96) そのような評価の根拠として、報告書は次のように述べている。「モザンビーク和平の現状については、政府及びＲＥＮＡＭＯ双方ともに再び戦火の状況には戻りたくないとの意志が固く、ＯＮＵＭＯＺの活動に対しても全面的に協力するとの態度であった」。同前。
(97) 同前。
(98) 在ジンバブエ飯島大使発外務大臣宛第五三四号、前掲「最近におけるモザンビークの治安状況」。
(99) 前掲「モザンビーク調査団報告書」。
(100) United Nations, *The United Nations and Mozambique*, p. 27.
(101) 国際平和協力本部事務局「国連モザンビーク活動（ＯＮＵＭＯＺ）の概要について」情報公開第01877号、開示請求番号2011-00145、一九九三年二月。
(102) 前掲「モザンビーク調査団報告書」。

(103) アフリカ第二課、前掲「モザンビーク情勢（和平協定署名と今後の見通し）」。文章こそ異なるものの、そのような観察は後の調査でも見受けられる。「停戦発効より六ヶ月以内に政府軍、反政府軍の部隊は武装解除し、武器・弾薬は国連に接収される」。アフリカ第二課、前掲「モザンビーク情勢（和平協定署名及びその後の動き）」。

(104) アフリカ第二課、国連政策課、前掲「モザンビーク和平（国連安保理決議七九七の採択）」。

(105) そのうちおよそ一〇二名が、チームとして編成され、即座に武装解除の「集結地点」で任務を担当できる状態が整えられていた。Report of the Secretary-General on the United Nations Operation in Mozambique, S/25518, April 2, 1993.

(106) 前掲「モザンビーク調査団報告書」。

(107) Report of the Secretary-General on the United Nations Operation in Mozambique, S/26034, June 30, 1993.

(108) 前掲「モザンビーク調査団報告書」。なお、ＯＮＵＭＯＺの停戦監視要員については、一九九三年五月一八日に二〇名の派遣を求める内々の打診があったが、翌日に打診の中身は八名に変更されている。けれども、六月三日に外務省は、既に輸送調整部隊、司令部要員を派遣済みであり、新たに自衛隊を確保するのは難しいなどの理由から、打診に応えるのは「困難である」と国連側に伝え、了承されたという。国政神余「斉藤大臣秘書官殿」開示文書整理番号04-917-7、外務省外交史料館蔵、日付不明。国連政策課、前掲「国連モザンビーク活動への要員派遣に関する経緯」。

(109) 前掲「モザンビーク調査団報告書」。

(110) 同前。

(111) 「モザンビーク専門調査団報告（総括メモ）」情報公開防官文第2268号、一九九三年四月二三日。

(112) 同前。

(113) 朝日新聞国際貢献取材班、前掲『海を渡った自衛隊』一四五頁。

(114) 同前。

(115) 防衛庁「国連モザンビーク活動にかかる防衛庁の準備状況について」情報公開第00344号、開示請求番号2013-00821、一九九三年四月六日。

(116) 「国連モザンビーク活動（ＯＮＵＭＯＺ）に関する国際平和協力業務の実施準備について（防衛庁長官の各幕僚長に対する口頭指示要旨）」情報公開防官文第13883号、一九九三年三月二六日。

(117) 秋山昌廣「ＰＫＯ部隊派遣に関する自衛隊の組織的取組み現況――国連ＰＫＯセミナーでの講演」『セキュリタリアン』第四六〇号、一九九七年五月、二九―三〇頁。

(118) アフリカ第二課、国連政策課、前掲「モザンビーク調査団（河野官房長官への説明）」。
(119) 「第一二六回国会衆議院予算委員会第二分科会議録（法務省、外務省及び大蔵省所管）第二号」一九九三年三月五日。
(120) 「国連モザンビーク活動への参加に係る現地の支援体制」情報公開第01451号、開示請求番号2008-00156、一九九三年三月一二日。
(121) 外務省中近東アフリカ局「在モザンビーク大使館の設置について」情報公開第01451号、開示請求番号2008-00156、一九九三年四月二〇日。
(122) 国連政策課「モザンビーク専門調査団派遣について」情報公開第00344号、開示請求番号2013-00821、一九九三年四月五日。
(123) 「（メモ）」情報公開第01451号、開示請求番号2008-00156、日付不明。
(124) 同前。
(125) 外務省、前掲「在モザンビーク大使館の設置について」。
(126) 同前。
(127) 外務大臣官房長発総務庁行政管理局長宛第六一号「平成五年度における機構・定員要求について」情報公開第00345号、開示請求番号2013-00824、一九九三年四月一四日。
(128) 国際平和協力本部事務局「モザンビーク現地支援体制における現地支援チームと大使館との業務の仕切り」情報公開第01451号、開示請求番号2008-00156、一九九三年四月二〇日。
(129) 国連代表部丸山大使発外務大臣宛第二三〇二号「ＯＮＵＭＯＺへの要員派遣（正式要請書）」情報公開第02296号、開示請求番号2008-00684、一九九三年四月二七日。
(130) 「モザンビーク国際平和協力業務実施計画」一九九三年四月二七日。
(131) 「モザンビーク国際平和協力隊の設置等に関する政令」平成五年政令第一六六号、一九九三年五月六日。
(132) 国際平和協力本部長発防衛庁長官宛第三〇七一号「モザンビーク国際平和協力業務の実施について」府平第835号、一九九三年四月二七日。
(133) 『毎日新聞』一九九三年四月二九日。
(134) 『朝日新聞』一九九三年三月二七日。
(135) 『読売新聞』一九九三年三月一九日。
(136) 『産経新聞』一九九三年三月二七日。
(137) 『日本経済新聞』一九九三年三月二七日。

(138) 中澤香世「モザンビークでの成功経験を生かせるか――アフリカでのPKOと自衛隊の役割」『外交フォーラム』第二四五号、二〇〇八年一二月、六七頁。
(139) 関はじめ、落合畯、杉之尾宜生編『PKOの真実――知られざる自衛隊海外派遣のすべて』経済界、二〇〇四年、七九頁。
(140) 同前、七九-八〇頁。
(141) 前掲「モザンビーク国際平和協力業務の実施の結果」。
(142) 関、落合、杉之尾編、前掲『PKOの真実』八〇頁。
(143) 柳井俊二総理府国際平和協力本部事務局長へのインタビュー、二〇一〇年九月二日。
(144) アフリカ第二課、国連政策課、前掲「モザンビーク調査団（河野官房長官への説明）」。
(145) 北岡、前掲『自民党』二六二-二六三頁。

# 第五章　「人道的な国際救援活動」の起源
## ――ルワンダ難民救援活動参加問題と村山内閣

一九九三年、日本政治は大きな節目を迎えていた。この年の八月、細川非自民党政権成立に伴う五五年体制崩壊、そして翌一九九四年六月の村山自社さ連立政権誕生と、わずか一年で日本の政治構造は激変を遂げた。しかも同年七月、社会党の村山富市首相は、これまで否定し続けた自衛隊を「憲法の認めるもの」と表明し[1]、日米安全保障条約堅持に踏み切った。そして、社会党は同年九月の臨時党大会でこの方針を承認し、翌一九九五年一一月の防衛大綱改定、一九九六年四月の日米安保共同宣言に与党として関与していく[2]。「抵抗政党から『現実』政党への変身」[3]とも言われた社会党の政策転換は、当然のことながら、日本の人的貢献にも新たな展開をもたらした。

これを受け、村山政権期の国際協力政策、とくに自衛隊による人的貢献に関しても数多くの研究が蓄積されてきた。たとえば水野均は、冷戦の終結によって、湾岸危機時に米ソが国連安保理で統一歩調をとったために「一つの国連」が実現し、社会党は「避戦論」のみで自衛隊の国連平和維持活動参加を阻めなくなったと指摘する[4]。また、同時期の日本を政権転換の視角から扱ったオーレリア・ジョージ・マルガン（Aurelia George Mulgan）は、村山が日本の積極的な平和維持活動参加を認めたことから、自民党と類似した立場が見受けられるが、あくまで紛争の平和的解決、人道問題のカテゴリーに参加範囲をとどめており、依然として武力行使を禁じていると分析する[5]。

しかし、これらの先行研究では、国連平和維持活動への参加事例に分析が偏り、国際平和協力法のもう一つの柱である「人道的な国際救援活動」[6]（表5-1、表5-2）が視野に入っておらず、村山政権期のルワンダ難民救援活動参加

## 表５－１　「人道的な国際救援活動」と国連平和維持活動の対比

| | 「人道的な国際救援活動」（法第３条第２号） | 国連平和維持活動（法第３条第１号） |
|---|---|---|
| 協力の根拠 | 国連総会・安保理・経社理の決議又は国連難民高等弁務官事務所（UNHCR）等、別表第一に掲げる国際機関の要請。 | 国連総会・安保理の決議及びこれを踏まえた国連事務総長の要請。 |
| 活動の性格 | 紛争による被災民の救援・紛争によって生じた被害の復旧のために人道的精神に基づいて行われる活動。 | 武力紛争当事者間の停戦合意の遵守の確保等、紛争に対処して国際の平和及び安全を維持するために国連の統括の下に行われる活動。 |
| 活動の主体 | 国連等の国際機関又は国連加盟国等の国。 | 国連。 |
| 協力の在り方 | 要請等の範囲内において各国政府がそれぞれ決定した活動を自主的に実施。 | 国連の要請する分野に部隊等を派遣し、原則として、国連の指図の下に活動を実施。但し、各国は自国の派遣部隊等に対する指揮権を維持。 |

注：下線原文のまま。
出所：「ルワンダ難民救援活動主要想定問答」情報公開防官文第 2269 号、1994 年 9 月 28 日、を一部改。

## 表５－２　別表第一（第３条関係）

| | | |
|---|---|---|
| 別表第一 | 一 | 国際連合。 |
| | 二 | 国際連合の総会によって設立された機関又は国際連合の専門機関で、次に掲げるもの、その他政令で定めるもの。<br>イ　国際連合難民高等弁務官事務所。<br>ロ　国際連合パレスチナ難民救済事業機関。<br>ハ　国際連合児童基金。<br>ニ　国際連合ボランティア計画。<br>ホ　国際連合開発計画。<br>ヘ　国際連合環境計画。<br>ト　世界食糧計画。<br>チ　国際連合食糧農業機関。<br>リ　世界保健機関。 |
| | 三 | 国際移住機関。 |

出所：「ルワンダ難民救援活動主要想定問答」情報公開防官文第 2269 号、1994 年 9 月 28 日、を一部改。

は取り上げられていない。キャロライン・ローズ（Caroline Rose）は、この二つの柱を分けて論じているが、「人道的な国際救援活動」については事実確認にとどまる。[7]つまり、ルワンダ難民を対象とする「人道的な国際救援活動」が、いったいどのような文脈や経緯で浮上したのかを既存の研究は明らかにしていないのである。あまりにも短期間で多くの内閣が発足し、研究上の関心が自ずと政治家の動向に注がれた結果、外務省がイニシアティブを発揮したこの事例は、いわば研究史上の間隙となってきたといえよう。

かつては非武装中立政策を掲げ、外交の経験が乏しい村山率いる連立内閣が、なぜ、これまで前例のない自衛隊の「人道的な国際救援活動」を成し遂げられたのか。後に指摘するように、閣議決定に至る過程で村山は、さしたる影響力を発揮しようとはしなかった。それでは、ポスト五五年体制と呼ばれる時代、[8]とりわけ自社さ連立政権が合意形成を試みるなか、外務省は、いかに初の「人道的な国際救援活動」を模索したのだろうか。実は、ルワンダ難民救援活動参加に至る外務省の「実績積上げ」の営みは、細川内閣以来の旧ユーゴスラビア連邦派遣構想から始まるのである。

## 1　五五年体制崩壊後の国連平和維持活動——村山内閣への途

### (1)　細川内閣発足

カンボジアに派遣された自衛隊が帰国の途についた一九九三年六月、日本では政治改革関連法案に関連して、宮澤喜一内閣不信任案が賛成二五五、反対二二〇で可決され、[9]自民党一党支配体制は終焉を迎えつつあった。

これに先立つ一九九二年五月七日、後に首相となる細川護熙熊本県知事は自由社会連合（後の日本新党）構想を発表、その内容を『文藝春秋』で明らかにするとともに、政党づくりに着手する。[10]そして、同年七月二六日の参議院選挙で四人の当選者（比例区）を出し、自民党が過半数を割った翌一九九三年七月一八日の衆議院選挙では、三五議席を獲得して大躍進を遂げた。[11]この衆議院選挙に際して、細川率いる日本新党の政策構想は、冷戦終結を踏まえ、防衛大綱の見直しと軍縮を訴えていた。[12]

ただし、衆院選の結果は、自民党二二三、社会党七〇、新生党五五、公明党五一、日本新党三五、共産党一五、民社党一五、新党さきがけ一三、社会民主連合四、無所属三〇、であった。[13]社会党は選挙前の議席数一三四を約半分の七〇に減らし、自民党も解散時議席を一議席上回ったものの、過半数に遠く及ばない。[14]

このため、保守系の日本新党とさきがけがキャスティング・ボートを握り、自民・非自民の両勢力が、同年中に小選挙区比例代表並立制を柱とする政治改革法案を成立させるという二新党の提案を受け入れたのであった。[15]結局、社会、新生、公明、民社、社民連、民主改革連合（参院会派）の六党派によって細川は首班指名を受け、三八年間に及ぶ自民党一党支配、および五五年体制が崩壊を迎えたのであった。[16]細川は、同日中にメモを作成し、自衛隊について「当面、これまでの方針を継続するも、早急に大綱の見直しに着手」とのみ書き残している。[17]また、その翌日に八党が交わした「連立政権樹立に関する合意事項」では、細川の意を反映して軍縮が明記され、国際協力に関しても「国連を中心とする国際平和の実現に取り組み、平和維持活動を含め国連への協力を積極的に進める」という方針が打ち出されている。[18]これは、国連平和維持活動への参加が八党間の共通政策となったことを示していた。

だが、その詳細をめぐる連立各党の見解は、決して一枚岩ではなく、むしろ分裂状況といってよかった。この時期の国内議論は、内戦に巻き込まれたＵＮＯＳＯＭⅡや、[19]マケドニアの国連保護軍（UNPROFOR: United Nations Protection Force）[20]などに象徴される「拡大平和維持（Expanded Peacekeeping）」[21]が中心を占め、日本の参加形態をめぐって行き詰まりを見せていた。与党内でも、新生党が積極参加を、民社党がＰＫＦ凍結解除を唱え、これに対して社会党は文民限定、自衛隊ではなく別組織での参加を訴えている。[22]また、細川も、「国連平和協力隊」という別組織の創設を唱えていた。[23]こうした分裂状況は、程度の差こそあれ、政府内でもやがて顕在化することになる。

## (2) 外務省の試み――UNPROFOR参加構想の展開と断念

細川連立内閣発足後、外務省は「連立政権樹立に関する合意事項」で与党八党が規定した、国連平和維持活動への積極参加を模索し始める。ただし、「法律上いわゆるPKFの本体業務は凍結されていることから、具体的には歩兵部隊以外の後方支援(本部中隊も含む)への派遣を検討することになる」[24](括弧書き原文のまま)。これは、九月二七日の第四八回国連総会で、細川が「今後ともこのような協力を着実に進めていきます」[25]と表明したことを受けたものだった。[26]

この手始めとして、外務省内ではカナダ、スウェーデン、ノルウェー、フィンランド、デンマークなど、いわゆる「PKO先進国」の参加状況を調査している。[27]各国の派遣場所のなかで、外務省がとくに注視していたのは、意外にもUNPROFORであった。[28]というのも、それ以前の外務省は、比較的安全性の高い選挙監視要員の派遣を想定し、国連エルサルバドル監視団(ONUSAL: United Nations Observer Mission in El Salvador)、国連リベリア監視団(UNOMIL: United Nations Observer Mission in Liberia)、南アフリカ、国連モザンビーク活動(ONUMOZ)、国連西サハラ住民投票監視団(MINURSO: United Nations Mission for the Referendum in Western Sahara)の五地域を対象としていた。[29]外務省の文書によれば、外務省内では「実現が可能なものから派遣実績を積み重ねていくことが重要である」との方針が掲げられ、[30]とりわけ積極的に検討されたのが、エルサルバドル、南アフリカ、モザンビークであった。[31]そのうち、エルサルバドルに対する選挙監視要員派遣は既に準備段階に入っており、[32]八名の選挙監視要員派遣を非公式に打診されたモザンビーク派遣については、前章で指摘した通り、外務省は輸送調整部隊、司令部要員派遣を既に

決定したという理由から、国連側に「困難である」と返答している。(33)

このように細川政権発足当初、選挙監視要員派遣を主軸に据えていたにもかかわらず、部隊派遣が急遽俎上に載った背景として、クロアチアのＵＮＰＲＯＦＯＲ機械歩兵大隊（工兵中隊を含む）に対する派遣要請が国連から届いた点が挙げられよう。(34)しかし、クロアチア情勢をめぐっては、外務省欧亜局東欧課で「戦闘は次第に頻繁かつ激烈になりつつあり、情勢不安定化の兆候。他方、目下セルビア人地域問題（クロアチア共和国における同地域の地位）解決へ向けての交渉開始の見通しなき状況」（括弧書き原文のまま）と判断されており、(35)コミットメントを行う環境としてはほぼ絶望的だった。

また、機械歩兵大隊（工兵中隊を含む）の任務の内容についても、外務省では憲法、国際平和協力法の枠内で行われるのか、あるいは国内法を逸脱するのかで頭を悩ませ、徐々に後者へと評価がまとまる。国連が求める「業務の詳細は明らかではない」ものの、(36)同法附則第二条で凍結されたＰＫＦ本体業務に抵触しかねず、省内決裁、各省協議、官邸決裁を要した。(37)そして、「我が国の国際平和協力法との関係を含め総合的に検討した結果、派遣は困難である」と判断した外務省は、同件を鈴木勝也総理府国際平和協力本部事務局長から石原信雄内閣官房副長官に説明、石原が細川に説明することに了承する。(38)それでは、こうしたクロアチアのＵＮＰＲＯＦＯＲに対する総理府の評価はいかなるものだったのか。

（1）一九九三年一〇月一九日付国連事務総長発日本代表部宛口上書にて、ＵＮＰＲＯＦＯＲに対する一工兵中隊を含む一機械化歩兵大隊派遣の要請あり（クロアチアのＵＮＰＲＯＦＯＲの強化を目的。……）。

（2）歩兵大隊の業務の実施は、基本的に、国際平和協力法（附則第二条）における、いわゆる凍結規定に抵触する可能性大と考えられる。

(3)　また、上記(2)の現状に鑑みれば、クロアチア和平のプロセスは極めて不明確であり、現時点で、国際平和協力法上の停戦の合意等の原則が満たされ得るかについても疑問なしとしない。

(4)　以上のような点を踏まえれば、今次要請については、国連側に対し、「我が国国際平和協力法との関係を含め総合的に検討した結果、派遣は困難である」旨回答することが適当と考えられる。

(注)

UNPROFOR関係の安保理決議には、憲章第七章（平和に対する脅威、平和の破壊及び侵略行為に関する行動）に言及しているものがある[39]（括弧書き原文のまま）。

要するに、総理府の評価でも、UNPROFORは憲法、国際平和協力法に抵触する可能性が高いと判断されていたのである。同文書の原案では、「国際平和協力法の武器使用との関係についても慎重に検討する必要がある」という文言が注の最後に記されていたが、最終的に削除されている[40]。クロアチアUNPROFOR参加要請に限れば、細川や石原の判断を待つまでもなかったのであろう。先の本省の判断は一九九三年一一月二二日に国際連合日本政府代表部に送られ[41]、二六日、山本条太一等書記官がUNPROFOR側に口頭で伝え、理解を得たのであった[42]。

こうして、クロアチアUNPROFOR参加構想が現実味を失うと、続いて外務省は、マケドニアUNPROFORへの参加を検討し始める[43]。同時期の外務省の文書には、クロアチア、ボスニア・ヘルツェゴビナとマケドニアを明確に線引きし、マケドニアの独立性を確認する記述が随所に見受けられる。

「マ」UNPROFORは、クロアチア及びBH（ボスニア・ヘルツェゴビナ）のUNPROFORと比べた場合、その設立の目的、活動の内容において異なっている。マケドニアのオペレーションは、紛争を未然に防ぐために派遣されたPKOである。そのマンデートも基本的にモニタリングと報告が中心。これに対し、クロアチアとBHのUNPROFORは、既に生じた紛争に関し派遣されたPKOであり、マンデート上も（モニタリングを越えた活動である）保護地域における保護活動、人道援助の支援・保護等を行っているが、これらは「マ」UNPROFORにはないものである。……なお、「マ」UNPROFORは、クロアチア及びBHに対する後方支援の業務を行っているわけではない（「マ」UNPROFORには、後方支援のための部隊は配属されていない[44]（最初の括弧書きのみ筆者、その他略称、括弧書き原文のまま）。

さらに、同文書は、これらの「設立の目的、活動の内容」の面だけでなく、組織面でも次のように独立性を指摘する。

組織的にも「マ」UNPROFORは、UNPROFORの中で比較的独立性が高いと考えられる。「マ」UNPROFORも、組織的には、事務総長特別代表及び（特別代表の下にある）軍司令官の下に置かれている。しかし、「マ」UNPROFORの司令官は、特別代表、軍司令官の権限の委任を受けて、「マ」UNPROFORの活動を全面的に取り仕切っている。活動のための指示・命令等も、具体的なオペレーションに関わるものは「マ」UNPROFOR司令官より発出されている。これに対し、UNPROFORの設立当初より活動を行っているクロアチアでのオペレーションについては、軍司令官の直接の指揮下にあり、BHでのオペレーションについては、活動地域によっては、同軍司令官の直接の指揮下で行われてもいる。なお、軍事監視員については、人事面でUNPROFOR本部の管理を受けるが、マケドニアでの任務については、同司令官の指揮に従う[45]（略称、括弧書き原文のまま）。

このような認識の下、外務省は、「『マ』ＵＮＰＲＯＦＯＲという組織に対してのみ、また、マケドニア地域についてのみ協力する」[46]ことによって、自衛隊派遣を実現しようとする。それ以外のＵＮＰＲＯＦＯＲに関与しようとすれば、どうしても憲法改正、新法作成が必要となり、世論形成から国会論戦まで、長期に亘る膨大なプロセスを避けられない。クロアチア、ボスニア・ヘルツェゴビナ部分を除外し、マケドニアへの派遣のみに議論を絞ることにより、外務省は、現行法制下の自衛隊派遣を可能とする調和点を見出していたのである。

しかし、一九九四年一月一七日に外務省の調査団がマケドニアを訪れ、その後の記者会見で柳井俊二外務省総合外交政策局長が「検討する価値はあるのではないか」との見解を示し、それが『朝日新聞』に掲載されると、政府内に波紋を呼ぶ[47]。「ＰＫＯ参加『五原則』という縛りはあるけれども、予防展開というのは僕は派遣するにはいちばんいいケースだと思った」[48]という柳井の帰国報告後、武村正義官房長官は外務省に慎重な対処を求め、その後の記者会見でマケドニアに派遣する考えがないと発言[49]、検討そのものが政府内で許されなくなっていく[50]。武村の回顧録によれば、細川内閣が「外務省の考え方に素直だった」としつつも、「常任理事国入りの問題以外は」と警戒感を抱いていた点も書かれているから[51]、彼にとって、マケドニアは常任理事国入りの一環として映っていたのである。四月二七日の時点で、総理府国際平和協力本部事務局では、「マケドニアに展開している国連保護隊（ＵＮＰＲＯＦＯＲ）に対する我が国要員・部隊の派遣については、現時点では具体的な検討は行っていない」[52]（括弧書き原文のまま）とされた。

こうしたマケドニア派遣の検討は、外務省内輪の議論にとどまるものではなく、与野党議員たちも少なからず関心を抱いていた。細川内閣が総辞職に踏み切り、羽田孜内閣が発足した一九九四年四月二八日[53]、自民党政務調査会において、尾辻秀久国防部会長代理が、旧ユーゴスラビア連邦視察報告を行っている[54]。尾辻は四月三日より六日間の日程で、スロヴェニア、クロアチア、マケドニアの三ヵ国を視察したが、訪問の目的は、マケドニアに国際平和協力法に基づく要員派遣を行う考えを確たるものにするためであった(55)。同会議に出席していた橋本龍太郎政調会長、柳井俊二外務省総合外交政策局長、津守滋外務省欧亜局審議官、鈴木勝也総理府国際平和協力本部事務局長、佐藤謙防衛庁長官官房防衛審議官の前で、尾辻は明石の要望を適宜織り交ぜながら、要旨次のようにマケドニアの状況に触れ、同地域への派遣を婉曲に説いている(56)。

> 明石代表より、マケドニア、クロアチアへ日本より要員を派遣してほしい、自民党でも是非検討してほしい、との要請あり。自分で現地を視察し、マケドニアは安全であり（LAやNYよりよっぽど安全との印象）自衛隊を出しても大丈夫との印象。また明石代表よりPKOとはオリンピックのようなもので参加することに意義がある、との話もあり、実際一か国で三千人出すより、十か国より夫々《ママ》二〇〇人ずつ二千人出すほうがより抑止力となるとの印象を持った。
> 　PKOへの人の派遣が無理なのであれば、対マケドニアODAは是非拡大する必要がある(57)（括弧書き、略称、数字の表記原文のまま）。

外務省がマケドニアUNPROFORの目的、活動、組織に着目したのとは異なり、尾辻はマケドニアの安全性、明石の要請の観点で捉えていたのである。しかし、いずれも「地域」を軸に派遣を唱えたという点では一致していた。マケドニアへの要員派遣が国際平和協力法に抵触しないという論理は、村山連立政権発足後も残存し続けた。たとえば、一九九四年八月九日から二〇日にかけて、旧ユーゴ、イスラエル等を公明党衆議院議員団が視察し、明石から「日本のPKO参加五原則の早急な撤廃は望んでおらず、憲法内での現状のPKO参加の姿はやむを得ない。しかし、いつも後方支援ではしょうがないが、現在は後方支援が喉から手が出るほど必要としている」という要望を受けた。[58]つまり明石は、かなりの時間を要する憲法論議を避け、現状の枠組みで人的貢献を早急に行うよう求めたのである。そして議員団は、同月二二日に、柳井や鈴木に視察報告を行ったのみならず、村山にもマケドニアに対する要員派遣と経済援助の実施を申し入れている。[59]しかし、村山の答えは「社会党の立場はＰＫＯ別組織論であるが、別組織論は資金の問題から難しい点があることも承知している」[60]というものであった。

ここで注目に値するのは、村山の「別組織論」という言葉である。すなわち、外務省、尾辻、公明党議員団の筋論で共通するのは、派遣する「地域」を対象に論を進めている点である。なかでも外務省は、自民党政権下で「実績積上げ」を断続的に追求し、「自衛隊か文民か」という派遣の「主体」に関わる二項対立から、「誰を、どの地域に、いかなる任務で派遣するか」という合理的・実際的観点で、より多くの選択肢を検討し、政策を立案する段階に歩を進めてきた。他方、村山の返答が力点を置いたのは、あくまで「別組織論」であり、いまだ「主体」の議論にとどまっていた。だが、後に論じるように、村山は自衛隊の国際協力を一概に否定していたわけではない。問題は、村山の意欲をどのように導くかにあったのだ。

### (3)　村山の政策転換と平和維持活動

マケドニアＵＮＰＲＯＦＯＲ派遣が議論されていた一九九四年六月三〇日、社会党委員長の村山富市を首班とする自民党、社会党、新党さきがけの三党連立内閣が発足した。[61]一九四七年五月二四日に片山哲政権が、社会党、民主党、国民協同党の三党連立で発足して以来、実に四七年ぶりの社会党首班内閣の組閣である。[62]かねてより、自衛隊の国際協力をめぐって対立してきた自社両党が、同一内閣を担うことになった。

「理解を超えた選択」[63]とも評される自民党との連立の背景には、原彬久のいう「置き去り」があり、[64]後述するように、自衛隊の国際協力もそれに含まれていた。自社間の接触は進んでいたが[65]、三党党首が一同に会し、連立政権の政策協議を開始したのは、六月三〇日未明のことである[66]。本来ならば、事前に行われているものが、二九日の村山首班指名のわずか数時間後に開始されたのである[67]。協議では、河野洋平自民党総裁が、社会党と新党さきがけの政策合意に賛意を示し[68]、「新しい連立政権の樹立に関する合意事項」が成立した[69]。その合意事項なる文書のなかで、社会党は日米安保条約に限らず、自衛隊の維持にも同意している[70]。加えて、自衛隊と国連平和維持活動についても、連立三党は次のような方針を掲げていた。

わが国は軍事大国化の道を歩まず、核武装の意志がないことを世界に向かって発信し、これをわが国外交の基本とする。自衛隊と日米安全保障条約を維持し、近隣諸国間の信頼醸成活動に力を入れつつ軍縮を進める。日本国憲法は、国連による普遍的安全保障を理念としていることを認識し、世界の平和とわが国の安全保障を確保するため、国連の平和維持活動に積極的に参加する。国連の平和維持活動（ＰＫＯ）については、ＰＫＯ派遣原則のもと、憲法の範囲内で協力する[71]（括弧書き原文のまま）。

こうした村山内閣の方針は、この頃の世論を背景にしている。それでは、自衛隊の国際協力を、どのように国民は見ていたのだろうか。同時期に実施された総理府の調査では、一七・一％が賛成し、三一・三％がどちらかと言えば賛成の立場にあり、ほぼ半数の四八・四％が支持している[72]。他方、反対は一〇・八％、どちらかと言えば反対が一九・八％であり、三〇・六％が自衛隊の国際協力を望んでいない[73]。したがって、残りの二一％が不明確な立場を示しているとはいえ[74]、自衛隊のコミットメントに対する支持が多数を占めていたわけである。また、同年一〇月に総理府が実施した別の調査では八三・九％が支持し、反対はわずか八・六％にとどまった[75]。一方、村山内閣の支持率は三七％で、不支持が四四％であり、その理由として六〇％以上の人が外交、国際貢献が円滑に進んでいない点を挙げている。[76]村山内閣の場合、これらの自衛隊の国際協力に対する支持のみならず、衆参両院で与党が過半数を制していたから、[77]自衛隊の国際協力の前提条件は既に整っていたといえよう。その意味において、村山が自衛隊の国際協力を認めたのは、まさに政権浮揚策の側面も否定できないのである。

村山政権発足一八日後の七月一八日、村山は臨時国会の所信表明演説で次のように言及し、従来の非武装中立政策の転換を内外に示した。

……私は、日米安全保障体制を堅持しつつ、自衛隊については、……必要最小限の防衛力整備を心がけてまいります。

……

冷戦後の国際社会においては、世界の平和と安定のために、普遍的な国際機関である国連の果たす役割には非常に大きなものがあります。今後、我が国としても、国際社会の期待にこたえ、引き続き、国連の平和維持活動について、憲法の範囲内で積極的に協力していくとともに、……より責任ある役割を分担することが必要であります。[78]

ここで注目に値するのは、「日米安全保障体制を堅持」という部分である。村山の首相就任に伴い、社会党委員長代行に就任した久保亘によれば、そもそも「堅持」という方針は社会党のこれまでの政策とは相容れないものであった。[79]もっとも久保自身は、日米安保を全面的に拒絶するのではなく、軍事同盟的側面を薄めながら、日米二国間関係を世界とアジア、日本のために重視すべきであると考えていた。[80]それゆえに、「堅持」ではなく、「維持」という表現で久保は所信表明演説の内容に同意し、その限りで同党中央執行委員会や野党からの承認を取り付けたのである[81]。つまり、久保や中央執行委員会の懸念の矛先は、日米安保の在り方に限定されており、自衛隊の国連平和維持活動参加には一定の理解があったといってよい。しかし、当初、久保たちが期待した「維持」という表現を含む演説は、力み過ぎた村山によって「堅持」に替えられてしまった[82]。

社会党の元副委員長伊藤茂が回想しているように、この所信表明演説は、国民的な議論を全く経ないものであった[83]。それにもかかわらず、村山が所信表明演説で方針転換を公にしたことには、二つの理由があったといえよう。第一に、社会党の政権入りである。そもそも村山は、冷戦構造の崩壊に伴い、非武装中立政策の役割は済んだと認識し、社会党内の自衛隊論争に批判的だった[84]。しかも、村山の言によれば、この方針転換には二つの政治的判断があった。一つは、「連立政権としては自衛隊を認める。しかし、『党はまだそこまでは来ていません。今、議論をやっています』。こういうことで了解が得られるんなら、それがいちばんいいと思うた」村山ではあったが、ひとたび総理の立場になったなら、そうした曖昧さが許容されるのか疑念を持ち始め、「最終的にはやむを得ないというふうに思った」という[85]。いわば消極的判断である。

もう一つは、積極的判断である。世論の約八〇％が自衛隊を認めている以上、「『自衛隊が憲法違反だ』と言って、論外という扱いをしたんじゃ政治にならない」ため、「憲法に抵触する部分があるなら合憲になるような政策を積極的に提起して、取り組んでいくことが大事ではないか」と村山は考えた[86]。そして社会党の政権入りを「これはいい機会かもしれん」と捉え、決断したのである[87]。いわば村山は、自衛隊の問題を「観念論的にひと言で片付けていた」[88]状態から決別する好機として、社会党の政権入りを位置付けたのである。

第二に、石原内閣官房副長官の役割が挙げられよう。村山内閣発足当初、石原は、前記の自社さ与党三党の政策調整の中身を把握しておらず、日米安保条約、国際平和協力法、自衛隊について、「方向転換をするのであれば、なるべく早い時期に総理の口からそれを明らかにするほうがいいんじゃないでしょうか」と村山に進言していた。[89]さらに、時間が経つとかえって切り出し難くなると説得し、村山は早期の転換を了承したという。[90]このように、首相としての村山の自覚と石原の影響によって、自衛隊の政策を憲法の範囲内とする解釈が生まれたことで、日米関係を主軸としながらも、自衛隊の国連平和維持活動への参加にも含みを残したと考えられよう。

しかしながら、その後の村山は国連平和維持活動という言葉を口にするものの、それを具体的にどこで、どのように実施、展開するのかについては明らかにはしなかった。[91]そしてこの曖昧さが、後述するように、国連難民高等弁務官の緒方貞子や外務省が影響力を発揮する余地を生むことになったのである。

## 2　「人道的な国際救援活動」の検討——「直接の下準備」としてのモザンビーク

一九九〇年以降、日本国内で人的貢献の枠組みが構築される一方、ルワンダは内戦の渦中にあった。一九九〇年一〇月、ウガンダに避難していたツチ族が、ルワンダ愛国戦線（RPF: Rwandan Patriotic Front）を結成し、同国の支援を受けた武力侵攻を始め、ジュヴェナール・ハビャリマナ（Juvénal Habyarimana）大統領のフツ政権との内戦が勃発した。そうした状況下で、タンザニア共和国政府の仲介で和平交渉が行われ、[92]一九九三年八月四日にアルーシャ和平合意が成立する。[93]同年一〇月五日に国連安保理は、和平合意の監視、支援を任務とする国連ルワンダ支援団（UNAMIR: United Nations Assistance Mission for Rwanda）を設置したが、[94]その後、停戦協定の合意と破棄が繰り返されることになる。[95]一九九四年七月のＵＮＨＣＲの資料によれば、ブルンジ、タンザニア、ウガンダ、ザイールなど近隣諸国に流出したルワンダ難民の数は、二〇〇万人以上に上った[96]（図5-1）。

日本政府は当時、ＵＮＨＣＲへの支援を重視してはいたが、ルワンダ難民救援活動への参加は想定していない。[97]一

図５－１　ルワンダ周辺国と難民発生状況

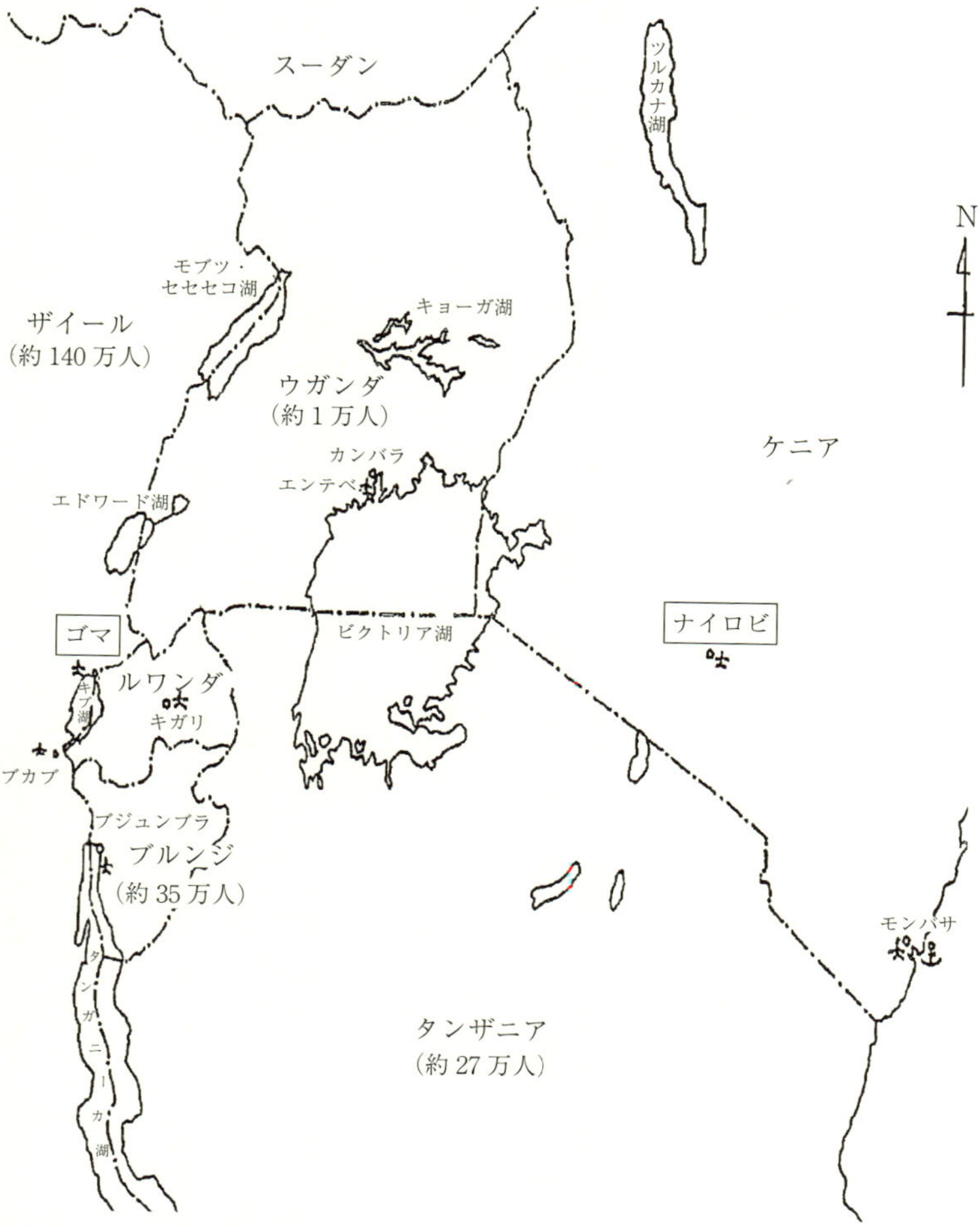


注：1994年7月27日時点のルワンダ難民数。
出所：「ルワンダ難民救援国際平和協力業務の実施の結果」1995年2月。

九九四年一月七日、緒方貞子国連難民高等弁務官は羽田孜副総理・外相に対し、「国際平和協力法に規定されている人道支援の制度を幅広く活用してほしい」と要請したが、羽田は賛意を示すにとどめている[98]。その他にも緒方は、政府要人との一連の会談のなかで、モザンビークへの派遣の検討、要員派遣取決めの締結も求めた[99]。緒方の要請に対し、外務省は、UNHCRに対する「人道的な国際救援活動」の実施先として、モザンビークへの要員派遣を「当面は」積極的に推進するという対処方針を掲げていた[100]。つまり、「実現が可能なものから派遣実績を積み重ねていくことが重要である」[101]という従来の方針を貫いてきた外務省にとって、緒方の要請は好都合なものだったのである。また、同省内では、「人道的な国際救援活動」で検討すべき観点が既に設けられており、モザンビークはそれを充足するものと解されていた。

①憲法、国際平和協力法の枠内で行われるべきこと。
②国内の支持を受けるものであり、また、国際社会からも評価されるものであること。
③現地の事情にあわせて、要員の派遣が効果的かつ安全に行われるため万全の支援体制を整えること。
④我が国が適切に対応することが可能な分野であること[102]。

さらに、要員派遣取決めについては、「長期的な課題」としながらも、モザンビークを皮切りとした「要員派遣の実績を積み重ねること」が、その「直接の下準備」になると考えられていた[103]。そして、モザンビークに対する人道支援を見据え、外務省内で具体的な主管範囲が検討されている。その割り振りは、外務省国連難民支援室がUNHCRの要員派遣要請を受けてから、国内関係省庁間の課長、室長レベル協議開催の直前までを扱い、総理府国際平和協力本部事務局が同協議開催以降から派遣までを担当するというものであった[104]。

だが、こうした外務省の対応は、全て緒方の意向に沿うものだったわけではない。というのも、既にＵＮＨＣＲは、ヨーロッパ共同体委員会と提携契約を締結し[105]、北欧諸国ともスタンド・バイ・アレンジメントを進めており[106]、日本にも早急な要員派遣取決めの締結を求めたからである。とりわけ、緒方をはじめ、ＵＮＨＣＲ関係者が日本政府に求めたものは、紛争後「リハビリ段階」分野での協力関係であり、モザンビークに限定されない[107]。二月三日に別件で訪問してきた外務省職員に対し、緒方は「バイの協定については様々な形態があるが、日本との間でかかる枠組みを持っていないのは残念」と漏らしている[108]。

このように、「人道的な国際救援活動」の模索は、あくまでモザンビークへの人道支援限定で推し進められたわけである。外務省内の方針で規定された「人道的な国際救援活動」の積極的活用やモザンビークへの派遣は、緒方が一時帰国中の時に強調したものであった。とくに後者については、当初の段階で具体的地域がモザンビークに決定していたわけではなかったから、緒方の影響が極めて大きかったといえよう。

## 3　ザイール派遣の浮上

### (1)　法律適用問題とザイール

モザンビークに傾斜した日本の人道支援を、ルワンダに向けさせる契機を提供したのも緒方であった。前述の通り、外務省はモザンビークでの人道支援を主眼に置き、自衛隊派遣を推し進めてきた。ところが、ルワンダでは一九九四年四月六日、ハビャリマナが搭乗した大統領専用機が撃墜され、この事件を契機として再び内戦が勃発することになる[109]。当初、ルワンダ政府軍が国土の西部、南西部を占領する一方、ＲＰＦが南東部、北部、東部を占領し、首都キガりは分断されていたものの、[110] 最終的にRPFがキガリを陥落させ、新政府を樹立する。[111] 五月三一日の時点で二五万人から五〇万人が殺害され、[112] ルワンダからの難民が次々と周辺国に押し寄せたのであった。

そこで、七月二〇日に緒方は、ルワンダ難民への人的、物的、資金的支援を遠藤實在ジュネーブ国際機関日本政府代表部特命全権大使に要請し、八月に入ると、今度は電話で村山に人的支援を要請することになる。[113] このような要請は、総理に話をするよう柳井が電話で緒方に申し入れたために実現された。[114] 柳井は、必ずしも平和維持活動に乗り気とは言えない村山内閣には、かえって「人道的な国際救援活動」の方が受け入れられ易いと考えていた。[115] 柳井が、直接現地を視察し、考えを述べたマケドニアの経験と異なり、外務省の派遣構想が緒方を介した要請によって「国連化」、「UNHCR化」したのである。

緒方の要請を受け、外務省は、ルワンダ難民救援活動への支援に力点を置き始める。[116] 石原によると、村山の立場からすれば、日本出身の緒方の要望であり、任務内容が人道援助だったため、受け入れたのだった。[117] また、後に論じるように、与党内調整という事情からも、村山にとって要請の受け入れは望ましかった。

緒方の要請以降、このルワンダ難民救援活動をめぐって、日本政府は本格的に資金や物資の協力を始めた。一九九四年七月二五日、五十嵐広三内閣官房長官が資金協力を強化しつつ、人的貢献を模索する方針を表明すると、[118] その翌日には総額約三三〇万ドルの国際機関に対する拠出を決定している。[119] なお、それ以前にもUNHCRなどへ九〇〇万ドル、UNAMIRに三〇〇万ドルの拠出を既に決定していたから、七月二六日の決定は追加拠出である。[120] 八月一日には、UNHCRのジェラルド・ヴァルツァー（Gerald Walzer）副高等弁務官が、遠藤究の書簡で救援物資の支援を要請し、[121] 政府は八月一二日に物資協力の決定をUNHCR資金調達部に通報したのであった。[122]

それでは、人的貢献の在り方をめぐって、いかなる派遣方式が外務省内で有力視されていたのだろうか。七月二二日に河野洋平副総理・外相が緒方の要請を電話で受けると、[123] 外務省はNGOへの資金協力も決定するが、[124] 肝心の人的貢献をめぐっては、いかなる法的根拠に基づき、誰を派遣するかで苦慮していく。外務省では「現地のニーズ、他国の支援振り等総合的に判断すれば、早急にいわゆる人的貢献を行う必要がある。但し、その場合、現地の劣悪な状況等に鑑みれば、自己完結的な単位で送ることが不可欠である」[125]との観点に立ち、次の三つの案が検討された。

—PKO法以外の関係法に基づき派遣する場合。
—PKO法の下で民間関係者を派遣する場合。
—PKO法の下で政府関係者を派遣する場合。[126]

これらのうち、「総合的に考えれば、これがもっとも望ましい」とされたのが、最後の案であった。[127]他方、最初の案をめぐっては、「JICA専門家、UNV（国連ボランティア）を派遣する場合」（括弧書き筆者）が想定され、「JOCV（青年海外協力隊）のOBをUNVを通じて送る」（括弧書き筆者）という案が検討されている。[128]この案は、八月三日の定例ブリーフィングで、斉藤邦彦外務次官から村山に伝えられているものの、[129]外務省からすれば、「どれ程の志望者があるかという問題の他、現地の劣悪な状況、必要とされるロジスティクスなどを考えると、この方法は現実的とはいえないか?」と自ら懐疑的にならざるを得なかった。[130]第二案に対しても、それらの理由は同様に当て嵌まるが、深刻さは最初の案の比ではない。時間、ニーズ、派遣場所、政府派遣への切り替えという新たな問題が加わり、「容易とは思われない」ものだったからである。[131]「医師等文民の派遣」もこの第二案に属するが、「この場合、自己完結性が低いので、困難」と判断されていた。[132]円滑な派遣を前提とし、さらに多様な人材の派遣を追求した場合、そもそもの前提が崩れてしまうという矛盾は無視できぬものであった。

このように政府派遣の方式を検討するなか、外務省は次の課題に直面する。同時期、防衛庁防衛局防衛政策課長を務め、各国大使館の防衛駐在官から陸上幕僚監部を通じて報告を受けていた守屋武昌によると、外務省は各国大使館員に「ルワンダは安全」という公電を日本に送るよう指示を出していたという。[133] だが、どれほどルワンダの安全性が伝えられたとしても、ルワンダ国内は既に停戦合意が崩れ、外務省が有力視していた「PKO法の下で政府関係者を派遣する場合」での人的貢献は望めなくなっていた。そこで俎上に上ったのが隣国ザイールである[134]（図5-1）。外務省は、ルワンダ周辺国は紛争当事国ではないため、停戦合意は要件とされず、人道的活動ゆえに中立性も維持できると考えたのである。[135] 同様に、国際平和協力本部事務局でも、「人道的な国際救援活動に対してもいわゆる五原則……が適用されるが、ザイールなどのルワンダ周辺国における当該活動については、周辺国は紛争当事国ではないので、周辺国の受入同意があれば問題はない」と判断していた。[136] したがって、外務省や国際平和協力本部事務局にとって、ザイール派遣は緒方の要請とも村山の要望とも合致する妙案だったのである。

## (2) 連立与党内の意見調整――自衛隊派遣の検討

ザイールでの人的貢献の実施をめぐり、八月二日から一一日にかけて、「ルワンダ難民支援ミッション」が現地に派遣され、一二日に河野と五十嵐に調査団報告書を提出している。[137] この過程では、調査団独自の判断のみならず、外務省本省から「自己完結性」を有する自衛隊派遣の必要性を報告するよう指示もあり、[138] 調査団は「現地のNGOや政府派遣団体は自らの活動への支援は全て自前で行っており、自己完結性がなければ、現地では活動できないのが実情である」との評価をまとめることになる。[139]

一方、別組織の派遣を考える社会党に配慮し、非軍事、文民派遣の可能性を探るため、一度は調査団から除外された防衛庁・自衛隊であったが、[140] 外務省の公電の実態を見抜きつつも、ルワンダ難民救援活動参加自体には意欲を示してさえいた。たとえば、八月一〇日、角茂樹外務省総合外交政策局国連政策課国際平和協力室長に対し、守屋と松川正昭陸上幕僚監部運用課長（陸将補）は「活動期間は、半年になることも覚悟している」、「給水を中心に他にも対処出来るよう衛生部隊等を派遣し、総ぜい《ママ》一八〇名程度となろう」と調査団帰国前に具体的な見通しを述べていたほどである。[141] つまり、外務省と防衛庁の主な相違は、自衛隊という派遣主体をめぐってではなく、むしろ治安状況の捉え方にあった。だが、この時点では、議論の重点が前者に置かれ、さほど顕在化しなかったのである。

それでは、この調査結果に基づき、連立与党はいかなる反応を示したのだろうか。総理府国際平和協力本部事務局と外務省中近東アフリカ局の資料によれば、この結果を受けた河野は「緊急かつ自己完結的なものとして自衛隊の派遣が必要と判断する。官房長官への報告の際には、自分も同席して、この旨意見を述べる」と意欲を示す。[142] その後、河野は五十嵐に電話でその旨を伝えたが、五十嵐が与党内の合意形成を訴え、直接意見を述べるのを待つよう回答したため、河野による「官房長官への報告」は事実上見送られた。[143] 五十嵐は、与党内の支持の獲得という点で疑問の余地を残したくはなかったのである。だが、自衛隊派遣の説明を受けた自民党の加藤紘一政調会長、山崎拓安全保障調査会長代理とともに賛成し、新党さきがけの鳩山由紀夫代表幹事も「（小沢鋭仁防衛部会長に連絡し、了解をとった上で）自分は良いと思う。遅くならないように、とにかく急いで欲しい」（括弧書き原文のまま）と前向きだった。[144]

外相の河野による報告が封じ込められるなか、外務省は、外相経験者や外務担当の根回しに奔走していた。八月一五日までに、渡辺美智雄（自民、元外務大臣）、武藤嘉文（自民、元外務大臣）、中山太郎（自民、元外務大臣）、柿沢弘治（自由、前外務大臣）、野沢太三（自民、参議院、外務筆頭）、福田康夫（自民、衆議院、外務）、成瀬守重（自民、参議院、外務）への根回しを済ませ、[145] 先の鳩山の反応と併せると、自民、さきがけ両党内では、了承への政治基盤と国会対策がより盤石なものとなっていた。残るは、社会党内の状況と、党首のなかでは、さきがけ現職閣僚である武村蔵相次第であった（図5-2）。

社会党や武村への報告は、八月一三日以降行われた。加藤が政策審議会長の関山信之に党内調整を求め、山崎が安

図5-2　村山自社さ連立政権の政策決定システム

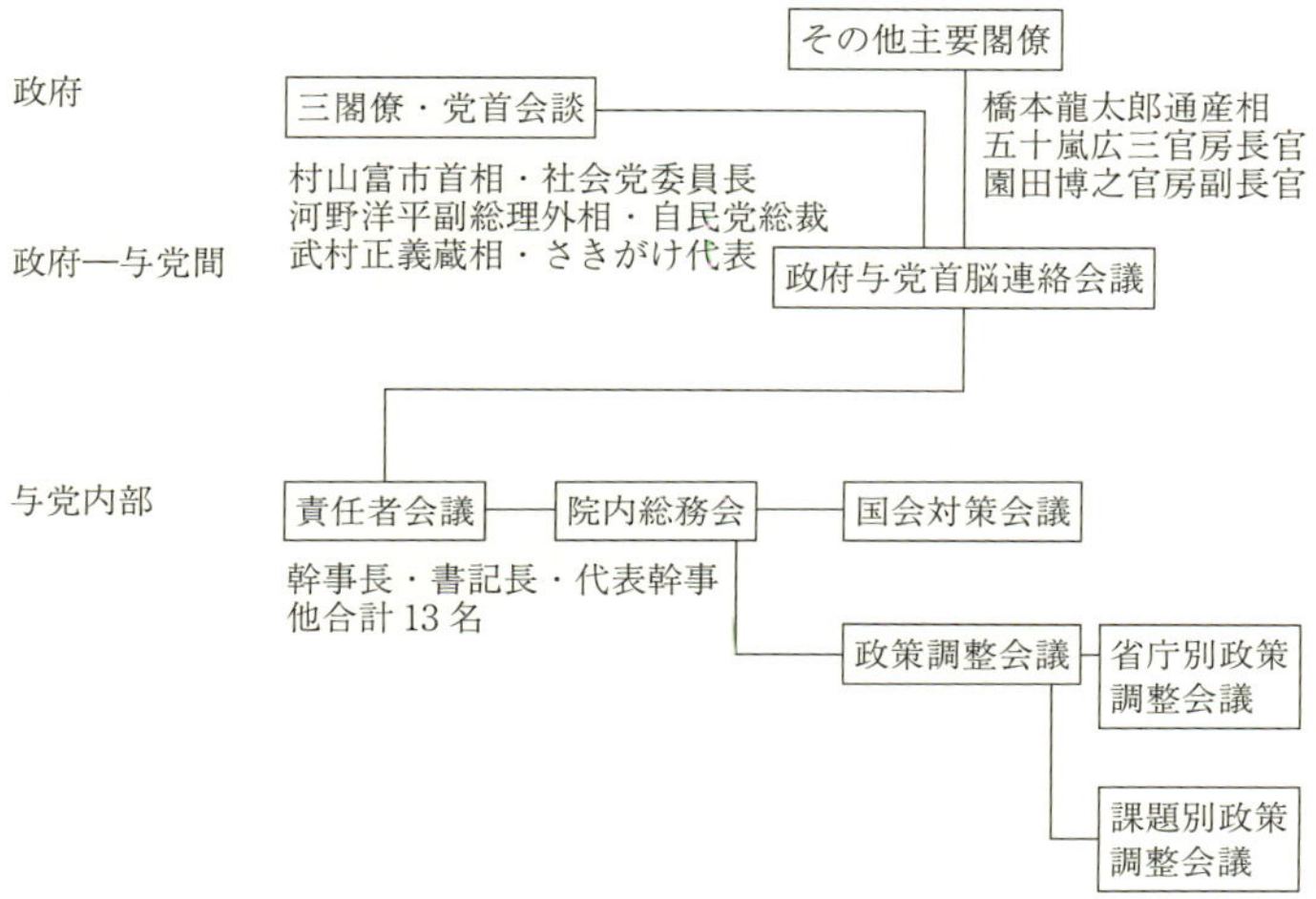


出所：野中尚人「先祖帰り？――連立政権時代における政策過程の変容」『レヴァイアサン』臨時増刊号、1998年6月、49頁。

全保障部会長だけでなく、連立与党防衛調整会議座長も務める岩垂寿喜男に説明したとき、岩垂は自衛隊の派遣に理解を示しつつも、関山から十分な説明を受けていない旨を告げる[146]。そこで加藤が、関山に岩垂への説明を依頼し、関山の説明を受けた岩垂は了解の「とりつけに努力する」と述べた[147]。自衛隊の必要性という話は、久保亘書記長、五島正規副書記長、前島秀行副書記長、田口健二内閣部会長、伊藤茂外交部会長にも伝えられ、久保だけが「党内で議論する」としたものの、その他は一応好意的で、前島に至っては「総理は早く決断すべきだ」とまで述べている[148]。法的根拠の明確化を求めたという点を除けば、さきがけの武村や菅直人政調会長の反応も社会党内と同様で、とりわけケニア滞在中だった菅は「趣旨は大賛成」と積極的であった[149]。武村によれば、このような外交案件をめぐる与党内のまとまりは、細川内閣以来の「基本は自民党政権の外交政策を継承」するとともに、対立を避けるという「連立の保身」を背景にするものだったという[150]。

　むろん、自衛隊の派遣をめぐる議論は、連立与党全体の会議にも及んだ。一七日の連立与党防衛調整会議では、関山が社会党中央執行委員会で「特に何の意見もなかった」と岩垂に報告すると、自民党の山崎が「本件は了承するとの結論を得ている」と述べ、さきがけの三原朝彦も「党としても頑張ってやっていきたい」と伝え、各党内の了承が確認された。[151]そして、任務を「人道的な国際救援活動」に限定し、第二次政府調査団派遣後に与党調査団派遣をさらに実施するという条件付きで防衛庁の調査団参加が了承されている。[152]こうした与党の調整結果は、一八日に石原から村山、五十嵐に伝えられ、彼らは「更に検討を進めるよう」報告に赴いた石原に指示したのだった。[153]

ただし、村山と五十嵐が指示を出す過程で、同日の緒方からの電話も見逃せない。先に述べたように、休暇帰国中の緒方は村山に対し、積極的な人的支援を電話で要請した。[154]緒方の要請は、石原が報告する同時期に村山に届けられたから、[155]それを彼らが無視したとは考え難い。しかも、自民代表の河野、さきがけ代表の武村、そして社会党内が前向きなだけでなく、「連立の保身」も保たねばならない以上、村山と五十嵐に残された道は、「人道的な国際救援活動」の枠に自衛隊の任務をとどめ、緒方の要請に「乗る」のが最も望ましい選択だったのである。そして、自衛隊が派遣される日がいよいよ目前に迫っていた。

## 4　治安情勢をめぐる議論と政策——調査内容の形骸化

自衛隊派遣の検討開始をめぐって、主要各紙はこぞって取り上げた。最も批判的だったのが、『朝日新聞』である。同紙は、これまで別組織論を掲げてきた社会党が自衛隊で検討し始めた点に疑問を呈し、「活動にふさわしい民間の専門家を中心にした組織を一日も早くつくり、派遣するところからはじめるべき」と主張した。[156]『毎日新聞』は「現実的な選択」としながらも、ほぼ同様の立場に立つ。[157]他方、『読売新聞』は、先の調査団報告書と同様、生活環境の厳しさを指摘し、自己完結型の組織、すなわち自衛隊派遣以外に考えられないと論じた。[158]『日本経済新聞』と『産経新聞』も、自衛隊派遣の検討を、それぞれ「実際的な選択」、「一歩前進」と評価し、機動的な参加のための体制整備を今後の課題として掲げている。[159]

各紙の分裂が表面化するなか、自衛隊員も含めた第二次政府調査団が八月二二日から三〇日までようやく現地に派遣された。[160] ここで注目すべきは、陸上自衛隊の「ルワンダ政府調査団細部調査結果」と題する報告書の治安状況の箇所である。報告書は「治安は良くないというのが実感である」と率直に認め、その理由として「日本人ＮＧＯ医者《ママ》の言からの推測」と断りながらも、[161] 次の出来事を列挙していた。

・七月二四日夜間、ゴマ市内において銃撃戦が約四時間位続いていた。
・七月二五日・午後　我々調査団も銃撃戦を目撃した。
　上記二例はいずれも軍同士の発砲事件。[162]

こうした防衛庁・陸上自衛隊の治安状況の評価は、最終的な政府調査団報告書で次のくだりに書き換えられている。

ゴマの難民キャンプにおいては、ルワンダ旧政府軍兵士が難民の帰還を妨害するために暴力行為を行っているとの情報がある他、ブカブの難民キャンプにおいても旧政府軍兵士が軍事訓練を行っているとの情報もある。ゴマ市内において調査団一行も近くで銃撃が行われるのを見たことも考慮すれば、ザイール東部の治安状況は悪化しつつあると考えられる。[163]

つまり、外務省の主張が反映され、「銃撃戦」の「戦」が削除されたわけである。[164] それは、外務省側が終始会議をリードし、防衛庁側がその判断を覆すだけの材料を持っていなかったためであった。[165]ただし、治安状況の悪化を指摘した別の理由として、難民キャンプに紛れ込んだフツ族兵士の武装解除が遅々として進まず、一部の難民キャンプにおける組織的活動の再開が示唆されていた。[166]

第二次政府調査団報告書に目を通した村山は、九月一日、玉澤徳一郎防衛庁長官に派遣準備要請を行い、[167]同日中に玉澤は陸海空各幕僚長に派遣準備に係る「所要の措置」を講じるよう指示している。[168]最終報告書で外務省の認識が反映されたとはいえ、治安の悪化が確認されたことで、防衛庁・自衛隊は機関銃二丁の携行を求めるようになった。[169]むろん国会の場では、機関銃の携行だけでなく、ザイールの治安状況も、五原則に抵触するとして共産党は譲らなかったものの、[170]自衛隊の国際協力に対する世論の支持、衆参両院における与党の議席数の維持、そしてザイールという派遣地域によって、野党の影響力は封じ込められていたのである。

ところが、派遣部隊の機関銃携行は、自衛隊という派遣主体をめぐる議論を収束させたばかりの村山内閣に、さらなる調整作業を迫るものであった。現に九月七日、鈴木総理府国際平和協力本部事務局長、平沢勝栄防衛庁長官官房審議官、角外務省総合外交政策局国連政策課国際平和協力室長の説明を受けると、現職閣僚の一人である大出俊郵政相が「機関銃は絶対だめ」と激怒し、[171]ここで閣内不一致が露呈したからである。外務省をはじめ、関係省庁の説得も見込めなくなった今、村山内閣は新たな工夫を強いられた。そこで今度は、大出と旅行をするほど人間的つながりが強い山崎が説得の役割を担い、機関銃一丁の携行にどうにか落ち着いたのであった。[172]このように閣議決定の基盤を整えていくうえで、属人的要素も小さくはなかったのである。

そして、国内の調整作業が進展しつつあった九月一一日、ルワンダやザイールを視察していた岩垂を中心とする与党調査団が遂に帰国した。[173]

最も問題なのは、難民の中に旧政府軍兵士や民兵が混じっており、彼らが武器（ナタや場合によっては火器）を隠し持っているのではないかという恐れである。この点は、ザイール当局や国連機関でも正確なことは把握しておらず、ザイール政府によって兵士や民兵を一般難民のキャンプから分離し武装解除するというゴマ地域に残された課題とともに、今後の課題となっている。

……

現地の治安状況を考える場合、それがどの地域なのか、また自衛隊の活動内容とその範囲等によっても異なるので、一律に考えるべきではない。……自衛隊の安全確保についても、派遣地域の治安状況を十分に把握し、任務の具体的な内容等も考慮した上で、隊員が安心して救援活動を行えるよう、武器の保持については政府の責任において決定すべきである[174]（括弧書き原文のまま）。

そもそも、与党調査団の目的は、「現地情勢のより正確な把握と我国の人的協力を実施する際の重点、条件、方法等を明確にすることにあった」[175]。それゆえ、ザイールのゴマを中心として医療、給水、防疫、輸送の四分野で三ヵ月間の自衛隊派遣を求めたのである[176]。だが、ここで忘れてはならないのは、武装解除の問題は第二次政府調査団が既に指摘していたということである。与党調査団の報告書は、いくつかの事件には触れてはいるが、いったい何人位の旧政府軍兵士、民兵が存在し、事件が何件発生しているのかまでは触れていない。これらの点が明らかでない以上、本来の目的である「現地情勢のより正確な把握」は、これまでの調査結果の域を出ていないのである。

それに自衛隊が四分野の活動を無事成し遂げるには、難民に紛れ込み、ザイール政府が統制しきれない「旧政府軍兵士や民兵」への対策も当然求められる。すなわち、与党調査団の目的に戻るならば、人的協力の明確な「方法等」である。だが、地域、任務に応じた自衛隊の安全確保を指摘しながら、武器使用も含め、いったいどのようにそれが可能になると考えたのであろうか。ここでも過去の経験は活かされず、与党調査団の分析は必ずしも判然としなかった。

一方、村山は、「治安も極めていい」という報告を受けていた。[177] 村山からしてみれば、「与党三党で調査に行って報告、おおむね了解とか了承という報告だから、その報告に基づいてやるわけだから、そういう意味で抵抗はなかった」のである。[178] そして、同月一三日に政府は閣議決定に踏み切り、「ルワンダ難民救援国際平和協力業務実施計画」[179]と「ルワンダ難民救援国際平和協力隊の設置等に関する政令」を策定し、[180] 陸上自衛隊二九〇名、航空自衛隊一八〇名が九月一六日から一二月三一日まで医療、防疫、給水、空輸等に従事するとしたのである。[181] 自衛隊の海外派遣に「一番神経を使った」村山ではあったが、[182] その重要な判断材料であるはずの武装解除の状況にはさほど注意を払わないまま、与党調査団の報告を受け止めていたといえよう。しかも、同時期の情勢を扱った国連事務総長報告によれば、難民キャンプで襲撃事件が相次ぎ、人道支援機関がどのように支援を継続するか見直しを行うほどであったから、[183] 与党調査団や村山の判断が現実と乖離した部分があったことも否めない。

こうした村山の決断は、社会党の党内抗争と決して無縁ではない。消費税引き上げなどが喫緊の課題となる一方で、五十嵐をして「最も頭の痛い問題」と言わしめた新党問題に端を発する党内分裂については、[184] 村山も「絶えず気になっていた」。[185] だが、八月三一日に山花貞夫前社会党委員長が「新民主連合」結成を公にし、[186] もはや党の分裂は決定的なものとなっていた。つまり、自身の政権運営の基盤が侵食され、それに細心の注意を払わねばならない状況で、自衛隊派遣の判断に迫られていたのである。

日本で社会党の分裂が進み、ザイールでは給水隊員の傍での威嚇射撃や、自衛隊の宿営地上空を曳光弾が飛来するなど事件が相次ぐなか、派遣された自衛隊は、医療、防疫、給水などの活動に従事した。[187] その他にも、一一月三日にアジア医師連絡協議会（AMDA: The Association of Medical Doctors of Asia）の車両が難民に強奪され、日本人職員の

図5－3　ゴマ周辺図と自衛隊派遣場所

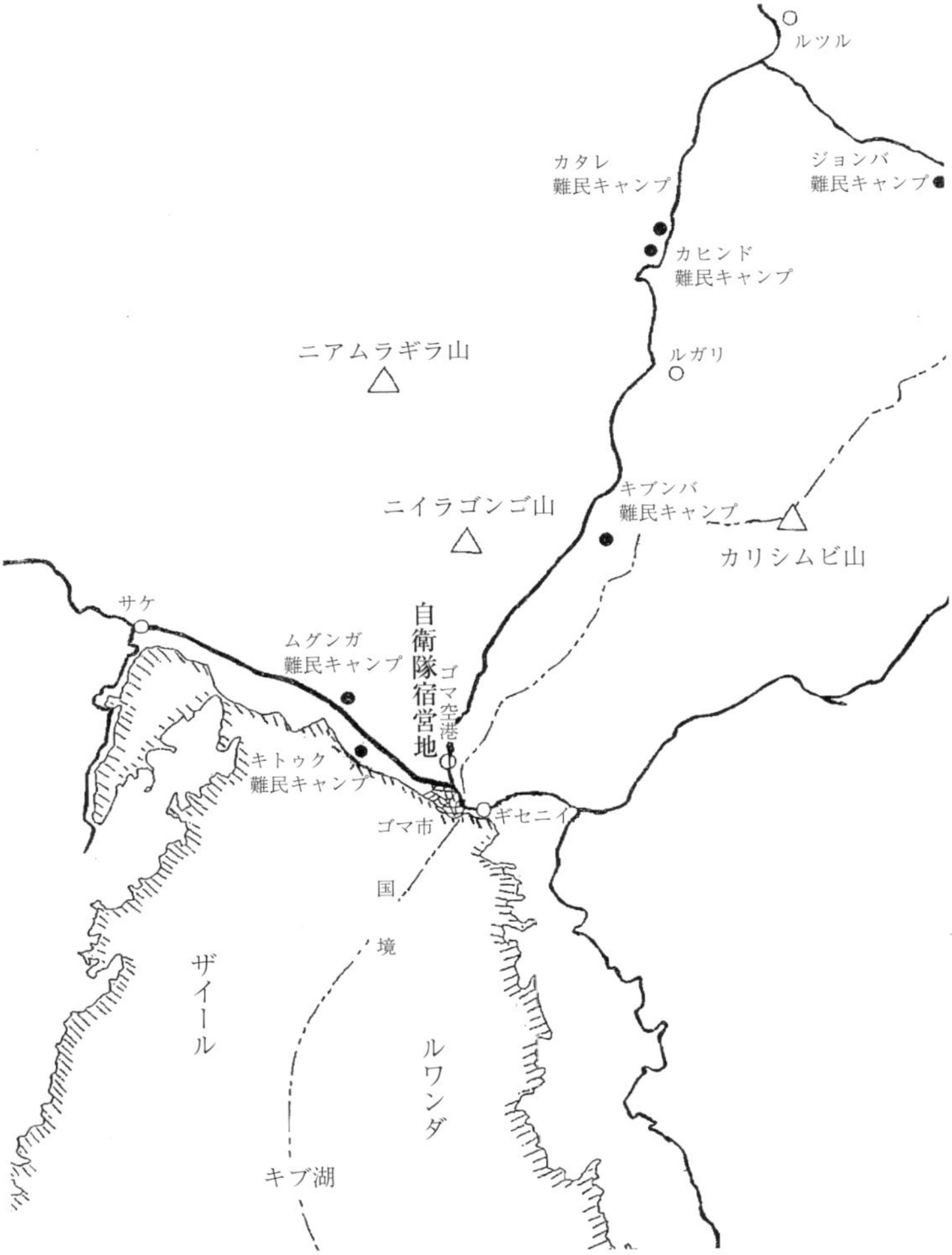


出所：「ルワンダ難民救援国際平和協力業務の実施の結果」1995年2月。

要請を受けた自衛隊は急遽輸送支援も行っている。[188] 先に述べたように、治安の悪化は報告書で指摘されていたから、自衛隊の安全確保をめぐって、外務省は一つの事前措置を施していた。閣議決定の翌日、ガストン・ンガンバニ・ジ・ミゼレ（Gaston G. N'Gambani Zi-Mizele）駐日ザイール共和国臨時代理大使に対し、外務省の須藤隆也中近東アフリカ局長が「ザイールの治安当局には、我が国の活動要員の安全確保のために、最大限の配慮をいただきたい」と申し入れている。[189] 外務省の文書によれば、ンガンバニから「最大限の努力を行うつもりであり、自分としても問題は生じないと思う旨の回答があった」と書かれているが、[190] この場合、ザイール軍や警察の実態こそが問題であった。給料不払いで、「規律やモラルの低下が著しく、にわかに強盗、夜盗に変身することが多い」ザイール軍や警察は、[191] 一つの治安悪化要因に他ならず、部隊指揮官として派遣された神本光伸の言を借りれば、まさしく「信用できず頼りにならない相手」でもある。[192] 緒方も同様に、脅迫や略奪行為をしばしば行うザイール軍を「不安定要因」と認識していた。[193] だが、自前で安全確保ができず、米国など主要国部隊が撤退しつつある以上、それでも自衛隊は彼らの協力を得ずにはいられない。[194] いわば、治安悪化の一当事者に身を委ねなければならないという矛盾を抱え込んだまま、自衛隊はゴマ周辺で三ヵ月間に及ぶ「人道的な国際救援活動」に従事することになったのである（図5-3）。

## 5　村山と外務省

一九九三年、ポスト五五年体制を日本は迎え、かつてないほど短期間で政権転換を繰り返していく。政治改革に端を発する混乱の時代によって、外務省の「実績積上げ」が停滞を余儀なくされても、決して不自然ではなかった。そうした状況下でも、外務省は「今後あり得べき派遣の具体的検討に備えて情報収集は粛々と進めていく必要がある」とし、[195] 自衛隊の新たな「実績積上げ」を模索したのである。

当初、外務省内の派遣構想で検討されたのは、クロアチアとマケドニアのＵＮＰＲＯＦＯＲであった。憲法、国際平和協力法への抵触のみならず、治安上の問題も憂慮した外務省は、前者への意欲を失う反面、後者に至っては並々ならぬ期待を寄せた。クロアチア情勢を「比較基準」とし、マケドニアが目的、活動、組織の面でいかに「独立」した存在であるか自信を深めてきたといえよう。だが、マケドニア派遣構想そのものが、尾辻、公明党衆議院議員団、そして明石の要請という「追い風」を伴ったとしても、村山の説得は叶わなかった。

外務省のマケドニア派遣構想の挫折を、ルワンダ難民救援活動参加とは異なる一過性のエピソードとして扱うのは適当ではない。自衛隊の「人道的な国際救援活動」参加という歴史的画期は、マケドニア派遣構想をめぐる外務省の経験と、モザンビーク及びルワンダ難民救援をめぐる緒方の要請の二つが交わる結節点として成立したからである。外務省が何か直接的に所見を述べる形でもなく、これまで村山が躊躇し続けた国連平和維持活動の一種でもないという、マケドニア派遣構想とは伝達方式と任務内容の面で異なる工夫が施されたからこそ、村山の説得が実を結んだのである。

だが、「ルワンダ難民支援ミッション」派遣後、「人道的な国際救援活動」の実現可能性をいかに保ち得るのかという問題が残された。誰を派遣主体にするのかよりも、どのように派遣場所の治安情勢を捉えるかをめぐる政府内の懸隔の方が、はるかに深刻で埋め難いものだったし、そもそも村山自身が派遣に熱心だったわけではない。それでも、相対的に防衛庁が情報を有しておらず、最後まで村山が慎重さを貫きながらも、調査報告書に抵抗感を示さなかったことで、外務省の「人道的な国際救援活動」への営みは補完されてもいたのである。

この過程で外務省は、ザイール政府に安全確保要請を申し入れたものの、この対策に綻びがなかったわけではない。確かに紛争当事国ではなく、第三国のザイール政府への要請であれば、人道支援ゆえに中立性も担保され得るとした外務省の理由付けとも矛盾しない。けれども、ザイール軍兵士は、ゴマの難民キャンプに紛れ込んだ勢力の武装解除を行うどころか、むしろ発砲事件の当事者でもあった。つまり、治安悪化の一当事者に身を委ねるこの策は、一方で治安悪化に対応しようとしながらも、他方で自衛隊の活動に対する危険性を内在化させるものだったともいえよう。

それに、「人道的な国際救援活動」の実現は、新たな任務での「実績積上げ」である反面、体制整備の停滞も招いた。自衛隊の国際協力を見据えた場合、野党対策、法的根拠の確立が不可避だった竹下、海部、宮澤らの内閣とは異なり、村山内閣の時代はいずれも既に整備されていた。ひとたび法的根拠が確立され、自衛隊海外派遣が成し遂げられると、たとえUNHCRとの要員派遣取決めの締結がなくとも、自衛隊を通じた「実績積上げ」への道は維持される。これまでの内閣で築かれた遺産によって、自衛隊海外派遣をめぐる体制整備の喫緊性はもはや過去のものとなり、外務省のインセンティブは低下したのである。

こうした村山自社さ連立内閣の時代に至るまで、日本の主な人的貢献といえば、国連平和維持活動、国際的な選挙監視活動、「人道的な国際救援活動」の三領域であった。少なくとも、九・一一米国同時多発テロ発生直後までこの状況は続いていく。これまでの章で論じたように、前二者を日本は既に経験済みであったから、ルワンダ難民救援活動参加は、マケドニア派遣構想の延長線であると同時に、当時の日本に残された最後の未経験領域からの脱却をも意味していたのである。だが、これまで外務省の「実績積上げ」を下支えしてきた既存の法律では対応が困難な事態が、また一つ中東で日本を待ち受けていた。

注

(1)「第一三〇回国会衆議院会議録第二号」『官報号外』一九九四年七月二〇日。
(2)助川康「一九九〇年代以降の防衛分野における立法と政党の態度」『防衛研究所紀要』第九巻第三号、二〇〇七年二月、一頁。
(3)新川敏光「歌を忘れたカナリア?——社会党『現実』政党化路線のワナ」、山口二郎、生活経済政策研究所編『連立政治——同時代の検証』朝日新聞社、一九九七年、九五頁。

（4）水野均「国連の平和維持活動をめぐる日本社会党の対応――『避戦論』と『一つの国連』のはざまで」『防衛法研究』第二三号、一九九九年一〇月、一一七頁。
（5）Mulgan, "International Peacekeeping and Japan's Role", pp. 1105–1106.
（6）神余、前掲『新国連論』二五〇頁。
（7）Caroline Rose, "Japanese Role in PKO and Humanitarian Assistance", Takashi Inoguchi and Purnendra Jain, eds., *Japanese Foreign Policy Today*, New York: Palgrave, 2000, pp. 128–129.
（8）梅澤、前掲『野党の政策過程』一一六頁。
（9）「第一二六回国会衆議院会議録第三四号㈠」『官報号外』一九九三年六月一八日。
（10）細川護熙「『自由社会連合』結党宣言」『文藝春秋』第七〇巻第六号、一九九二年六月、九四–一〇六頁。
（11）飯尾潤「細川護熙――パフォーマンス政治の結末」、渡邉、前掲『戦後日本の宰相たち』四三四–四三五頁。
（12）細川内閣成立後、細川は、自身が掲げた軍縮や防衛大綱見直しを検討する私的諮問機関として、防衛問題懇談会を設置した。その後、同懇談会は、通称「樋口レポート」と呼ばれる次の報告書を村山内閣に提出している。防衛問題懇談会「日本の安全保障と防衛力のあり方――二一世紀へ向けての展望」一九九四年八月一二日。また、同懇談会の設立経緯、メンバー構成、議論の中身などを扱ったものとして、秋山昌廣『日米の戦略対話が始まった――安保再定義の舞台裏』亜紀書房、二〇〇二年、三〇–四三頁。小川彰「安全保障政策のアクターと意思決定過程：一九九一～九八年」、外交政策決定要因研究会編、前掲『日本の外交政策決定要因』一三九–一四二頁。佐道、前掲『戦後政治と自衛隊』一八四–一八七頁。田中明彦『安全保障――戦後五〇年の模索』読売新聞社、一九九七年、三二五–三三四頁。船橋洋一『同盟漂流』岩波書店、一九九七年、二五九–二六六頁、がとくに詳しい。
（13）草野厚『連立政権――日本の政治一九九三～』文藝春秋、一九九九年、三二頁。
（14）同前。
（15）中井歩「『外からきた』改革派――日本新党と細川護熙」、大嶽秀夫編『政界再編の研究――新選挙制度による総選挙』有斐閣、一九九七年、四一頁。
（16）石川真澄、山口二郎『戦後政治史』第三版、岩波書店、二〇一〇年、一七九–一八〇頁。
（17）細川護熙『内訟録――細川護熙総理大臣日記』日本経済新聞出版社、二〇一〇年、二六–二九頁。
（18）日本社会党、新生党、公明党、日本新党、民社党、新党さきがけ、社会民主連合、民主改革連合「連立政権樹立に関する合意事項」一九九三年七月二九日。

(19) ソマリア内戦と国連平和維持活動については、Ioan Lewis and James Mayall, "Somalia", James Mayall, eds., *The New Interventionism 1991–1994: United Nations Experience in Cambodia, Former Yugoslavia and Somalia*, New York: Cambridge University Press, 1996. John L. Hirsch and Robert B. Oakley, *Somalia and Operation Restore Hope: Reflections on Peacemaking and Peacekeeping*, Washington D.C.: United States Institute of Peace Press, 1995. United Nations, *The United Nations and Somalia 1992–1996*, New York: United Nations Department of Public Information, 1996. 井上実佳「国連による国内紛争解決とソマリア内戦――『人道的干渉』、ＰＫＯ、国連の対応における各活動の相互関連性」、津田塾大学『国際関係学研究』第二九号、二〇〇三年三月。同「ソマリア紛争における国連の紛争対応の『教訓』」『軍事史学』第四二巻第三・四合併号、二〇〇七年三月。大泉敬子「ソマリアにおける国連活動の『人道的干渉性』と国家主権とのかかわり――『人間の安全保障型平和活動』への道」『国際法外交雑誌』第九九巻第五号、二〇〇〇年一二月。滝澤美佐子「ソマリアに対する人道的介入の合法性と実効性」『国際問題』第四九三号、二〇〇一年四月。同「ソマリアと人道的介入」、日本国際連合学会編『人道的介入と国連』国際書院、二〇〇一年。則武輝幸「国連とソマリア内戦――『平和執行部隊』構想の挫折」『外交時報』第一三〇六号、一九九四年三月。藤井京子「第二次国連ソマリア活動（ＵＮＯＳＯＭ２）の武力行使」『名古屋商科大学論集』第三九巻第一号、一九九四年七月。松田竹男「ソマリア武力行使決議の検討」『名古屋大学法政論集』第一四九号、一九九三年九月、などがある。

(20) マケドニアの国連保護軍、および予防展開を歴史的に扱い、それらが果たした役割を検討したものとして、大庭千恵子「マケドニア共和国（ＦＹＲＯＭ）における予防外交」、吉川元編『予防外交』三嶺書房、二〇〇〇年。三宅浩介「国連の予防展開の可能性と限界――国連予備展開（ＵＮＰＲＥＤＥＰ）の事例」『国際政治』第一五六号、二〇〇九年三月、などがとくに詳しい。なお、このマケドニアＵＮＰＲＯＦＯＲの歴史的経緯を簡潔にまとめたものとして、庄司克宏、望月康恵「国連保護軍（UNPROFOR: 1992–1995）」、横田編、前掲『国連による平和と安全の維持』、が挙げられる。

(21) 「拡大平和維持（Expanded Peacekeeping）」という概念は、一九九三年一月二二日、ガリがニューヨーク大学で行った講演で言及したものである。Boutros Boutros-Ghali, "Beyond Peacekeeping: H. E. Boutros Boutros-Ghali Secretary-General of the United Nations Conference at New York University School of Law on the Future of Collective Security January 22, 1993", *New York University Journal of International Law and Politics*, Vol. 25, Fall 1992, p. 119. 神余、前掲『新国連論』二〇八頁。神谷万文「国連と安全保障」、防衛大学校安全保障学研究会編『新訂第四版　安全保障学入門』亜紀書房、二〇〇九年、二八八頁。

(22) 連立政権内の不一致は、国連安保理常任理事国入り問題でも見受けられる。同問題をめぐり、新生、民社、社民連各党は前向きであったが、社会、公明、日本新党、新党さきがけは反対、あるいは慎重姿勢を貫いていた。『日本経済新聞』一九九三年八月八日。

なかでも、さきがけの反対姿勢が際立っている。さきがけ代表代行のみならず、内閣総理大臣特別補佐も務めた田中秀征は「常任理事国化問題は、国にとって国民投票に値いするほどの重大な問題」とし、「既成事実を積み重ねていく外務省の手法に危険なものを感じる」とまで述べている。田中秀征『さきがけと政権交代』東洋経済新報社、一九九四年、一六六頁。

(23) 細川護煕編『日本新党――責任ある変革』東洋経済新報社、一九九三年、二二二、二二五頁。

(24) 外務大臣発在加、スウェーデン、ノルウェー、フィンランド、デンマーク大使、総領事宛第二四七八八号「我がＰＫＯ政策（調査訓令）」開示文書整理番号04-917-2、外務省外交史料館蔵、一九九三年一二月八日。

(25) United Nations General Assembly Forty-Eighth Session Official Records: 4th Plenary Meeting, A/48/PV. 4, October 4, 1993.

(26) 外務大臣発在加、スウェーデン、ノルウェー、フィンランド、デンマーク大使、総領事宛第二四七八八号、前掲「我が国のＰＫＯ政策（調査訓令）」。

(27) 外務大臣発在加、スウェーデン、ノルウェー、フィンランド、デンマーク大使、総領事宛第二四七八八号別ＦＡＸ信「我が国のＰＫＯ政策（調査訓令）」開示文書整理番号04-917-2、外務省外交史料館蔵、一九九三年一二月八日。

(28) 同前。

(29) 国連政策課「明年までに予想される国連による選挙監視」開示文書整理番号04-917-1、外務省外交史料館蔵、一九九三年一〇月二六日。

(30) 国連政策課「今後の我が国のＰＫＯへの参加の検討状況について」開示文書整理番号04-917-3、外務省外交史料館蔵、一九九四年一月一四日。

(31) なお、派遣の可否の検討について、外務省内では一一の国連平和維持活動が、国際平和協力法上抵触しないと考えられていた。けれども、実際の派遣の可否を決定するにあたり、法律のみを基準にするだけでなく、政策的観点も考慮する方針であった。加えて、政策的に重要なものは、同法に抵触する可能性があるものも検討対象に含まれるという。同前。

(32) 同前。エルサルバドルでの日本人選挙監視要員の活動状況については、「エル・サルヴァドル国際平和協力業務の実施の結果」一九九四年五月三一日。浦部浩之「エルサルバドル和平と日本のＰＫＯ参加」『地理』第三九巻第一二号、一九九四年一二月、が詳しい。

(33) 国政神余、前掲「斉藤大臣秘書官殿」。国連政策課、前掲「国連モザンビーク活動への要員派遣に関する経緯」。

(34) 波多野大使発外務大臣宛第六一八九号「ＵＮＰＲＯＦＯＲ（クロアチア）への派遣要請」開示文書整理番号04-917-10、外務省外交史料館蔵、一九九三年一〇月二二日。

(35) そのような状況の背景には、もちろん、クロアチア側とセルビア側の意見の対立があった。すなわち、「クロアチアはＵＮＰＲＯＦＯＲ展開期間の長期化に伴い展開地域（セルビア人地域）に主権が及ばない状況が固定化されることを危惧。期間延長に際してはそのマンデートの変更（セルビア人勢力を武装解除する権限の付与、こうした『作戦』の際のエア・カバー等）を要求。セルビア側はこれに反発」（括弧書き原文のまま）している状況であった。東欧課「最近の旧ユーゴー情勢」情報公開第01481号、開示請求番号2011-00296、一九九三年一〇月二六日。

(36) 「ＵＮＰＲＯＦＯＲ（クロアチア）への派遣要請に対する当省の対処方針について」開示文書整理番号04-917-12、外務省外交史料館蔵、一九九三年一一月二六日。

(37) 国連政策課「ＵＮＰＲＯＦＯＲ（クロアチア）への派遣要請（予定稿）」開示文書整理番号04-917-11、外務省外交史料館蔵、一九九三年一〇月二九日。

(38) なお、「派遣は困難である」という文章は、当初「慎重に対応することとしたい」と書かれた部分に訂正が施され、手書きで書かれている。前掲「ＵＮＰＲＯＦＯＲ（クロアチア）への派遣要請に対する当省の対処方針について」。

(39) 国際平和協力本部事務局「ＵＮＰＲＯＦＯＲへの派遣要請に対する対応について」開示文書整理番号04-917-16、外務省外交史料館蔵、一九九三年一一月二二日。

(40) 国際平和協力本部事務局「ＵＮＰＲＯＦＯＲへの派遣要請に対する対応について（案）」開示文書整理番号04-917-13、外務省外交史料館蔵、一九九三年一一月。同前。

(41) 文言こそ微妙に異なるものの、本省が「判断に至った理由」として、本文で引用した(2)と(3)の内容が記載されている。外務大臣発在国連代大使宛第四一一一号「ＵＮＰＲＯＦＯＲ（クロアチア）への派遣要請」開示文書整理番号04-917-17、外務省外交史料館蔵、一九九三年一一月二二日。

(42) 波多野大使発外務大臣宛第七五四六号「ＵＮＰＲＯＦＯＲ（クロアチア）への派遣要請」開示文書整理番号04-917-14、外務省外交史料館蔵、一九九三年一一月二七日。

(43) 前掲、柳井外務省総合外交政策局長へのインタビュー、二〇一〇年九月二日。

(44) 国連政策課「マケドニアＵＮＰＲＯＦＯＲの『独立性』について」開示文書整理番号04-917-22、外務省外交史料館蔵、一九九四年一月二八日。

(45) こうしたマケドニアの独立性をめぐって、さらに同文書は関係国の状況も分析している。すなわち「部隊を『マ』ＵＮＰＲＯＦＯＲに派遣している各国も、マケドニアが他のＵＮＰＲＯＦＯＲとは異なるオペレーションであることに着目して派遣を行っている。たとえば、米国は紛争が発生していないことを前提にして歩兵部隊派遣を行ったと考えられるし、フィンランドもBHには法律上の困難があるとしてマケドニアにのみ要員を派遣。また、スウェーデンは、『マ』UNPROFORとともにBHへも派遣を行っているが、派遣の手続き面で違いがある（注3）」（略称、括弧書き原文のまま）。なお、最後の注の部分については、「マケドニアについては、伝統的なPKOであるとの判断から政府の決定で派遣したのに対し、BHについては平和執行的要素を有する等の問題があるので、国会の承認を得たとのこと」とスウェーデンの説明が書かれている。同前。

(46) 同前。

(47) 前掲、柳井外務省総合外交政策局長へのインタビュー。『朝日新聞』一九九四年一月一七日夕刊。

(48) 五百旗頭、伊藤、薬師寺編、前掲『外交激変』一八三頁。

(49) 『朝日新聞』一九九四年一月一九日夕刊。

(50) 前掲、柳井外務省総合外交政策局長へのインタビュー。

(51) 御厨貴、牧原出編『聞き書　武村正義回顧録』岩波書店、二〇一一年、一八七―一八八頁。

(52) マケドニア派遣を再検討する条件として、同文書では、総合的観点から判断する必要があると謳われているが、とりわけ次の二点が強調されている。すなわち、(1) マケドニアUNPROFORはいわゆる予防展開であるところ、法律上の要件を満たすかどうか、(2) UNPROFORがマケドニアのみならずボスニア・ヘルツェゴヴィナ等にも展開していることに鑑み、マケドニアUNPROFORのみを法律上独立した一つの国連平和維持活動として考えることが可能かどうか、である。国際平和協力本部事務局「応答要領」開示文書整理番号04-917-24、外務省外交史料館蔵、一九九四年四月二七日。

(53) 飯尾潤「羽田孜――『普通の人』の限界」、渡邉、前掲『戦後日本の宰相たち』四四六頁。

(54) 「尾辻自民党議員（参）の旧ユーゴー視察報告」開示文書整理番号04-917-26、外務省外交史料館蔵、一九九四年四月二八日。

(55) 同前。

(56) 明石の考えは、報告書の別の頁で詳細に書かれている。そもそも明石は、クロアチア、マケドニア両共和国に対する日本の人的貢献が可能であると考えていた。その理由として、それぞれ「クロアチアにおけるUNPROFORの任務は停戦の維持であり危険はないこと。また、マケドニアのUNPROFORは軍事監視等の国境地帯の監視であり、さらに危険性の少ないもの」と指摘したという。そのうえで「カンボディア和平へのヨーロッパ諸国の協力を思い起こして欲しい。旧ユーゴスラヴィアの和平のため、日本を中心とするアジアの協力が必要だ。しかし、現状は不十分」と苦言を呈している。同前。この文書では、明石がどのような任務を尾辻に求めたのかは一切書かれていない。しかし、後に明石は「停戦監視員ぐらいは出してほしかった」と当時の心境を吐露している。明石康「新世代PKOの幕開け」、明石康、高須幸雄、野村彰男、大芝亮、秋山信将編『オーラルヒストリー　日本と国連の五〇年』ミネルヴァ書房、二〇〇八年、三五頁。
(57) 前掲「尾辻自民党議員（参）の旧ユーゴー視察報告」。
(58) 外務大臣発在オーストリア、イスラエル大使、総領事宛第一六三三五号別FAX信「公明党議員団の旧ユーゴー、イスラエル等視察」開示文書整理番号04-917-29、外務省外交史料館蔵、一九九四年八月二二日。
(59) 同前。
(60) 外務大臣発在ユーゴー、オーストリア、イスラエル、シリア、トルコ大使宛第一六三三五号「公明党議員団の旧ユーゴー、イスラエル等視察」開示文書整理番号04-917-29、外務省外交史料館蔵、一九九四年八月二二日。
(61) 原彬久『戦後史のなかの日本社会党――その理想主義とは何であったのか』中央公論新社、二〇〇〇年、三一七頁。
(62) 『朝日新聞』一九九四年六月三〇日。
(63) 大六野耕作「村山内閣と連立政権――歴史的転換の狭間で苦吟する理念」、岡野加穂留、藤本一美編『村山政権とデモクラシーの危機――臨床政治学的分析』東信堂、二〇〇〇年、五一頁。
(64) 原、前掲『戦後史のなかの日本社会党』三一六頁。
(65) 野坂浩賢『政権――変革への道』すずさわ書店、一九九六年、六〇-六一頁。
(66) 原、前掲『戦後史のなかの日本社会党』三一六頁。
(67) 同前。
(68) 久保亘『連立政権の真実』読売新聞社、一九九八年、九九-一〇〇頁。
(69) 日本社会党、自由民主党、新党さきがけ「新しい連立政権の樹立に関する合意事項」一九九四年六月二九日、同前所収。
(70) 同前。
(71) 同前。
(72) 総理府内閣総理大臣官房広報室「自衛隊・防衛問題に関する世論調査――平成六年一月調査」一九九四年一月、一七頁。
(73) 同前。
(74) 同前。
(75) 総理府内閣総理大臣官房広報室「外交に関する世論調査――平成六年一〇月調査」一九九四年、一一頁。
(76) 『読売新聞』一九九四年七月二日。

(77) 草野、前掲『連立政権』五〇頁。
(78) 「第一三〇回国会衆議院会議録第一号㈠」『官報号外』一九九四年七月一八日。「第一三〇回国会参議院会議録第一号（その一）」『官報号外』一九九四年七月一八日。
(79) 久保、前掲『連立政権の真実』一〇九頁。
(80) 同前。
(81) 同前、一〇九-一一〇頁。
(82) 村山富市談、辻元清美インタビュー『そうじゃのう…――村山富市「首相体験」のすべてを語る』第三書館、一九九八年、一一二頁。
(83) 伊藤茂『動乱連立――その渦中から』中央公論新社、二〇〇一年、一五〇頁。また、村山も、次のように決断を振り返る。「僕が非常に残念に思うのは、やっぱり僕が決断をする前に国民的な議論を、党ももちろんじゃけどね、十分やった上でこういう結論になったと言って、やったんならいいんだよ。だけども、結論を出した後から党が追認するという格好やしね。国民的な議論が全然ないままやったからね、相当誤解を与えたり、不信を与えたりした面があったと思う。それがいちばん残念じゃね」。同前、一一一頁。
(84) 篠原新「村山政権期における日本社会党の政策転換――村山首相を中心として」、九州大学政治研究会『政治研究』第五五号、二〇〇八年三月、一八三頁。
(85) 村山、辻元、前掲『そうじゃのう…』一〇九-一一〇頁。
(86) 同前、一一〇頁。
(87) 同前。
(88) 村山富市著、薬師寺克行編『村山富市回顧録』岩波書店、二〇一二年、一〇七頁。
(89) 御厨、渡邉、前掲『首相官邸の決断』一七六頁。
(90) 同前、一七六-一七七頁。
(91) 水野、前掲「国連の平和維持活動をめぐる日本社会党の対応」一一六頁。
(92) Interim Report of the Secretary-General on Rwanda, S/25810, May 20, 1993.
(93) アルーシャ和平合意の全文は、Letter Dated 23 December 1993 from the Permanent Representative of the United Republic of Tanzania to the United Nations Addressed to the Secretary-General, A/48/824-S/26915, December 23, 1993.

(94) United Nations Security Council Resolution, S/RES/872, October 5, 1993.

(95) ルワンダ内戦と国連の関与を論じたものとして、いくつか重要なものがある。まず、UNAMIR司令官の有名な回顧録として、Roméo Dallaire with Brent Beardsley, *Shake Hands with the Devil: The Failure of Humanity in Rwanda*, Random House of Canada, 2003.（金田耕一訳『なぜ、世界はルワンダを救えなかったのか――PKO司令官の手記』風行社、二〇一二年）、が挙げられる。国連内部での政策決定を扱ったものとして、Michael N. Barnett, *Eyewitness to a Genocide: The United Nations and Rwanda*, Ithaca: Cornell University Press, 2002 がとくに詳しい。他方、米国政府内の政策決定を詳細に検討した名著として、Samantha Power, *A Problem from Hell: America and the Age of Genocide*, New York: Basic Books, 2002, Chapter 10.（星野尚美訳『集団人間破壊の時代――平和維持活動の現実と市民の役割』ミネルヴァ書房、二〇一〇年、第一〇章）、がとくに有益である。さらに、現場の指揮官の意思決定を分析したものとして、饗場和彦「国連PKFが平和構築支援の現場において直面する課題――国連ルワンダ支援団（UNAMIR）司令官の手記を通して」、徳島大学総合科学部『社会科学研究』第二六号、二〇一二年一二月。大庭弘継「ルワンダ・ジェノサイドにおける責任のアポリア――PKO指揮官の責任と『国際社会の責任』の課題」、九州大学政治研究会『政治研究』第五六号、二〇〇九年三月、が挙げられる。なお、UNAMIRの経緯を簡潔にまとめたものとして、則武輝幸「国連ルワンダ支援団（UNAMIR: 1993-1996）」、横田編、前掲『国連による平和と安全の維持』、が挙げられる。

(96) United Nations High Commissioner for Refugees, Appeal: Assistance to Burundi and Rwandese Refugees and Returnees. 開示文書整理番号01-902-1、外務省外交史料館蔵、日付不明。

(97) 「UNHCRに対するわが国の基本的立場」開示文書整理番号01-907-10、外務省外交史料館蔵、日付不明。

(98) 『朝日新聞』一九九四年一月七日夕刊。

(99) 国連政策課、国際平和協力室、人権難民課、難民支援室「国際平和協力法の人道的な国際救援活動についての積極的活用及びUNHCRとの要員派遣取決め（対処方針）」開示文書整理番号01-907-7、外務省外交史料館蔵、一九九四年二月二日。

(100) 同前。

(101) 国連政策課、前掲「今後の我が国のPKOへの参加の検討状況について」。

(102) 同前。

(103) 国連政策課、国際平和協力室、人権難民課、難民支援室、前掲「国際平和協力法の人道的な国際救援活動についての積極的活用及びUNHCRとの要員派遣取決め（対処方針）」。

(104) 国連政策課、人権難民課「国際平和協力法の人道的な国際救援活動についての積極的活用及びUNHCRとの要員派遣取決めに

ついて」開示文書整理番号01-907-9、外務省外交史料館蔵、一九九四年二月二三日。

(105) 小林大使発外務大臣宛第三三一〇号別FAX信「EC委・UNHCR提携契約」開示文書整理番号01-907-3、外務省外交史料館蔵、一九九三年一二月一五日。

(106) 遠藤大使発外務大臣宛第六七六五号別FAX信「UNHCR（北欧関係機関とのスタンド・バイ・アレンジメント）」開示文書整理番号01-907-4、外務省外交史料館蔵、一九九三年一二月一八日。

(107) たとえば、次の文章が象徴的である。発言者は伏せられているが、「日本のPKO法を研究させていただいたが、日本の経験、ノウハウ等も考えあわせれば、POST CONFLICTのリハビリ段階のオペレーションにおける協力関係を想定するのがよいと思う」（傍線原文のまま）。遠藤大使発外務大臣宛第三六六号「UNHCR（わが国とのバイの協定の締結）」開示文書整理番号01-907-5、外務省外交史料館蔵、一九九四年二月一日。同様の考えは次の文書にも見受けられる。遠藤大使発外務大臣宛第七七〇号「UNHCR（ナガサキ国難支室長のオガタHC表けい訪問）」開示文書整理番号01-907-8、外務省外交史料館蔵、一九九四年二月一七日。

(108) 遠藤大使発外務大臣宛第四七四号「UNHCR（わが国とのバイの協定の締結）」開示文書整理番号01-907-6、外務省外交史料館蔵、一九九四年二月四日。

(109) Special Report of the Secretary-General on the United Nations Assistance Mission for Rwanda, S/1994/470, April 20, 1994.

(110) Report of the Secretary-General on the Situation in Rwanda, S/1994/565, May 13, 1994.

(111) 則武、前掲「国連ルワンダ支援団（UNAMIR: 1993-1996）」二九五頁。

(112) Report of the Secretary-General on the Situation in Rwanda, S/1994/640, May 31, 1994.

(113) 「参議院内閣委員会（第一三〇回国会閉会後）会議録第一号」一九九四年九月六日。

(114) 前掲、柳井外務省総合外交政策局長へのインタビュー。

(115) 同前。

(116) Heinrich, Shibata, and Soeya, *United Nations Peace-keeping Operations*, p. 27.

(117) 石原、前掲『官邸二六六八日』八〇頁。

(118) 『朝日新聞』一九九四年七月二六日。

(119) 七月二六日に決定された総額二二三〇万ドルの内訳は次の通り。UNHCR 一〇〇〇万ドル、国連世界食糧計画（WFP: World Food Programme）約一一〇〇万ドル、赤十字国際委員会（ICRC: International Committee of the Red Cross）一〇〇万ドル、国際移住機関（IOM: International Organization for Migration）一〇万ドル、UNV 二〇万ドルである。アフリカ第一課「我が国による対ルワンダ支援」情報公開第01649号、開示請求番号2011-00147、一九九四年八月二二日。
(120) 総額九〇〇万ドルの拠出は六月一〇日に決定されたものであり、その内訳は次の通り。ＵＮＨＣＲ 六四五万ドル、ＩＣＲＣ 二四〇万ドル、世界保健機関（WHO: World Health Organization）一五万ドルである。なお、ＵＮＡＭＩＲへの三〇〇万ドルは七月七日に決定され、国連平和維持活動支援強化基金からの拠出である。同前。
(121) 遠藤大使発外務大臣宛第四一七〇号別ＦＡＸ信「ルワンダ難民・避難民問題（物資協力）」開示文書整理番号01-902-2、外務省外交史料館蔵、一九九四年八月二日。
(122) 遠藤大使発外務大臣宛第四三二〇号「ルワンダ難民・避難民問題（ＵＮＨＣＲへの物資協力）」開示文書整理番号01-902-3、外務省外交史料館蔵、一九九四年八月一三日。
(123) 「ルワンダ難民救援活動（人的貢献）に関する経緯」情報公開第02304号、開示請求番号2008-00685、一九九四年一〇月七日。
(124) 同時にＮＧＯ向けの資金協力も順次決定されている。そしてこれには二つの種類がある。第一に、ＮＧＯ事業補助金としてである。その合計は約四〇四〇万円であり、その内訳は、アジア医師連絡協議会（ＡＭＤＡ）一五〇一・五万円、アフリカ教育基金の会（ＡＥＦ）一四四〇万円、難民を助ける会一一〇〇万円である。なお、同事業に携わるＮＧＯに一〇〇〇万円余の追加交付を行う予定となっていた。第二に、草の根無償資金協力としてである。合計は約四八〇〇万円に上り、その内訳は、国境なき医師団約九九五万円（七月二七日決定）、国境なき薬剤師団約九八〇万円（同）、アフリカ教育基金の会約一〇〇〇万円（七月二八日決定）、タンザニア赤十字社約九七〇万円（同）、ＣＡＲＥインターナショナル・ザイール約八五〇万円（八月五日決定）である。アフリカ第一課、前掲「我が国による対ルワンダ支援」。
(125) 外務省「ルワンダ支援（人的貢献）（案）」情報公開第02272号、開示請求番号2011-00734、一九九四年八月八日。
(126) 同前。
(127) 同前。
(128) 同前。
(129) 総平、近ア一「ルワンダ難民救援活動（人的貢献）に関する経緯」情報公開第02304号、開示請求番号2008-00685、一九九四年一〇月一〇日。
(130) 外務省、前掲「ルワンダ支援（人的貢献）（案）」。
(131) 同前。
(132) 外務省、国際平和協力本部事務局「ルワンダ難民に対する人的協力」情報公開第01649号、開示請求番号2011-00147、一九九四年八月。
(133) 守屋武昌『日本防衛秘録』新潮社、二〇一三年、一四九―一五〇頁。
(134) ルワンダ難民救援隊長を務めた神本によれば、既に閣議決定以前から、内々で避難民治療の研究演習を開始していた。神本光伸『ルワンダ難民救援隊ザイール・ゴマの八〇日——我が国最初の人道的国際救援活動』内外出版、二〇〇七年、四頁。
(135) 「ルワンダ難民救援活動主要想定問答」情報公開防官文第2269号、一九九四年九月二八日。
(136) 国際平和協力本部事務局「国際平和協力法に基づくルワンダ難民支援策（人的協力）について」情報公開第01649号、開示請求番号2011-00147、一九九四年八月。
(137) 「『ルワンダ難民支援ミッション』報告」開示文書整理番号04-1120-1、外務省外交史料館蔵、一九九四年八月一一日。
(138) 久江雅彦『日本の国防——米軍化する自衛隊・迷走する政治』講談社、二〇一二年、七〇頁。
(139) 前掲「『ルワンダ難民支援ミッション』報告」。
(140) 有沢直昭「不安だらけの自衛隊ルワンダ派遣」『世界』第六〇一号、一九九四年一一月、一一〇頁。
(141) 「ルワンダ難民支援（防衛庁の内話）」情報公開第00357号、開示請求番号2013-00817、一九九四年八月一一日。
(142) 総平、近ア一、前掲「ルワンダ難民救援活動（人的貢献）に関する経緯」。
(143) 同前。
(144) 同前。なお、同文書で山崎の役職は国防部会長と表記されているが、これは誤記である。それゆえ本章では、安全保障調査会長代理で表記した。山崎拓自由民主党安全保障調査会長代理へのインタビュー、二〇一三年一二月五日。
(145) 国際平和協力室「根回し先リスト（外務省関係分追加）」情報公開第00357号、開示請求番号2013-00817、一九九四年八月一五日。
(146) 総平、近ア一、前掲「ルワンダ難民救援活動（人的貢献）に関する経緯」。
(147) 同前。
(148) 同前。
(149) 「関係議員の反応」情報公開第00357号、開示請求番号2013-00817、一九九四年八月一五日。
(150) 御厨、牧原編、前掲『聞き書　武村正義回顧録』一八七―一八八頁。
(151) 国際平和協力本部事務局「ルワンダ難民問題に関する人的支援（連立与党政策調整会議及び石原官房副長官への結果連絡：概要）」情報公開第00357号、開示請求番号2013-00817、一九九四年八月一八日。
(152) 総平、近ア一、前掲「ルワンダ難民救援活動（人的貢献）に関する経緯」。国際平和協力本部事務局「ルワンダ難民救援のための自衛隊部隊派遣決定までのクロノロジー」情報公開第0230４号、開示請求番号2008-00685、一九九四年九月一四日。
(153) 総平、近ア一、前掲「ルワンダ難民救援活動（人的貢献）に関する経緯」。
(154) 同前。
(155) 同前。
(156) 『朝日新聞』一九九四年八月一八日。
(157) 『毎日新聞』一九九四年八月二一日。
(158) 『読売新聞』一九九四年八月一九日。
(159) 『日本経済新聞』一九九四年八月一九日。『産経新聞』一九九四年八月一八日。
(160) 同調査団報告書には記載されていないが、調査団は、外務省の山崎を団長とし、外務省三名、総理府一名、防衛庁八名（そのうち自衛官七名）の計一二名で構成されていた。国際平和協力本部事務局、前掲「国際平和協力法に基づくルワンダ難民支援策（人的協力）について」。「ルワンダ難民支援実務調査団報告書」情報公開第0230４号、開示請求番号2008-00685、日付不明。
(161) 「ルワンダ政府調査団細部調査結果」情報公開防官文第2269号、日付不明。
(162) 同前。
(163) 前掲「ルワンダ難民支援実務調査団報告書」。
(164) この部分は、いくつかの検討でも指摘されている。これらは、外務省と防衛庁のやりとりを扱っているものの、いったいなぜ「銃撃」と記載されたのかまでは論じていない。たとえば、麻生幾『情報、官邸に達せず――「情報後進国」日本の悲劇』文藝春秋、一九九六年、一八九頁。『朝日新聞』一九九四年九月二三日。
(165) 玉澤徳一郎防衛庁長官へのインタビュー、二〇〇九年一二月一六日。
(166) 前掲「ルワンダ政府調査団細部調査結果」。
(167) 国際平和協力本部長発防衛庁長官宛第四一三号「ルワンダ難民支援のために行われる人道的な国際救援活動のための国際平和協力業務の実施に係る準備の開始要請について」情報公開防官文第2269号、一九九四年九月一日。
(168) 「所要の措置」とは次の通りである。⑴医療、給水等を行う部隊等の編成の準備（所要の要員候補者の選定を含む）。⑵上記1の部隊に対する物資等の空輸支援等を行うC-130H型機の部隊の編成の準備（所要の要員候補者の選定を含む）。⑶ルワンダ難民支援のために行われる人道的な国際救援活動のための国際平和協力業務の実施に必要な情報の収集等。⑷所要の要員候補者に対する教育訓練及び予防接種等の措置の実施。⑸装備品等の調達、集積、整備等。防衛庁長官発陸上幕僚長、海上幕僚長、航空幕僚長宛長官指示第六号「ルワンダ難民支援のために行われる人道的な国際救援活動のための国際平和協力業務の実施に係る準備に関する長官指示」情報公開防官文第1384号、一九九四年九月一日。

(169) 日本経済新聞社編『「連立政権」の研究』日本経済新聞社、一九九四年、一六九頁。

(170) 「参議院内閣委員会（第一三〇回国会閉会後）会議録第一号」一九九四年九月六日。この日以前にも、社会党内から停戦状況に関する質問が出されていた。たとえば、同党の翫正敏は、先の第二次政府調査団報告書の「銃撃」の箇所について、「ルワンダ国内の方は、……旧政府軍兵士が軍事訓練を行っている情報があるとか銃撃戦が行われているのを見たとかというような報告がなされていて、この停戦の合意が完全に守られているという状況では必ずしもないという報告書の内容だと思いますから、……我が国としてはそこへは派遣できない」と政府側に尋ねている。しかし、総理府国際平和協力本部事務局長の鈴木が答弁したように、この部分はザイールの状況であり、質疑を行う側の理解不足も否めない。「参議院決算委員会（第一三〇回国会閉会後）会議録第三号」一九九四年九月一日。

(171) 総平、近ア一、前掲「ルワンダ難民救援活動（人的貢献）に関する経緯」。

(172) 前掲、山崎自由民主党安全保障調査会長代理へのインタビュー。

(173) 総平、近ア一、前掲「ルワンダ難民救援活動（人的貢献）に関する経緯」。前掲「ルワンダ難民救援活動（人的貢献）に関する経緯」。国際平和協力本部事務局、前掲「ルワンダ難民救援のための自衛隊部隊派遣決定までのクロノロジー」。

(174) 外務大臣発在寿府代、国連代、ケニア、米、仏、独、ベルギー、蘭、加大使、総領事宛第一七八一八号別FAX信一「ルワンダ難民支援（連立与党調査団の報告）」情報公開第02304号、開示請求番号2008-00685、一九九四年九月一二日。

(175) 同前。

(176) 田村重信「自衛隊のルワンダ派遣と今後の課題」『月刊自由民主』第五〇〇号、一九九四年一一月、一〇六―一一五頁。

(177) 「参議院決算委員会（第一三〇回国会閉会後）会議録第五号」一九九四年九月一六日。

(178) 村山富市著、梶本幸治、園田原三、浜谷惇編『村山富市の証言録――自社さ連立政権の実相』新生舎出版、二〇一一年、一七一頁。

(179) 「ルワンダ難民救援国際平和協力業務実施計画」一九九四年九月一三日。

(180) 「ルワンダ難民救援国際平和協力隊の設置等に関する政令」一九九四年九月一六日。

(181) 国際平和協力本部事務局「ルワンダ難民救援国際平和協力業務の実施について」(Translation of Foreign Ministry Release, "Outline of International Peace Cooperation Assignments for the Relief of Rwandan Refugees", September 13, 1994.) 情報公開第02304号、開示請求番号2008-00685、一九九四年九月一三日。前掲「ルワンダ難民救援国際平和協力業務実施計画」。

(182)村山著、梶本、園田、浜谷編、前掲『村山富市の証言録』一七二―一七三頁。
(183)Progress Report of the Secretary-General on the United Nations Assistance Mission for Rwanda, S/1994/1133, October 6, 1994.
(184)五十嵐広三『官邸の螺旋階段――市民派官房長官奮闘記』ぎょうせい、一九九七年、三一二頁。
(185)金森和行インタビュー・構成『村山富市が語る「天命」の五六一日』KKベストセラーズ、一九九六年、一一七頁。
(186)同前。
(187)神本、前掲『ルワンダ難民救援隊ザイール・ゴマの八〇日』二五五―二五六頁。
(188)陸上幕僚監部「ルワンダ難民救援隊派遣史」情報公開防官文第13892号、13189号、一九九七年七月。
(189)アフリカ第一課「ルワンダ難民救援国際平和協力業務の実施について(須藤中近東アフリカ局長による在京ザイール共和国臨時代理大使への申入れ)」情報公開第02637号、開示請求番号2008-00154、一九九四年九月一四日。
(190)同前。
(191)陸上幕僚監部、前掲「ルワンダ難民救援隊派遣史」。
(192)神本、前掲『ルワンダ難民救援隊ザイール・ゴマの八〇日』六七頁。
(193)緒方貞子著、大久保・高田亜樹訳「国連の役割――歴史的観点からの考察」、緒方貞子、半澤朝彦編『グローバル・ガヴァナンスの歴史的変容――国連と国際政治史』ミネルヴァ書房、二〇〇七年、一一頁。
(194)神本、前掲『ルワンダ難民救援隊ザイール・ゴマの八〇日』六七頁。
(195)外務大臣発在加、スウェーデン、ノルウェー、フィンランド、デンマーク大使、総領事宛第二四七八八号、前掲「我が国のPKO政策(調査訓令)」。

# 第六章　イラク人道復興支援活動の模索
## ――「非戦闘地域」と外務省

一九九〇年代、日本は国際平和協力法を成立させ、参加件数、派遣人員、拠出資金、そして任務内容など質・量の双方で人的貢献による国際協力を拡大した。それは、東西冷戦の終結により生まれた「一つの国連」の下、日本が、国連中心主義・国際協調主義外交をより積極的に展開した一〇年であった。また一方では、一九八〇年代に世界第二位の経済大国へと成長した日本が、世界の平和と安全の維持のために、資金協力だけでなく、人的貢献も求められたことへの日本なりの対応だったともいえる。

こうした対応こそが、「現行憲法の条章と、わが国民の熾烈なる平和愛好精神に照し」たうえでなお[1]、国際社会における平和維持・紛争処理に実効性ある貢献を果たすための枠組みを整備してきた歴史でもあった。アンネ・ディクソン（Anne M. Dixon）の言葉を借りれば、国連平和維持活動は、「日本が憲法第九条の制約の下で自衛隊を海外に派遣する機会を提供した」のである[2]。

だが、二一世紀の到来は、日本にポスト冷戦構造が内包する新たな難題を突き付けた。それが、二〇〇一年九月一一日の米国同時多発テロに端を発する「テロとの戦い」への参加であり、なかでもイラク戦争への貢献であった。このとき、首相の責を担った小泉純一郎は、イラク特措法の閣議決定を新法整備の発表からおよそ二週間で行う[3]。イラク戦争への貢献をめぐる日本外交の特徴はいかなるものだったのか[4]、またイラク特措法の短期立法化を小泉が実現できた理由とはいったい何だったのか[5]、先行研究の関心は主として以上の二点に注がれてきた。本章も、基本的にはこれらの指摘を首肯するが、これらに関心を集中し過ぎるあまり、一つの重大な問題が今なお残されている。どちらも、最終的には自衛隊の現地派遣に行き着く。だからこそ、派遣場所や治安状況をめぐる問題がにわかに噴出し始める。こうした現地情勢をめぐる問題は、多分に政府内の情勢認識に規定されており、その点を明らかにする作業が新たに求められるといえよう。

そもそも、テロ組織を相手とする戦いでは、停戦合意に基づき、国際協力を行うという政策手順を含むことはできない。国際平和協力法が求める参加五原則が充足されないまま、しかし「自衛隊の活動は、憲法の枠内であり、決して戦闘行為は行わず」[6]（傍線原文のまま）という従来の方針だけが維持されていく。それでは、いったいどのようにして自衛隊が「戦闘行為」に巻き込まれないよう担保するのか。そこで誕生したのが「非戦闘地域」という概念であった。これは、自衛隊派遣の可否を判断する基準となるとともに、派遣場所を選定する基準ともなった。

本章は、この「非戦闘地域」をめぐる論争を通して、外務省をはじめ、政府がそれをどのようにみていたかを捉えようとするものである。「官邸外交」[7]とも称される小泉政権のイラク派遣ではあったが、佐道明広が指摘したように、それは「重大な政治決断の場面が中心であり、官邸がすべての外交の中心であった」とは言えず、あくまで「一面の真実」に過ぎない[8]。自らを「共同請議官庁」[9]と位置付けた外務省は、イラク特措法の立案過程、自衛隊派遣場所の選定で、いったい何に苦悩し、いかなる認識に基づいて自衛隊の派遣を追求したのだろうか。そもそも、自衛隊のイラク派遣は、小泉内閣の下、外務省が現地情勢を楽観的に捉えた帰結なのだろうか。今回の資料が明らかにした限りでいえば、決してそうではなく、それでもなお外務省は自衛隊派遣を推し進めたのである。そしてイラク支援の過程で、外務省は外交官二名の犠牲を出す。

## 1　小泉内閣の外交方針――国連と外務省の位置付け

二〇〇一年三月一〇日、森喜朗首相が自民党総裁選繰上げ実施を提案、事実上の退陣表明を行った。[10] 都道府県支部連合会の持ち票を、一票から三票に増やすよう古賀誠幹事長に求めた森の戦略が功を奏し、[11] 自民党総裁選を勝ち抜いた小泉が第八七代内閣総理大臣に就任する。[12] 七八%という過去最高（当時）の内閣支持率を得た小泉は、[13] 首相就任後初の施政方針演説において、政権の旗印に「新世紀維新」、「聖域なき構造改革」を標榜する一方、新世紀の外交・安全保障政策にも触れ、国際協調を貫徹する方針を明らかにした。[14] 森前内閣から自民、公明、保守の与党三党を引き継ぎ、同年七月の参議院選挙で改選議席数六一を上回る六五議席（追加公認一）を獲得し、[15] 衆参両院で盤石な政治基盤を築いた新首相にとって、一つの重大な課題は「日米関係を機軸」[16] とする外交である。彼は、それを次のように外交全体のなかに位置付けていた。

日本が平和のうちに繁栄するためには、国際協調を貫くことが重要です。二度と国際社会から孤立し、戦火を交えるようなことがあってはなりません。日本の繁栄は、有効に機能してきた日米関係の上に成り立っております。日米同盟関係を基礎にして、中国、韓国、ロシア等の近隣諸国との友好関係を維持発展させていくことが大切であります。

……

日米関係については、日米安保体制がより有効に機能するよう努めます。……政治・安全保障問題等に関する対話や協力も強化してまいります。[17]

こうした日米同盟重視のスタンスとは対照的に、小泉は、国連協力の側面にさほど関心を示していない。たとえば、同演説で国連改革の実現を謳いながらも、[18]具体的にいかなる貢献を実施するのかについては全く触れていない。[19]加えて、国連という用語を使ったのは前記の一箇所のみで、ましてや多くの内閣で見られた国連平和維持活動は完全に影を潜めている。それらは「我が国は、国際社会を担う主要国の一つとして、二一世紀にふさわしい国際的システムの構築に主導的役割を果たしてまいります」と抽象的な表現にとどまり、[20]国連への対応に関する記述は具体的ではない。つまり、小泉の外交方針は、日米関係と近隣諸国の関係を明確にしてはいたが、日米関係と国連の関係は定かではなかったのである。

もちろん、「日米関係を機軸」とする外交は、外務省にも伝えられた。田中眞紀子元科学技術庁長官の外相就任時に、小泉は「日米基軸《ママ》、これだけです」と一言伝え、田中は「それはもう当然。同感でございます」と即答する。[21]しかしこの時期、外務省は、外交機密費流用などの不祥事が相次いだだけでなく、[22]官僚人事をめぐる田中の介入に端を発する軋轢も加わり、混乱の渦中にあった。[23]また、田中は、リチャード・アーミテージ（Richard Lee Armitage）米国務副長官との会談を当日にキャンセルするなど、[24]混乱に拍車を掛ける面も少なくなかった。薬師寺克行が指摘したように、外務省は「正常に外交ができない機能不全状態」[25]に陥っていたといえよう。

さらに、外務省の混乱だけでなく、田中の後任として外相を務めた川口順子が民間出身だったこともあり、官邸主導の外交はますます定着していく。[26]それでは、イラクに自衛隊を派遣する過程で、外務省は一貫してプレゼンスの低迷に喘いでいたのか。実は、このイラク派遣が進むに連れ、外務省は次第に息を吹き返すことになる。

## 2　前史――小泉内閣とイラク戦争

### (1)　イラク新法の検討

小泉内閣が発足し、外務省の地位が相対的低下に陥るなか、世界は衝撃的な事件を目の当たりにする。二〇〇一年九月一一日、ボストン、ダレス、ニューアークを離陸した旅客機四機が、テロリストにハイジャックされ、二機がニューヨークの世界貿易センタービルに、一機が国防総省本庁舎（通称ペンタゴン）に突撃し、残る一機はピッツバーグ近郊に墜落することになる。(27)

事件翌日の声明で「極めて卑劣かつ言語道断の暴挙」と断じた小泉は、(28)九月一九日に自衛隊による後方支援のための新法作成を検討するよう指示を出す。(29)また、一〇月八日、遂に米国がアフガニスタンに対するミサイル攻撃に踏み切ると、(30)この空爆に対しても「米国等の行動を強く支持し、可能な限りの協力を行ってまいります」とただちに談話を発表している。(31)そして、このアフガン戦争と同様に、「テロとの戦い」の一環として始まったのが、他ならぬイラク戦争であった。

それではイラク開戦に先立ち、米国政府は日本政府に対し、いかなる要請を伝えたのだろうか。二〇〇二年一〇月二三日にワシントンで開催された日米安全保障事務レベル協議の席上、長嶺安政外務省北米局参事官、飯原一樹防衛庁審議官らに対し、リチャード・ローレス（Richard P. Lawless）国防次官補代理が「ブーツ・オン・ザ・グラウンド（地上部隊の派遣を）」（括弧書き筆者）と発言し、日本が有志連合入りした場合のメニューリストを渡している。(32)このリストには次の項目が列挙されていた。

① アフガニスタン戦争と同等の支援。
② イラク戦後復興での様々な資源提供。
③ イラク戦後の治安維持への要員派遣。
④ 在日米軍基地警備の強化。
⑤ 米太平洋軍の展開に伴う役割の穴埋め。(33)

そして二週間後の二〇〇二年一一月八日、米英両政府がイラクのサダム・フセイン（Saddam Hussein al Tikrti）大統領に対し、大量破壊兵器関連施設の即時、無条件の査察受け入れを求めた決議一四四一が、国連安保理で採択される。(34)それでは、この決議採択に至る過程で、外務省はいかなる対応を行ったのか。その一例として、同年八月二七、二八日に外務省板倉公館で開かれた第一回日米戦略対話が挙げられよう。同協議の席上、竹内行夫外務次官は次の三点をアーミテージに告げた。

一、まず外交的な解決を目指し、全力を尽くすことを忘れてはならない。
一、「米国対イラク」でなく、「国際社会対イラク」の構図にする。大量破壊兵器開発の問題を国連安全保障理事会に付託し、国際社会と連携すべきだ。
一、仮に米国がイラクを攻撃してフセイン政権が崩壊した場合、中東が不安定化しかねない。穏健で民主的な国家を作る「ザ・デイ・アフター」（戦後）の青写真を考えるべきだ(35)（括弧書き原文のまま）。

竹内の提言に対し、理解を示したアーミテージは、会談直後、ホワイトハウスに竹内の意向を伝えた。(36)そして、単独攻撃も辞さないドナルド・ラムズフェルド（Donald H. Rumsfeld）国防長官ら国防総省側の意見を退け、ジョージ・W・ブッシュ（George W. Bush）大統領は国連決議の採択を目指す決意をする。[37] 確かに竹内は、イラク戦争そのものに異を唱えたわけではない。しかし、国際協調の在り方を具体的に提示することで、米国政府の行動を抑制的なものに導こうとしていたのである。

一方、官邸では、イラク戦後復興支援を見据えた新法作成がにわかに、そして水面下で進められていた。古川貞二郎官房副長官は、大森敬治官房副長官補らに「頭の体操、研究をしておいてくれ。くれぐれも外には漏らさないように」と命じ、内閣官房のプレハブで、防衛庁出身の増田好平内閣審議官らによる検討が開始されている。[38] 外務省、防衛庁を除いたこの作業チームは、次の三本柱で構成された新法の骨格を年内にまとめ上げた。すなわち、(1) イラク国民向け復興人道支援、(2) 米軍への後方支援、(3) 大量破壊兵器の処理支援、である。[39] 程度の差こそあれ、国連平和協力法案の作成でも、その直後の国際平和協力法案の作成でも、外務省は官邸の下に位置付けられ、法案作成作業に携わってきたという事実は、第二章と第三章で論じた通りである。だが、イラク新法の作成過程では、それまで以上に外務省の関与は限られていた。

もっとも、こうした官邸の法案作成では、自衛隊を戦時中に派遣する構想も浮上しなかったわけではない。第一に、イラクへの武器輸送を阻止する海上封鎖活動への参加、第二に、ペルシャ湾へのＰ３Ｃ哨戒機の派遣などである。[40] しかし、森本敏も論じたように、翌年の通常国会では、冒頭から景気対策が議論され、予算成立の目処が付くまで、新法の審議は見込めなくなっていた。[41] それに、戦闘中の米国部隊への後方支援では、国民の支持、理解を得るのが困難であるとも予想された。[42] それらの理由から、戦後復興支援が有力視されていく。[43] 竹内をはじめ、外務省は、主に米国政府の説得に努めてきたが、同省が、これまでと同程度の関与をするようになるには、イラクの戦後まで待たねばならなかった。

## (2) 開戦と体制整備――イラク問題対策本部の設置

二〇〇三年を迎えると、査察継続か、開戦かをめぐる国連安保理での議論は膠着状態に陥っていく。(44) 三月一〇日、ジャック・シラク（Jacques Chirac）仏大統領が「いかなる状況でも」米英提案の新決議採択に反対すると断言し、(45) もはや米仏対立の緩和は望めないものとなりつつあった。かねてより外務省は、フランス政府が最終的に態度を変えると見込み、小泉や川口順子外相にもそれを伝えていたが、見込み違いになってしまったのである。(46)

また、日本政府は、もう一方の当事者の説得にも歩み出していた。「安保理決議一四四一によって与えられた最後の機会に速やかに答えるべき」と唱えていた川口、(47) そして安藤裕康中東アフリカ局長が、カシム・シャーキル（Qasim A. Shakir）駐日イラク臨時代理大使の説得を試みる一方、(48) 三月三日には茂木敏充外務副大臣もタリク・アジズ（Tariq Aziz）副首相と二時間交渉したものの、結局、イラク政府は査察継続を拒否した。(49) そして三月一八日、小泉は安全保障会議を開催し、日本の対応策を協議する。小泉内閣で首相補佐官を務め、同会議に出席した岡本行夫は、小泉の決断を次のように回顧している。

　アメリカの武力行使を支持することを国民にいかに説明すべきか。いろいろな案文が小泉さんのところにあがって会議が開かれた。官僚的なペーパーを前に小泉さんは苛立った。正確には忘れたが、要するに、「役人の文章は要らん。俺は自分で考えて自分の言葉で国民に言う。そうでなければ国民は納得しない。君たちは材料だけもってこい！」と。(50)

会議直後、小泉が武力行使支持を表明したことは記憶に新しい。この意思決定過程について、二〇〇四年以降、内閣官房副長官補（安全保障・危機管理担当）としてイラク派遣を統括した柳澤協二は、「官僚が『支持』を『誘導』した形跡はない。官僚は、最後の判断を総理に委ねていた」という。(51)また、小泉内閣で首席総理秘書官を務めた飯島勲は「この会見の際の総理の発言は秘書官が用意したものではなかった。総理がじっくり一人で考えた発言であった」と述べている。(52)

官僚にも、また総理秘書官にも発言の中身を委ねないどころか、その背景も「絶対に語らない」（傍点原文のまま）小泉の決断ではあったが、(53)この頃の世論と決して無縁ではない。内閣府の調査によると、どちらかと言えば賛成の三六・五％を含めれば、六四・八％が国際テロに対する自衛隊の活動を支持している。(54)一方、どちらかと言えば反対の一〇・〇％を含めても、反対はわずか一五％に過ぎなかった。(55)そして、こうした世論の支持を考慮した決断が体制整備に結びつくまで、そう時間を要さなかった。三月二〇日の臨時閣議において、首相を本部長に任命し、全閣僚で構成するイラク問題対策本部の設置が閣議決定され、第一回会議のなかで、新法を要するイラク復興・人道支援活動の検討が決定されることになる。(56)

第一回会議の決定を受け、福田康夫内閣官房長官は、イラク人道復興支援に関する法案準備を大森に指示した。(57)そして大森は、内閣府傍の通称「有事法制室」に外務省と防衛庁を中心に十数人を集め、いよいよ本格的な法案準備に着手する。(58)二〇〇三年三月は、説得や交渉という外務省の表舞台が、治安情勢の認識という新たな局面に移り変わっていく大きな岐路にあったのだ。

## 3 「非戦闘地域」の浮揚

### (1) 戦闘終結宣言後の展開——脅威の細分化

内閣官房を中心に体制が整備されていく一方、イラク新法の動向はいまだ公にされていない。そこには少なくとも三つの理由があった。第一に、同年六月六日までに有事関連法案の成立が見込まれていたため、イラク新法の公式的な動向を見せない方針になっていたからである。(59) イラク新法をめぐり、小泉、福田、川口らの見解は、程度の違いこそあれ、国際情勢を睨みながらの検討で足並みが揃っており、(60) 水面下で今国会中の成立を目指す方針を固めていた。そして、この方針が、同月二三日の日米首脳会談を視野に入れていたことは想像に難くない。

第二に、内閣支持率の低落である。先に述べたように、「テロとの戦い」へのコミットが多数の支持を得ていたとはいえ、それが内閣支持率に結び付くとは限らない。開戦直後に行われた『日本経済新聞』の世論調査では、内閣支持率は四二％、不支持率は四一％と拮抗し、イラク攻撃支持を表明した政府の対応については、賛成が四〇％、反対が四九％と、反対が賛成を上回っていた。(61)

しかし、政府が慎重にならざるを得ない理由として、第三に、何よりもイラクの治安状況の不安定性があった。五月一〇日から一五日まで、バグダッド市内各施設の物理的被害を視察した茂木外務副大臣は「未だに治安状況には不安定さは残る」と述べ、早急な調査団派遣の検討を訴えていた。(62) また、外務省総合外交政策局安全保障政策課と中東アフリカ局中東第二課は、公共施設を対象とする略奪行為、商店や一般民家に対する強盗事件を指摘したうえで、(63) イラク現地の脅威を次のように認識していた。

……今次戦闘を通じて一般市民がイラク政府から支給された若しくはイラク軍が遺棄した小火器を入手するに至ったため、市民はこれら武器を用いて武装しており、容易に火器を用いる状況にある。また、昨年一〇月のフセイン大統領信任投票後の恩赦により一部の政治犯を除き収容されていた囚人が全員釈放されている。これらの結果、一般市民によるフラストレーションの発散としての発砲事件や自衛措置としての火器の使用のみならず、路上狙いや主要道路沿いの武装集団による襲撃事件、一般家屋への強盗事件等これらの武器を使用した犯罪は戦前と比較して増加・多発している。(64)

ブッシュの戦闘終結宣言が出され、全般的状況としては「連合軍（コアリッション）とイラク人反抗勢力との間の大規模な抗争は報道されていない」(65)（括弧書き原文のまま）状況だったものの、実際のイラクは脅威が細分化し、それが不透明性を増幅させていたのである。けれども、だからといって自衛隊を全く派遣しないことも難しかった。湾岸戦争時の経験を繰り返したくないという考えが政府内に根強くあったからである。(66)

外務省が治安の分析を重ねる一方、小泉は欧州歴訪に腰を上げた。二〇〇三年四月二六日から五月三日にかけて、小泉は、英国、スペイン、フランス、ドイツ、ギリシャを訪れ、イラク復興で国際協調を再構築するため、日本が努力することを強く訴えていた。(67)一方、五月二九日の参議院予算委員会で、小泉が「日本がアメリカとフランスが対立している調整役を買って出るようなおこがましい気持ちは全くない」と歴訪で告げたと述べたように、(68)小泉にとっての国際協調とは、まさしく秘書官の飯島が指摘した「日本のイラク問題に対する立場を説明し理解を求める」(69)ものに過ぎなかった。だが、五月二二日に国連安保理決議一四八三が採択され、米英主導の占領統治、制裁解除、石油管理、国連の人道支援関与が決定したことで、(70)イラク新法の一つの前提が構築されたことは確かであろう。

## (2) 「非戦闘地域」の模索――テロの影をめぐる対立と葛藤

イラク新法作成に意欲を示した小泉は五月二三日、ブッシュと夕食をともにしながら、テキサス州クロフォードにある彼の牧場で、イラク復興支援問題などの意見交換に入る。[71] 当初、小泉は、外務省から新法の検討を表明するよう提案されたが、「その部分は自分で考える」と拒み、自らの言葉で「国力にふさわしい貢献」をブッシュに告げた。[72] この発言にブッシュはうなずき、「目に見える協力が役立つ」とだけ注文している。[73]

小泉が六月四日に帰国すると、政府、与党は、法案で自衛隊の活動地域を「非戦闘地域」に絞り込み、自衛隊の武器使用基準見直しを行わない構えを見せるようになる。[74] 村田晃嗣が指摘したように、これらは新法固有のものではなく、憲法の制約から派生したものであった。[75] 国際基準では、任務妨害への威嚇射撃が可能だが、イラクに派遣される自衛隊員の武器使用は、緊急避難と正当防衛に限られる。[76] だが、停戦合意のない地域で初めて自衛隊が活動するわけであり、この段階で要員の安全確保は厳しい状況に陥っていた。

イラク現地での人的貢献を模索するにあたり、こうした「非戦闘地域」なる考え方が示された背景として、六月三日から一一日にかけて、内閣官房、防衛庁、外務省で構成された調査チームが、イラク現地に派遣されたことが挙げられよう。[77] 彼らが執筆した「現地調査報告」では、イラク国内の戦闘、治安状況が明瞭に区分けされている。

(1) 戦闘：
- ・米軍等による大規模な戦闘は終了。
- ・ただし、一部地域では、フセイン残党等による散発的局地的な抵抗活動あり（バグダッド西方（ラマーディ、ファッルージャ等）及び北方（ティクリート、バークバー等））。

(2) 治安：

・バグダッド西方及び北方の一部地域：治安状況は不安定。
・バグダッド市内及びバグダッド以南などの地域：治安状況は改善。
(中には多くの店舗が再開するなど市民生活が正常に戻りつつあり、治安が大幅に改善されている地域あり。)(78)(括弧書き原文のまま)。

「大規模な戦闘は終了」したとはいえ、バグダッド西方と北方の治安が不安定であるのに対し、バグダッド市内と同以南は状況が異なると調査チームは判断したわけである。この点において、不安定な治安状況、それを見極める調査団の派遣を主張した茂木の報告を、より発展させる形になったといえよう。先に論じたように、なかでも外務省は一般市民を含む脅威の細分化を憂慮していたから、慎重な判断を保ちつつ、自衛隊を派遣する際の最善策を模索していたのである。その文脈で考えれば、同年、イラクを訪問した岡本が、一方でテロリストの危険性を指摘しつつも、人員派遣の実施を主張したことも理解できるであろう。

イラクにあって治安情勢には二つの面が見られる。ひとつはテロ活動の増加であり、旧フセイン政権残党、外国人テロリスト、犯罪者等から構成されるテロリストたちの脅威は、地域により度合いは異なるが、減少する勢いを見せていない。

他方でイラク人の生活は徐々に安定してきており、略奪や一般犯罪は六月をピークに大幅に減少してきている。(79)

このような判断のうち、政府が最も比重を置いたのが、支援内容であった。六月九日の与党三党代表者が列席する与党イラク・北朝鮮問題連絡協議会と、緊急テロ対策本部の合同会議において、内閣官房安全保障担当の大森副長官補は、イラク特措法に基づく自衛隊の活動内容として、次の三つを与党三党代表者に説明している。[80] すなわち、(1) イラク国民に対する人道・復興支援活動、(2) イラク国内の治安維持活動に従事する米英などに医療・輸送・補給業務を行う安全確保支援活動、(3) フセイン政権が残したとみられる大量破壊兵器等処理支援活動、である。[81]

これらを受け、与党三党は同法案を了承し、一三日の閣議決定を目標に党内調整に入っていく。信田智人が論じたように、この手順は自民党政務調査会の議論の後回しを意味していたため、自民党内からの反発は必至であった。[82] 一〇日に自民党で開催された内閣・国防・外交合同部会と総務懇談会の席では、野中広務元幹事長、野呂田芳成元防衛庁長官、河野太郎衆議院議員らから「非戦闘地域」や手続きなどに対する否定的見解が寄せられ、了承手続きは持ち越しを余儀なくされている。[83] イラク新法の成立には、自民党内の不満や懸念を何とか収拾させねばならなかった。

結局、一二日に内閣・国防・外交合同部会が再び開催され、十分な調査と党との協議を踏まえるよう求めた決議を付けて了承されたが、[84] 今度は大量破壊兵器等処理支援活動で議論が行き詰る。法案提出を進める山崎ら党執行部に対し、野中や野呂田が反対し、大量破壊兵器処理条項の削除を迫った。[85] そこで、麻生太郎政調会長と堀内光雄総務会長が山崎を説得し、同条項の削除が決定した結果、一三日午後の総務会で法案は了承された。[86] 外務省で「我が国の外交政策上も極めて大きな意義を有するもの」と解されてきたイラク特措法は、[87] 予定通り六月一三日に閣議決定され、どうにか国会提出に漕ぎ着けたのである。[88]

こうしたイラク問題への対応をめぐって、メディアは一斉に反応した。『朝日新聞』は、「戦争の後始末への協力」とし、「非戦闘地域」の曖昧さを批判した。[89] 『毎日新聞』も、同様に「散発的な戦闘は続いている」とした。[90] それらに対し、『日本経済新聞』は、「戦闘はほぼ終わっている」とし、民主党の賛成を得て新法を成立させるよう期待を寄せた。[91] 民主党の合意を得るよう求めた点では『産経新聞』も同様だが、治安の面で不安が残ると論じた。[92] 『読売新聞』は、

「イラク戦争で米国を支持した日本の果たすべき責任」とし、事前に襲撃される事態を考えておくべきだと主張した[93]。『日本経済新聞』と『産経新聞』が期待感を示したように、与党は、自衛隊の派遣に慎重姿勢を示す民主党の賛成が得られるよう動き始めていた。たとえば、衆議院イラク復興支援・テロ防止特別委員会の中谷元自民党筆頭理事が水面下で民主党と折衝を繰り返したが、民主党の賛同を得られなかった[94]。しかも、民主、自由、共産、社会民主の野党四党は、内閣不信任決議案を七月二五日に衆議院に提出する[95]。このとき、同決議案を朗読したのが民主党代表の菅直人だった。菅は「非戦闘区域という概念を持ち込まなければ憲法との整合性がつかないから、その整合性をつけるための架空の概念として非戦闘区域という言葉を法律に盛り込んだのではありませんか」と指摘し、小泉の無責任さを強調したのである[96]。同決議案は、わずかながら審議を引き延ばしたものの、反対多数で否決に終わった[97]。結局、翌日の参議院本会議では与党三党が採決に踏み切り、イラク特措法が遂に成立する[98]。

## 4　治安情勢の動揺——外務省と防衛庁の連携

イラク特措法はようやく成立したが、イラクの治安は悪化の一途を辿っていた。八月一九日、バグダッドのキャナル・ホテルの国連事務所で爆弾テロが起こり[99]、セルジオ・デ・メロ（Sergio Vieira de Mello）国連事務総長イラク特別代表以下二二名が命を落とし、一五〇名以上が重軽傷を負った[100]。国連本部政治局政務官として、イラク問題を担当した川端清隆に言わせれば、「文民の犠牲者の数としては、国連史上最悪」の事件であった[101]。事件後、外務省の中東第二課は「イラクにおける治安情勢は十分に注意を要する状況が継続している。米軍に対する攻撃が連日続いている状況に加え、……治安の悪化が懸念される」との警告を発し[102]、次の三つの傾向があると分析していた。

① 一九日のバグダッドでの国連事務所の爆破事件に象徴されるように、襲撃の標的が米国兵士等から武装していない文民やパイプライン、バグダッドの水道管等のインフラ設備等いわゆるソフト・ターゲットに移行。
② イラク人による騒擾事件が発生している。
③ 地域的に事件の発生地域がバスラやイラク北部にも拡大してきている。[103]

事件発生前の七月二五日時点で、中東第二課は「クルド地域（ドホーク、エルビル、スレイマニア）を除くバグダッド北部、中部及び西部はフセイン政権残党による散発的・局地的な抵抗活動が見られ治安状況は不安定。バグダッド及びその近郊でも米兵等に対する攻撃が相次いでいる」との認識を示していたから、[104]その点で先の事件後の認識と大差はない。一方、次のくだりで「バグダッド以南では、アマラ付近での英兵死亡等、散発的な事件は起きているものの、現地警察と米軍等の協力により治安状況は安定。中には、多くの店舗が再開する等市民生活が正常に戻りつつあり、治安が大幅に改善されている地域もある」とされていたが、[105]この部分が先の事件後の文書からは削除され、[106]代わって三つの傾向が列挙されたのである。事件が発生したのは、あくまでバグダッドであり、コミットメントを政府が想定した「バグダッド以南」ではない。にもかかわらず、安定の傾向を見せ始めていた南部の記述をわざわざ削除し、その他の主要事件を列挙していることから、[107]外務省が治安の流動性と襲撃の「ソフト・ターゲット化」をいかに憂慮していたかが窺い知れよう。

この後も、バグダッドや北部ではテロが相次いでおり、九月、一〇月以降、外務省はほぼ同様の脅威を認識していた。[108]そうした状況下で、奥克彦在英大使館参事官と岡本は、陸上自衛隊の派遣先を検討する。岡本は「三十数カ国が名乗りを上げる中で日本は腰をあげない。僕と奥はあせりました」と当時の心境を吐露し、[109]次のように検討過程を述べる。「僕と奥は、南部にも行きました。サマワも二、三度訪れ、ここなら自衛隊が来ても安全なところだと二人で一致しました」[110]。そして福田は、九月一四日に外務省、防衛庁・自衛隊などで構成され、内閣官房の増田を団長とする政府調査団派遣に踏み切るのだが、当初は八月中の派遣が検討されていた[111]。けれども、九月二〇日に自民党総裁選を控え、あまりにも早期に派遣し、調査団に被害が出れば自衛隊派遣が選挙の争点となってしまい、小泉再選の妨げにもなりかねない[112]。小泉再選後、ようやく増田は、奥や岡本と同様の判断を小泉に伝えたのであった[113]。

外務省と官邸が派遣先を探し求めるなか、国連安保理では、新決議で治安の悪化に対処しようとする動きが生じてきた。そこで国際連合日本政府代表部は、国連安保理理事国の説得に奔走し、なかでもODA約二〇〇〇億円を行っていたシリアに働き掛け[114]、一〇月一六日に国連による復興支援強化、国連指揮下の多国籍軍派遣を規定する決議一五一一が全会一致で採択される[115]。一連の決議について、外務省が開示した文書では「国連安保理決議（一四八三、一五一一）は加盟国にイラクの復興支援を要請」（括弧書き、傍線原文のまま）し、「多くの国が復興・安定化努力に参加。そのうち三八か国が軍隊を派遣」しているという点に、自衛隊派遣の大義を見出していた[116]。この点は、文言こそ異なるものの、後の臨時閣議に向けて外務省で作成された文書でも同様であった[117]。つまり、国連安保理決議の要請、他国の参加状況という国際協調のなかに、相次ぐテロへの対応を位置付け、その一環としての自衛隊の参加こそが望ましいと判断されていたのである。

だが、一一月以降、南部もテロの例外ではなくなっていた。一一月一二日には、後に陸上自衛隊派遣予定地となるサマーワから約一〇〇キロに位置するナーシリーヤ（図6-1）のイタリア軍警察本部前で自動車爆弾テロが発生し、イタリア人警察官と軍兵士、イラク人の合計二六名が犠牲になっている[118]。そして同月二九日、米軍主催の北部イラク復興支援会議に出席するため、北部のティクリートに四輪駆動車で向かう途中、奥、井ノ上正盛在イラク大使館三等書記官が銃殺される[119]。外務省内で指摘された「主要道路沿いの武装集団による襲撃事件」が日本人「ソフト・ターゲット」の身にも起こったのである。

図6−1　イラク南部における各国部隊の展開状況

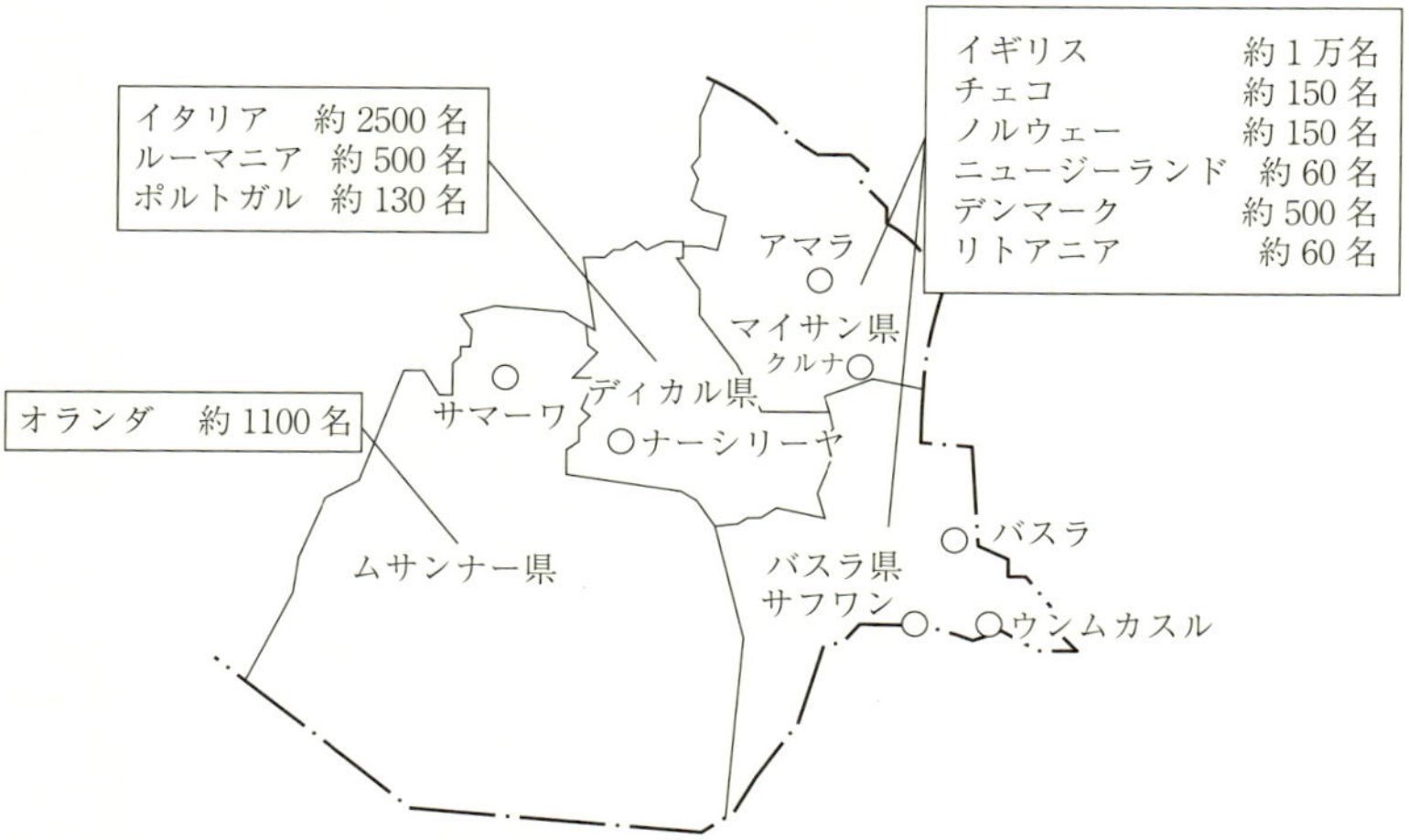


出所：「各国軍の展開状況」情報公開第 00700 号、開示請求番号 2008-00690、日付不明。

イラクの治安悪化に伴う二名の犠牲者発生後、内政は新たな展開を迎えることになる。イラク特措法第九条は、内閣総理大臣および、防衛庁長官に要員の安全確保に配慮するよう規定したという点で、過去に前例のないものであった[120]。石破茂防衛庁長官によれば、当時の陸上自衛隊指揮官は番匠幸一郎一等陸佐であり、彼が認めるまで派遣命令を下さなかったという[121]。石破は「『私が大丈夫だ』というまでは派遣しないで下さい」と小泉に要請し、小泉はそれに同意していた[122]。

そして一二月九日、自衛隊イラク派遣の基本計画が閣議決定されると、一八日に石破は防衛庁が策定した実施要項を小泉に報告し、承認を得た[123]。ただし、この実施要項は派遣開始日を具体的に決定せず、「平成一五年一二月二八日以降において……防衛庁長官が命じた日から平成一六年一二月一四日までの間」とのみ規定し[124]、柔軟に派遣日を決定できるよう考慮されている。また、陸上自衛隊が対応措置を実施する区域、すなわち「非戦闘地域」を以下のように指定する。

○　イラク南東部ムサンナー県（サマーワ市を中心として活動）。

○　クウェート国に所在する人員の乗降地、物品の積卸し・調達地、連絡調整を行う隊員の駐在地。
○　バグダッドの連合軍司令部施設（情報収集及び連絡調整を行う隊員が駐在）など[125]（括弧書き原文のまま）。

これらの文言には一つの矛盾が見え隠れしている。すなわち、当該地域を「非戦闘地域」とするなら、自衛隊派遣日を何も長期的に考える必要はない。そもそも、「非戦闘地域」の根拠について、小泉は「戦闘が行われていないということ、だからこそ非戦闘地域である」[126]としており、戦闘が皆無という状況であれば、そうした様子見を行う必然性は自然消滅するわけである。ところが、陸上自衛隊に派遣命令が下るのは二〇〇四年一月二六日のことであり[127]、実施要項が最初に掲げた日からおよそ一ヵ月を要していた。それでは、なぜこれほどの日数が必要だったのだろうか。

第一の理由として、サマーワを含む、イラク南東部の治安状況が挙げられる。外務省内では、二〇〇三年一〇月以降、住民の暴徒化、外国部隊に対する銃撃がサマーワで頻発していた点が確認されている[128]。また同時期、同地域に派遣された防衛庁の専門調査チームも、イラク南東部地域全般の治安情勢を次のように見ていた。「イラク南東部は、連合軍に好意的で比較的安定した地域であるが、襲撃等の可能性は存在。フセイン政権残党は南東部に浸透しようとしているとの見方もある」[129]。また、このような見方を示していたのは、現地での協力を要請した米国側も同様であった。たとえば、リチャード・マイヤーズ（Richard B. Myers）米統合参謀本部議長も「イラクでの活動に危険が伴わないことはない。どの地域にいるかということは重要ではない」と在日米国大使館で発言している[130]。個々の事件の規模、頻度の問題は別として、少なくとも小泉の主張する「非戦闘地域」、すなわち「戦闘が行われていない」地域という概念は、派遣地域の選定基準としては有用性に乏しく、外務省も防衛庁も、引き続き状況を注視せざるを得なかったのである。

第二の理由は、内閣官房を中心とした外務省と防衛庁の連携である[131]。そもそも「イラク人道復興支援措置法に基づく対応措置に関する基本計画」では、自衛隊が行う活動の中身として、医療、給水、学校等の公共施設の復旧・整備、人道復興関連物資等の輸送が掲げられている。[132] しかし、サマーワの人々は、人道復興支援だけでなく、雇用の創出などを含む経済支援も期待しており、[133] その期待に応えようとするなら自衛隊の能力を補う政策が必要であった。[134] たとえば、内閣官房においては、人道復興支援とＯＤＡの連携を「車の両輪」になぞらえて理解されていた。[135] だからこそ、イラク派遣直前になって、外務省と防衛庁の連携が急浮上したのであり、外務省も次のような方針を決定していた。

(1) イラクへの陸上自衛隊部隊の派遣に向けて、外務省としても安全対策に配慮しつつ可能な限り支援を行う方針。

(2) その一環として、先遣隊の派遣（一月中旬）前から、サマーワにアラビストを含む外務省員を然るべく派遣し、自衛隊員の受け入れ調整を行うことを検討中。

(3) また、外務省として、サマーワ周辺における経済協力の実施や地元有力者の招聘等……、外務省所管の事業についても積極的に貢献しており、派遣される外務省員はこれらの事務を行うことを想定している[136]（括弧書き原文のまま）。

最初の方針が示唆するように、既に外交官二名の犠牲を払った外務省にとって、いかにして派遣職員の安全を確保するかは重要な課題であった。そこで外務省は、防衛庁側に要望を伝え、職員の安全確保の大部分を自衛隊に委ねる方針を選択したのである。[137] 具体的には、(1) 自衛隊宿舎等の利用、(2) 車両及び警護の提供、(3) 通信手段、(4) プレス対策・邦人保護、(5) 来訪者に対する便宜供与、(6) 情報提供等、(7) その他（役割分担等の覚書作成）、の七項目を要望していた。[138] 彼らは、自分たちが文民であると十分に自覚したうえで、現地で孤立しかねない状況に強い危惧の念を抱いていたわけである。このような外務省の不安感に対し、内閣官房は、次のように経済協力の在り方を定めている。

何よりも、現地の状況・必要性に応じた対応をすることが重要。サマーワに派遣される外務省員の主たる任務は、自衛隊の任務遂行の円滑化であるが、その一環として、経済協力の実施に関し、安全の確保を前提とした上で必要な業務を行う。

その際の外務省職員の安全確保については、基本的に自衛隊と一緒に行動をすることにより確保する……こととし、安全確保上困難な任務は行わない。[139]

同様に、防衛庁も、両省庁間で交わされた「覚書」において、外務省側の全要望に理解を示し、受け入れている。[140]ただし、不測の事態においては、安全確保の観点から、部隊の長の指示に従うよう規定された。[141]先行研究のなかには、防衛庁が何よりも隊員の安全確保を重視し、外務省が自衛隊の協力の成功、将来のイラクと日本の二国間関係を意識した援助の実施を重視したと二分法的に解するものもあるが、[142]実は外務省も職員の安全を一義的なものと捉え、むしろそれを防衛庁に求めたのである。したがって、外務省は、治安情勢の悪化と襲撃の「ソフト・ターゲット化」に対する職員の安全を確保するという最優先課題に対処しながら、これまでの国際平和協力法の枠組みとは異なる自衛隊による「実績積上げ」の基盤も整えていたのである。

このような道のりを経て、二〇〇四年一月九日に陸上自衛隊はサマーワ入りし、給水、医療支援、公共施設の復旧・整備など人道復興支援活動に従事した。[143]その他にも、現地企業を通じた復旧整備の実施や、サマーワ宿営地維持のための現地住民の雇用などによって、延べ約四九万人、一日最大約一一〇〇人の現地雇用を創出するという成果も挙げた。[144]

だが、自衛隊派遣後に浮き彫りとなった問題も見逃してはならない。先遣隊長に任命され、後に第一次復興業務支援隊長も務めた佐藤正久によれば、飲料水も必要ではあったが、現地のニーズが最も高かったのはユーフラテス川から豊富に流れる水ではなく、むしろイラクの猛暑を凌ぐ電力であった(145)。しかも、サマーワの総人口の四分の三は農民であり、塩害への対応、灌漑用水の確保など農業関係の要望が尽きず、主として三つに限られた世界第二位の経済大国による人的貢献は、「現地のニーズとも、必ずしも一致していなかった」(146)。佐藤は、サマーワ市民の「過大な期待」が萎み、失望と反感を招く事態を最も危惧していたが、その予感は皮肉にも的中し、遂には自衛隊の帰国と民間企業の派遣を求める声まで彼の耳に届き、メディアに騒がれないよう隠し通さざるを得なくなってしまったのである(147)。

それに、「非戦闘地域」に指定されたサマーワの自衛隊宿営地、およびその周辺も、ロケット弾や迫撃砲などの攻撃から無縁たりえず、二〇〇六年七月に陸上自衛隊の全活動が終了するまで少なくとも一四件の事案が確認されている(148)。それらの他にも、銃撃戦に象徴されるサマーワの急速な治安悪化は、報道陣の多くが退避、あるいは宿営地で保護されるほどであった(149)。支援内容、安全確保のいずれにおいても、根本的な課題を露呈したまま、イラクでの停戦合意なき「実績積上げ」は終わりを迎えたのである。

## 5　外務省の苦悩——治安情勢と「ソフト・ターゲット化」

小泉内閣の時代、人的貢献は従来の国際平和協力の枠を越え、「テロとの戦い」という新たな展開を迎えた。その発端は九・一一に求められ、自衛隊を派遣するか否かではなく、いつ、どこに自衛隊の派遣を求めるかが喫緊の課題として捉えられた。イラク戦争の緊張がより一層高まるにつれ、小泉内閣の決意のほどが問われていた。

本章で論じたように、政府は、湾岸危機時の経験を繰り返したくないという意図を有していたものの、その一方で米国政府の単独行動を抑制、統制しようとも試みた。小泉内閣発足当初、相次ぐ不祥事、官僚人事の帰結として、プレゼンスの低迷に喘いだ外務省の対応は、国際協調に立脚しながら、米国政府には自制を、イラク政府には査察継続を直接交渉で迫るというイラク問題をめぐる対立の構図を緩和しようと試みるものだった。だが、米仏対立の固定化、イラク政府の査察継続拒否によって緊張緩和外交が不調に終わっただけでなく、防衛庁同様、官邸の戦後復興支援を対象とした新法作成から除外されてしまう。それに小泉が、新決議抜きの米国の武力行使を支持し、もはや外務省の官邸との距離は縮まるどころか、遠のくばかりだった。外務省の影響力は、省内外で著しく侵食されていたのである。

ただし、小泉の支持表明は、自衛隊派遣をめぐる検討の本格的開始であるとともに、外務省の関与の「復興」をも意味した。水面下の緊張緩和外交に限定された外務省の役割が、これまでの情勢分析へと回帰したからである。けれども、ブッシュの戦闘終結宣言直後に観察されたテロを含む脅威の細分化は、安全保障政策課と中東第二課の分析が、従来までのテロリストに加え、一般市民までもが脅威の担い手になっている点を指摘したように、外務省にとって、絶えず頭の痛い懸案事項であり続けた。イラクに自衛隊を派遣しながらも、テロリストの存在、脅威の細分化によって生じた不透明さにいかに対応していくのか、この点を明らかにする必要に外務省をはじめ、政府は迫られていた。

外務省の判断に基づくなら、クルド地域の一部を除くバグダッド北部、中部、西部は依然として不安定であり、その点ではバグダッドやその近郊も大差はない。二〇〇三年八月の国連事務所爆破事件が発生する以前より、外務省の警戒感はバグダッド市内にも向けられていたから、地理的観点からすれば、同事件は想定の範囲内でもあった。だが、同事件で襲撃が文民などの「ソフト・ターゲットに移行」する状況が確認され[150]、これまで脅威を「地域」で区別する視点で捉えていた外務省は、新たに「ソフト・ターゲット化」も深刻に受け止めざるを得なくなっていたのである。

こうしたイラクにおける脅威の細分化、「ソフト・ターゲット化」に対する脅威認識は、奥と岡村が派遣先としてサマーワを「発見」し、小泉内閣で同地域が「非戦闘地域」と認知された後もほとんど揺るがなかった。サマーワを含むイラク南東部での住民の暴徒化、外国部隊に対する銃撃を確認していた点を想起すると、その他の小規模勢力に対する認識が伴わなかったこれまでの経験と異なり、停戦合意なきイラク派遣では、皮肉にも脅威の細分化や「ソフト・ターゲット化」を通じて現実との落差が比較的改善されていたともいえよう。

だが、イラク北部で日本人外交官二名の犠牲を出し、南部の治安の流動性が顕在化するほど、いったいどのように文民である職員の活動に安全性を伴わせるのかが、喫緊の課題として浮上するようになる。外務省は、防衛庁・自衛隊に職員の安全確保を委ね、その要請を防衛庁が受け入れたため、文民の活動をめぐる外務省の不安感の増幅は何とか免れたものの、この両省庁の連携にはより深い意味がある。そもそも「実績積上げ」の観点からすれば、九〇年代にその中核を担い、自己完結性に優れる自衛隊の犠牲者発生も何としても避けねばならない。それゆえ、外務省のみならず、政府全体として、これまで派遣場所に神経を尖らせてきたはずである。しかし、たとえ外務省職員の安全が確保されようとも、自衛隊に安全対策を求めるほど、必然的に自衛隊の犠牲者発生というリスクが高くなる。外務省と防衛庁・自衛隊の連携は、自衛隊による「実績積上げ」の途絶という危険性の「減退」たりえず、むしろ「移行」の意味合いを秘めたものでもあったのである。

竹下内閣以降、国際的な選挙監視活動、国連平和維持活動、「人道的な国際救援活動」と一巡を果たした日本の人的貢献の営みは、新世紀を迎え、遂に「対テロ戦争」の次元にまで及んだ。派遣先における停戦合意の状態に囚われない派遣方式として、小泉内閣は新たな歴史を刻んだのである。官邸主導と称される小泉内閣の時代、一度は影響力の低迷に陥った外務省ではあったが、これまでとは異なる将来的な「実績積上げ」の起点をも結果的に確立していたのであった。

注

（1）前掲「第一九回国会参議院会議録第五七号」。

（2）Anne M. Dixon, "Can Eagles and Cranes Flock Together? U.S. and Japanese Approaches to Multilateral Security After the Cold War", Michael J. Green and Patrick M. Cronin, eds., *The U.S.-Japan Alliance: Past, Present, amd Future*, New York: Council on Foreign Relations Press, 1999, p. 139.（神保謙訳「鷲と鶴は一緒に飛べるか？――冷戦後の多国間安全保障への対応」、川上高司監訳『日米同盟――米国の戦略』勁草書房、一九九九年、六七頁）。

（3）信田、前掲『冷戦後の日本外交』九四頁。

（4）イラク戦争をめぐる日本外交を、日米関係、対米協調の視点で論じたものとして、Yasuaki Chijiwa, "Insights into Japan-U.S. Relations on the Eve of the Iraq War: Dilemmas over 'Showing the Flag'", *Asian Survey*, Vol. 45, No. 6, November/December 2005. 千々和泰明「イラク戦争に至る日米関係――二レベルゲームの視座」『日本政治研究』第四巻第一号、二〇〇七年一月。斎藤直樹「イラク復興支援への自衛隊派遣に関する一考察」『二一世紀社会デザイン研究』第三号、二〇〇四年。佐々木芳隆「アメリカの世界戦略を補完する日本――親米派と自主・野心派の同床異夢」、寺島実郎、小杉泰、藤原帰一編『「イラク戦争」検証と展望』岩波書店、二〇〇三年。樋渡展洋「政治転回・小泉政権の意味――『失われた一〇年』との断絶、『失われた一〇年』以降の端緒」、東京大学社会科学研究所編『「失われた一〇年」を超えて［Ⅱ］――小泉改革への時代』東京大学出版会、二〇〇六年。丸楠恭一「小泉政権の対応外交」、櫻田大造、伊藤剛編『比較外交政策――イラク戦争への対応外交』明石書店、二〇〇四年。村田良平「イラク戦争への日本の対応」、木村汎、朱建栄編『イラク戦争の衝撃――変わる米・欧・中・ロ関係と日本』勉誠出版、二〇〇三年、などがある。

（5）その理由を、小泉の官邸主導に着目して論じたものとして、Tomohito Shinoda, *Koizumi Diplomacy: Japan's Kantei Approach to Foreign and Defense affairs*, Seattle: University of Washington Press, 2007. Tomohito Shinoda, "Japan's Top-Down Policy Process to Dispatch the SDF to Iraq", *Japanese Journal of Political Science*, Vol. 7, No. 1, 2005. 信田智人『官邸外交――政治リーダーシップの行方』朝日新聞社、二〇〇四年。同、前掲『冷戦後の日本外交』、などがある。

（6）「イラクへの復興支援に関する説明ポイント（案）」情報公開第01730号、開示請求番号2011-00141、日付不明。

（7）信田、前掲『官邸外交』。

（8）佐道明広「小泉純一郎――戦略なき外交の決断と実行」、佐道、小宮、服部編、前掲『人物で読む現代日本外交史』三三一―三三二頁。

（9）「『イラクにおける人道・復興支援活動等の実施に関する特別措置法案』及び『平成一三年九月一一日のアメリカ合衆国において発生したテロリストによる攻撃等に対応して行われる国際連合憲章の目的達成のための諸外国の活動に対して我が国が実施する措置及び関連する国際連合決議等に基づく人道的措置に関する特別措置法の一部を改正する法律案』について（平成一五年六月一三日（金）閣議外務大臣発言要旨）」情報公開第01730号、開示請求番号2011-00141、日付不明。

（10）『朝日新聞』二〇〇一年三月一一日。

（11）五百旗頭真、伊藤元重、薬師寺克行編『森喜朗――自民党と政権交代』朝日新聞社、二〇〇七年、二七六頁。

（12）倉重篤郎『小泉政権・一九八〇日』上巻、行研、二〇一三年、三二―三三頁。

（13）『朝日新聞』二〇〇一年四月三〇日。

（14）「第一五一回国会における所信表明演説」二〇〇一年五月七日、内閣官房『小泉内閣総理大臣演説集』二〇〇九年。「第一五一回国会衆議院会議録第二七号」『官報号外』二〇〇一年五月七日。「第一五一回国会参議院会議録第二一号」『官報号外』二〇〇一年五月七日。

（15）飯島勲『小泉官邸秘録』日本経済新聞社、二〇〇六年、四七頁。

（16）「総理大臣就任に当たっての談話」二〇〇一年四月二六日、内閣官房、前掲『小泉内閣総理大臣演説集』。

（17）前掲「第一五一回国会衆議院会議録第二七号」。

（18）同前。

（19）カンボジアを例示し、国連平和維持活動参加を訴えた宮澤（第三章）との対照性を想起せよ。

（20）前掲「第一五一回国会衆議院会議録第二七号」。

（21）読売新聞政治部『外交を喧嘩にした男――小泉外交二〇〇〇日の真実』新潮社、二〇〇六年、一一二頁。

（22）当時、駐米大使を務めていた柳井は次のように振り返る。「省職員の不祥事については、小さな問題は過去にもいくつかあって私も処分をしたこともあります。しかし、まさか松尾克俊君（元要人外国訪問支援室長）とか浅川明男君（元欧州局西欧一課課長補佐）とかいう人たちがやったような、ああいう規模の不祥事があったとは知らなかった」（括弧書き原文のまま）。五百旗頭、伊藤、薬師寺、前掲『外交激変』二四〇―二四一頁。

（23）内山融『小泉政権――「パトスの首相」は何を変えたのか』中央公論新社、二〇〇七年、一一三―一一四頁。

（24）読売新聞政治部、前掲『外交を喧嘩にした男』一一四頁。

（25）薬師寺克行『外務省――外交力強化への道』岩波書店、二〇〇三年、一〇三頁。

(26) 村田晃嗣「日米関係の新展開――小泉＝ブッシュ時代の遺産と課題」『国際問題』第五五八号、二〇〇七年一・二月、一九頁。
(27) 板垣雄三「『対テロ戦争』とイスラム世界」、板垣雄三編『「対テロ戦争」とイスラム世界』岩波書店、二〇〇二年、i頁。
(28) 「米国における同時多発テロ事件についての声明」二〇〇一年九月一二日、内閣官房、前掲『小泉内閣総理大臣演説集』。
(29) 『朝日新聞』二〇〇一年九月一九日。
(30) 『朝日新聞』二〇〇一年一〇月八日。
(31) 「緊急テロ対策本部会議における緊急対応措置についての談話」二〇〇一年一〇月八日、内閣官房、前掲『小泉内閣総理大臣演説集』。
(32) なお、このよく知られたフレーズは、開戦後、アーミテージが最初に発したものと解されているが、既に開戦以前から日本に届けられていた。朝日新聞「自衛隊五〇年」取材班『自衛隊――知られざる変容』朝日新聞社、二〇〇五年、七〇頁。
(33) 同前、七一頁。
(34) United Nations Security Council Resolution 1441, S/RES/1441, November 8, 2002.
(35) 読売新聞政治部、前掲『外交を喧嘩にした男』一五二―一五三頁。
(36) 同前、一五三頁。
(37) 同前。
(38) 同前、一五五頁。
(39) 同前、一五五―一五六頁。
(40) 同前、一五六頁。
(41) 森本敏編『イラク戦争と自衛隊派遣』東洋経済新報社、二〇〇四年、二六一頁。
(42) 同前。
(43) 同前。
(44) 大量破壊兵器の有無、およびその査察をめぐる当時の政治状況を回顧したものとして、Hans Blix, *Disarming Iraq*, New York: Pantheon Books, 2004.（伊藤真訳、納屋政嗣監修『イラク大量破壊兵器査察の真実』ＤＨＣ、二〇〇四年）。
(45) James Mann, *Rise of the Vulcans: The History of Bush's War Cabinet*, New York: Viking, 2004, p. 356.（渡辺昭夫監訳『ウルカヌスの群像――ブッシュ政権とイラク戦争』共同通信社、二〇〇四年、五〇六頁）。
(46) 薬師寺、前掲『外務省』四四頁。

(47) 川口外務大臣談話「米国によるイラク問題に関する情報の提示について」情報公開第01313号、開示請求番号2012-00789、二〇〇三年二月六日。
(48) 安藤裕康「日本の復興支援は中東地域の平和と安定に向けて」『外交フォーラム』第一八〇号、二〇〇三年七月、二二頁。
(49) 同前。読売新聞政治部、前掲『外交を喧嘩にした男』一五八頁。
(50) 岡本行夫「インド洋からナイルを経てイラクの復興支援へ」『外交フォーラム』第一八〇号、二〇〇三年七月、一四頁。なお、古川も「打ち合わせの時、総理は『発表文案はいらない。材料をくれ』と厳しい顔で言われた。内外、特に国民にどう説明するか。緊迫した中での真剣な表情と目の光りは忘れがたい」と同会議を振り返っている。古川貞二郎『霞が関半生記――五人の総理を支えて』佐賀新聞社、二〇〇五年、二二三頁。
(51) 柳澤協二『検証 官邸のイラク戦争――元防衛官僚による批判と自省』岩波書店、二〇一三年、六七頁。
(52) 飯島、前掲『小泉官邸秘録』一七二頁。
(53) さらに、柳澤は「私も、総理とこの点について直接話をしたことはない」とも述べている。柳澤、前掲『検証 官邸のイラク戦争』六六頁。
(54) 内閣府大臣官房政府広報室「自衛隊・防衛問題に関する世論調査――平成一五年一月調査」二〇〇三年、三六頁。
(55) 同前。
(56) Shinoda, *Koizumi Diplomacy*, p. 115.
(57) *Ibid*, p. 115–116.
(58) *Ibid*, p. 116.
(59) 信田智人『日米同盟というリアリズム』千倉書房、二〇〇七年、二〇二頁。
(60) 同前。
(61) 『日本経済新聞』二〇〇三年三月二一日。
(62) 茂木外務副大臣「茂木副大臣のイラク訪問（概要と所感）」情報公開第00700号、開示請求番号2008-00690、日付不明。
(63) 安全保障政策課、中東第二課「イラクにおける治安状況について」情報公開第00249号、開示請求番号2011-00738、二〇〇三年五月二二日。
(64) 同前。
(65) 同前。

(66) 大嶽秀夫『小泉純一郎ポピュリズムの研究――その戦略と手法』東洋経済新報社、二〇〇六年、一六四頁。佐々木、前掲「アメリカの世界戦略を補完する日本」二一四―二一五頁。
(67) 飯島勲『実録小泉外交』日本経済新聞出版社、二〇〇七年、一三六頁。『朝日新聞』二〇〇三年五月一日。
(68) 「第一五六回国会参議院予算委員会会議録第一八号」二〇〇三年五月二九日。
(69) 飯島、前掲『実録小泉外交』一三六頁。
(70) United Nations Security Council Resolution 1483, S/RES/1483, May 22, 2003.
(71) 飯島、前掲『実録小泉外交』一四一―一四三、三二三頁。
(72) 読売新聞政治部、前掲『外交を喧嘩にした男』一六八頁。
(73) 同前。なお、その後の会見の内容については、「小泉総理とブッシュ大統領の共同ぶらさがり」二〇〇三年五月二三日、内閣官房、前掲『小泉内閣総理大臣演説集』に詳しい。
(74) 『読売新聞』二〇〇三年六月四日。
(75) 村田晃嗣「イラク戦争後の日米関係」『国際問題』第五二八号、二〇〇四年三月、三三頁。
(76) 森本編、前掲『イラク戦争と自衛隊派遣』二七五頁。
(77) 内閣官房、防衛庁、外務省「現地調査報告」情報公開第00700号、開示請求番号2008-00690、日付不明。
(78) 同前。
(79) 岡本総理大臣補佐官「岡本内閣総理大臣補佐官のイラク出張」情報公開防官文第2273号、日付不明。
(80) 信田、前掲『官邸外交』一〇六頁。
(81) 同前。
(82) これ以前にも、既に内閣官房主導で法案準備が進展していた。たとえば、有事関連法成立後の翌六月七日、小泉、福田は、与党三党幹事長で会談を行い、国会会期中にイラク新法を提出する旨を正式に伝えている。さらに、イラク新法の四年間の時限立法化、テロ特措法を二年間延長する法案の提出も合意に至った。同前。
(83) 『日本経済新聞』二〇〇三年六月一一日。『毎日新聞』二〇〇三年六月一一日。
(84) 『日本経済新聞』二〇〇三年六月一二日夕刊。
(85) 『毎日新聞』二〇〇三年六月一三日。
(86) 『朝日新聞』二〇〇三年六月一四日。

(87) 前掲「『イラクにおける人道・復興支援活動等の実施に関する特別措置法案』及び『平成一三年九月一一日のアメリカ合衆国において発生したテロリストによる攻撃等に対応して行われる国際連合憲章の目的達成のための諸外国の活動に対して我が国が実施する措置及び関連する国際連合決議等に基づく人道的措置に関する特別措置法の一部を改正する法律案』について（平成一五年六月一三日（金）閣議外務大臣発言要旨）」。
(88) 信田、前掲『日米同盟というリアリズム』二〇三頁。
(89)『朝日新聞』二〇〇三年六月一五日。
(90)『毎日新聞』二〇〇三年六月一四日。
(91)『日本経済新聞』二〇〇三年六月一〇日。
(92)『産経新聞』二〇〇三年六月一一日。
(93)『読売新聞』二〇〇三年六月一四日。
(94) 信田、前掲『官邸外交』一〇〇頁。
(95)「第一五六回国会衆議院会議録第四七号」『官報号外』二〇〇三年七月二五日。
(96) 同前。
(97) 同前。
(98)「第一五六回国会参議院会議録第四五号」『官報号外』二〇〇三年七月二六日。
(99) Statement by the President of the Security Council, S/PRST/2003/13, August 20, 2003. 4811th Meeting, S/PV.4811, August 20, 2003.
(100) 川端清隆『イラク危機はなぜ防げなかったのか――国連外交の六〇〇日』岩波書店、二〇〇七年、九三頁。
(101) 同前。
(102) 外務省中東第二課「最近のイラク情勢について」情報公開第00249号、開示請求番号2011-00738、二〇〇三年八月二七日。
(103) 同前。
(104) 外務省中東第二課「最近のイラク情勢について」情報公開第00249号、開示請求番号2011-00738、二〇〇三年七月二五日。
(105) 同前。
(106) 外務省、前掲「最近のイラク情勢について」二〇〇三年八月二七日。
(107) 同前。

(108) 外務省中東第二課「最近のイラク情勢について」情報公開第00249号、開示請求番号2011-00738、二〇〇三年九月一六日。外務省中東第二課「最近のイラク情勢について」情報公開第00249号、開示請求番号2011-00738、二〇〇三年一〇月二九日。
(109) 五百旗頭真、伊藤元重、薬師寺克行編『岡本行夫――現場主義を貫いた外交官』朝日新聞出版、二〇〇八年、三一一頁。
(110) 同前、三一二頁。
(111) 読売新聞政治部、前掲『外交を喧嘩にした男』一七二-一七三頁。
(112) 同前、一七一-一七二頁。
(113) 同前、一七三-一七四頁。
(114) 信田、前掲『日米同盟というリアリズム』二〇六頁。
(115) United Nations Security Council Resolution 1511, S/RES/1511, October 16, 2003.
(116) 前掲「イラクへの復興支援に関する説明ポイント（案）」。
(117) 「イラク人道復興支援特措法に基づく対応措置の実施及び対応措置に関する基本計画について（平成一五年一二月九日（火）臨時閣議外務大臣発言要旨）」情報公開第01730号、開示請求番号2011-00141、日付不明。
(118) 外務省中東第二課「最近のイラク情勢について」情報公開第00249号、開示請求番号2011-00738、二〇〇三年一一月二七日。
(119) 岡本行夫『砂漠の戦争――イラクを駆け抜けた友、奥克彦へ』文藝春秋、二〇〇四年、三九頁。
(120) 石破茂防衛庁長官へのインタビュー、二〇〇六年四月六日。
(121) 同前。
(122) 同前。
(123) 安全保障政策課「イラクへの自衛隊派遣（実施要項の概要）」情報公開第00700号、開示請求番号2008-00690、二〇〇三年一二月一八日。森本編、前掲『イラク戦争と自衛隊派遣』二八四-二八五頁。
(124) 「イラク人道復興支援特措法における実施要項の概要」情報公開第00700号、開示請求番号2008-00690、二〇〇三年一二月一八日。
(125) 同前。
(126) 「第一六一回国会国家基本政策委員会合同審査会会議録第二号」二〇〇四年一一月一〇日。
(127) 森本編、前掲『イラク戦争と自衛隊派遣』二八四-二八五頁。
(128) 「サマーワにおける主要な治安事件」情報公開第00700号、開示請求番号2008-00690、日付不明。
(129) 「専門調査チームの調査概要について」情報公開防官文第2273号、日付不明。

(130) マイヤーズ自身も南部を比較的安定していると理解していたが、旧フセイン政権の残党、および外国のイスラム聖戦戦士の存在に警戒感を示していた。それゆえに、自衛隊派遣に関して、彼は「大変な危険を伴う」とも述べている。『朝日新聞』二〇〇四年一月一三日。

(131) 内閣官房「イラク復興支援のための諸活動の連携について」情報公開第00700号、開示請求番号2008-00690、二〇〇四年一月一五日。

(132) 「イラク人道復興支援特措法に基づく対応措置に関する基本計画」情報公開第00700号、開示請求番号2008-00690、日付不明。

(133) サマーワの人々の期待感に関しては、出川展恒「自衛隊派遣をイラクで取材して」『国際安全保障』第三六巻第一号、二〇〇八年六月、一二八-一二九頁に詳しい。

(134) 小嶋信義「防衛駐在官からみた中東と自衛隊」、軍事史学会、前掲『PKOの史的検証』一九四頁。

(135) イラク現地での陸上自衛隊の活動については、次の三つが検討されていた。(ア)医療チームによりサマーワ周辺の病院での医療技術指導・助言を実施、状況によりサマーワ以外の他の病院への支援を拡大。その際、大型の医療器材の供与等の要望については、経済協力で対応することを検討。(イ)建設・修理の支援として、学校等の軽易な補修、道路の復旧等を実施。自衛隊が実施できず、経済協力で対応可能な要望が出されれば、経済協力(草の根無償等)との組み合わせによる対応を検討。(ウ)給水活動を、地域の給水体制と連携して実施。この際、給水車の供与も今後併せ実施できれば一層効果的。内閣官房「イラク復興支援の今後のとり進めぶりについて(二橋副長官室会議用資料)」情報公開第00700号、開示請求番号2008-00690、二〇〇四年一月一三日。

(136) 安全保障政策課「自衛隊の活動に対する協力等について」情報公開第00700号、開示請求番号2008-00690、二〇〇三年一二月二五日。

(137) 外務省「サマーワにおける陸上自衛隊の任務との外務省の連携」情報公開第00700号、開示請求番号2008-00690、二〇〇四年一月八日。

(138) 安全保障政策課、前掲「自衛隊の活動に対する協力等について」。

(139) 内閣官房「イラク復興支援の今後の進め方について」情報公開第00700号、開示請求番号2008-00690、二〇〇四年一月一四日。

(140) 防衛庁防衛局長飯原一樹、防衛庁運用局長西川徹矢、外務省総合外交政策局長西田恒夫「覚書」情報公開第00700号、開示請求番号2008-00690、二〇〇四年一月一六日。

(141) 防衛庁防衛局長飯原一樹、防衛庁運用局長西川徹矢、外務省総合外交政策局長西田恒夫、外務省中東アフリカ局長堂道秀明「覚書」情報公開第00700号、開示請求番号2008-00690、二〇〇四年一月一九日。

(142) 一例として、川口智恵「イラク支援における多層的調整システムの形成」、山本、川口、田中編、前掲『国際平和活動における包括的アプローチ』一八一頁。
(143) 磯部、前掲「国際任務と自衛隊」二六頁。
(144) 前掲「イラクにおける人道復興支援活動及び安全確保支援活動の実施に関する特別措置法に基づく対応措置の結果」。
(145) 佐藤正久『イラク自衛隊「戦闘記」』講談社、二〇〇七年、三六―三八頁。
(146) 同前、三六―三九頁。
(147) 同前、三六、三九頁。
(148) 前掲「イラクにおける人道復興支援活動及び安全確保支援活動の実施に関する特別措置法に基づく対応措置の結果」。
(149) 金子貴一『報道できなかった自衛隊イラク従軍記』学習研究社、二〇〇七年、二一八頁。
(150) 外務省中東第二課、前掲「最近のイラク情勢について」二〇〇三年八月二七日。

# 終章　「実績積上げ」の実像

一九八〇年代後半以降の日本政治は、ねじれ国会、連立内閣発足、五五年体制崩壊、自民党下野など、それまでよりも著しく短期間で政治変動を迎えた。けれども、政府、とりわけ外務省が長きにわたって模索し続けた人的貢献は、主体、地域、任務のいずれも、もはや一九五四年の「自衛隊の海外出動を為さざることに関する決議」からは想像し難いほどの拡大を遂げている。いみじくも、マックス・ヴェーバー（Max Weber）が政治を「情熱と判断力の二つを駆使しながら、堅い板に力をこめてじわっじわっと穴をくり貫いていく作業である」と喩えたように、(1) 外務省の「実績積上げ」の営みも、曲折や苦悩に向き合わねばならなかった。繰り返される政治変動に揺れ動きながらも、未知の経験を積み重ね、現在に至る確かな地歩を築いてきたのである。

外務省が、試行錯誤を繰り返しながら、「実績積上げ」の歩を進めていた時代、国連平和維持活動そのものもまた、変革の時代を迎えていた。米ソ冷戦体制が溶解し始め、地域紛争が本来の土着性・独自性を取り戻し、超大国による制御が次第に失われていくなか、より一層国連の役割が求められたからである。国家建設、人道的介入に象徴される多機能化、そしてイラクでの相対的地位の低下は、国連の挑戦と成功、あるいは挫折の歴史と軌を一にしている。一九八〇年代後半に世界第二位の経済大国に躍進し、九〇年代にはＯＤＡ拠出額で世界第一位の座を維持した日本は、確かに経済分野では国際公共財の担い手として台頭したものの、政治分野、とりわけ世界の平和と安全に向けた営みでは、数ある参加国の一国であった。それは、多様性を伴いながら「実績積上げ」を拡大していく国際環境の存在を物語るものであると同時に、国連や米国との調整作業の難航をも意味していた。

こうした歴史的転換期を迎えるなか、外務省は、「実績積上げ」の幅が広がるよう数多くの派遣構想を準備してきた。むろん、竹下、海部、宮澤、村山、小泉のいずれも、人的貢献の実施に意欲を示してきたが、あくまで大枠の提示に過ぎず、情報収集と分析、構想の全てに携わり、議論の骨格を構築したのは外務省に他ならない。だが、湾岸危機以降、人的貢献の在り方をめぐって、官邸、他省庁、野党との接触が著しく増え、外務省の影響力は相対的低下を余儀なくされた。多様な人材による「実績積上げ」を求めるほど、官邸、そして実施要員を有する防衛庁や警察庁との摩擦が絶えず、かえって同省の意図や構想の侵食をも招いた。皮肉にも、外務省が求めてきた立法措置が整備されると、他の行為主体との懸隔が一層浮き彫りとなってしまったのである。従来の野党のみならず、官邸も抽象論に終始し易く、実施要員を有する防衛庁、警察庁が、自らに望ましい条件を徹底的に追求してきたことは、その恰好の例といえよう。時期や場所など派遣方式をめぐって、国連、米国との懸隔も表面化させるなか、外務省は、「実績積上げ」に合理的な協調関係を、いかにして構築するのかという現実に否応なく迫られてきたのである。

果たして、外務省の地位低下は、「実績積上げ」の失敗を意味するのだろうか。あまりに頻繁な政権交代、また官邸主導の進展に象徴される政党政治のダイナミズムによって、彼らの意図や行動は見え難いものとなった。だが、「実績積上げ」を経由した国内の変革を理想像として描いた彼らは、長らく求め続けた自衛隊海外派遣を成し遂げた後でさえ、臨機応変にして粘り強く、地理的、任務的拡大を実現し続け、その基盤となる国民の支持をも獲得してきた。いわば、首相をはじめ、その他の行為主体の参加に伴う相対化に襲われながらも、彼らの意向を敏感に汲み取ると同時に、それを自らが描く政策上の理想像に親和的に組み換えながら、影響力を発揮してきたのである。

そして、この営みには、少なくとも二つの局面が存在していた。まず文民の地位をめぐる問題は、憲法上の制約、野党や国民の反発によって、自衛隊海外派遣が事実上認められていなかったとしても、純粋な文民による「実績積上げ」は例外的に許容された。この手法が巧みなのは、外務省の意図がいかなるものであれ、あくまで立法措置や体制整備を伴わなければ、文民派遣が自衛隊海外派遣と別離した存在に映ったところである。この軍事性の希薄化は、野党や国民が反発する理由や機会を奪い、外務省が自衛隊海外派遣の道が絶たれるという不安感、恐怖心にさほど苛まれずに「実績積上げ」を模索できるという利便性も備えていた。

この文民が有する非軍事的な色彩によって、外務省は、省庁横断型の選挙監視要員派遣という画期的な功績を冷戦末期にナミビアで残した。その意味において、選挙監視要員派遣は、それまでの不参加とも、自衛隊海外派遣とも異なる、第三の道の確立だったのである。けれども、外務省が、それに期待を寄せ過ぎたのも事実だろう。それまでの国連平和維持活動とは異なる湾岸危機という軍事の到来に、純粋な文民派遣構想での対処を試みたとき、省内でさえ、たちどころに亀裂が入った。しかも、かろうじて文民の装いを維持した自衛隊「半文民化」構想が、いかに非軍事を志向したとしても、反対勢力からすれば、その本質は事実上の自衛隊海外派遣に変わりはない。もはや自衛隊という問題の根幹に触れずに、新たな構想を形成する政治基盤が崩壊し、文民と自衛隊の「一体化」という意に反する矛盾を露呈したといえよう。

このように外務省が袋小路に陥る一方、政治家たちは「PKO与党」を発足させ、宮澤内閣で遂に国際平和協力法が成立すると、変化のうねりは同省の立ち位置にも及んだ。自衛隊と文民警察官の派遣に道を開いた国際平和協力法は、いかなる意味合いを文民の派遣に付与するのかという「冷戦末期の思考方式」に終止符を打ったばかりでなく、いったいどのような条件であれば派遣が許されるのかという「ポスト冷戦期の思考方式」の模索とその定着をも意味したのである。準拠枠組みに照らし合わせ、判断するための現地情勢の認識が脚光を浴び、この部分に外務省は新たな役割を獲得したのであった。

そこで外務省の「実績積上げ」の第二の局面として浮かび上がるのが、治安情勢をめぐる問題であった。外務省は、参加五原則、「非戦闘地域」などの枠組みを辿りつつ、絶えず派遣構想を練る一方で、国外諸勢力と接触を繰り返し、交渉空間で内政、外交上の許容範囲を常に見極めようとしてきた。そもそも、彼らが、必ずしも日本の条件に親和的な地域や部門を割り当てるとは限らない。外務省が、弛まぬ「実績積上げ」の歩を重ねていくには、執拗な好条件の追求は足枷となるが、その過程で安易な譲歩を行い、プレゼンスや安全性の侵食を助長してもならないのである。停戦合意、および治安情勢の安定化に知恵と工夫の土壌を求め、アイディアとイニシアティブを幾度も培ってきた外務省の分析は国内随一のものであり、これは時の首相も頼りにするところであった。情報を駆使し、否定的意見に軌道修正を施しながら、首相らの躊躇や迷いを決断にまで導く牽引役として、絶え間なく日本を突き動かしてきたのである。

だが、治安情勢をめぐる議論や政策の質に、かつてチャールズ・リンドブロム（Charles E. Lindblom）らが指摘した「象徴的な解決策」(2)の側面がなかったわけではない。治安情勢をめぐる「解釈」の争点は、現地勢力の攻勢が自衛隊や文民にどのように向けられるかよりも、そうした状況が停戦合意などの準拠枠組み、あるいは派遣を想定した地域に及ぶ危険性が強調されたところにあった。襲撃の「ソフト・ターゲット化」を警戒したイラク派遣でさえ、住民の暴徒化、外国部隊への襲撃が、イラク南東部で確認された後に防衛庁との連携が本格化し始めた点を考慮すると、「非戦闘地域」という枠組みも、こうした基本構造の例に漏れない。準拠枠組みや地域を介した議論の蓄積は、思わぬ偏向と表裏をなしていた。

さらに、外観上、ひとたび停戦合意の体裁が整えられると、それが過度に強調される半面、準拠枠組みから外れた勢力は限定的に扱われ、それらの認識はいささか現実から乖離したものとなった。アフリカ派遣の経験が端的に示唆するように、ゲリラなどの活動が調査で頻繁に指摘されてきたにもかかわらず、それらの分析は曖昧なものとなるか、なかば希望的観測を伴う評価に終始してきた。この点は、一方的な米国の戦闘終結宣言のみで、いかなる勢力の危険性も重視せざるを得なかったイラクの「非戦闘地域」をめぐる外務省の認識からすると、信じ難いほどである。むしろ犠牲者発生直後、その他の勢力に対し、外務省をはじめ、政府全体として、警戒心を抱き、本格的な安全対策を施してきた。だが、それとて事後対策に過ぎない。外務省は、最も現地情勢を動態的に把握してきたが、必ずしも静態的な判断や分析から逃れられたわけではないのである。

このような道程を辿った「実績積上げ」拡大の営みも、今現在は国連南スーダン共和国ミッション（UNMISS: United Nations Mission in the Republic of South Sudan）参加を数えるのみにとどまる。(3) アフリカ大陸を舞台とし、国際平和協力法に基づき、自衛隊の派遣に踏み切ったという点からしてみても、まぎれもなく五内閣時代の産物といえよう。主体、地域、任務のいずれかで、これまで前例なき経験を蓄積させ、「実績積上げ」を成し遂げていくという五内閣時代の営みは、イラク派遣をもって終わりを告げていたのである。このまま人的貢献の営みは縮小の一途を辿るのか、それとも新たな拡大を遂げるのか。本来、人的貢献そのものが、その国の国家像、立ち位置など、国民との理念・理想の共有と分かち難く結び付いているはずだが、最も「実績積上げ」が進展した五内閣の時代でさえ、これらの点で国民的な合意は不透明さを残し続けてきた。

もっとも、外務省をはじめ、政府が現行憲法を維持しながら、人的貢献を拡大していくという中間策を遂行し続けるうえで、この不透明さ、曖昧さこそ実は不可欠だったといえなくもない。だが、長期に時間と労力を要する国民の説得や啓蒙を避け、短期的に「実績積上げ」を先行させる手法が数々の歴史的功績を残す一方で、いつしかわれわれ日本国民のこの問題に対する関心は明らかに皮相なものとなってしまった。新たな代替策、政策提言を構築する試みが折に触れて進められていても、本来ならば、そうした議論に先立つはずの歴史的事実の実態解明すら十分に行われていない。そもそも、今日の間接民主主義社会における社会科学の重要な使命の一つとは、冷静な政策論議と国民の合意形成の知的基盤となり得る、確かな情報と知見を社会に提供することではないのか。それゆえに、今日に至る日本史上初の経験が五内閣の時代に構築され、それらが次第に蓄積、拡大されていく過程を本書は詳細に論じてきたのである。

自衛隊海外派遣、そして人的貢献の在り方を考えるとき、いかなる立場に置かれている人間も、それぞれが持つ価値観や政治的信条から完全に逃れることはできない。外務省の「実績積上げ」も、それとは対照的に一九五四年の「自衛隊の海外出動を為さざることに関する決議」も、これらの是非はともかくとして、ともすると観念的、感情的議論に陥りがちな人間の弱さに向かい合いながら、独自の在り方を求めんとする一つの合意形成の試みに他ならないのである。自衛隊海外派遣を禁じた決議から六〇年余りの年月を刻むなか、果たしてわれわれは、自らの叡智と行動を下支えする確かな根拠に基づいて、これらの試みを十分に受け止めてきただろうか。また、これらに代わる何らかの適切な方途を導き出してきたといえるのだろうか。ときに内政と外交に翻弄され、ときに柔軟に応えた五内閣の時代における外務省の営みは、ただ既存の状況に迎合するわけでも、批判するわけでもなく、真摯に最適解を導き出す際に求められる歴史的源泉が確かに存在するという事実を、今なおわれわれに示し続けているのである。

注

（1）マックス・ヴェーバー著、脇圭平訳『職業としての政治』岩波書店、二〇一一年、一〇五頁。

（2）Charles E. Lindblom, Edward J. Woodhouse, *The Policy-Making Process*, 3rd ed. Englewood Cliffs, N.J.: Prentice Hall, 1993, p. 141.（藪野祐三、案浦明子訳『政策形成の過程——民主主義と公共性』東京大学出版会、二〇〇四年、二〇一頁）。

（3）前掲「我が国の国際平和協力業務の実績」。

# 主要参考文献

## 日本語文献

### 未公刊文書

#### 歴史資料としての価値が認められる文書

**外務省外交史料館蔵**

「ガリ国連事務総長訪日（一九九三年二月）」開示文書整理番号04-919。

「国連カンボジア暫定統治機構」開示文書整理番号04-918。

「国連難民高等弁務官事務所（ＵＮＨＣＲ）関係」開示文書整理番号01-907。

「国連平和維持活動（ＰＫＯ）」開示文書整理番号01-896、01-904、01-906、01-908、01-910、01-911、01-914、04-917、04-922、04-923。

「国連平和協力法案」開示文書整理番号03-159、03-558。

「自衛隊掃海艇のペルシャ湾派遣」開示文書整理番号01-1972。

「自衛隊の国連協力」開示文書整理番号01-899。

「ナミビアへの選挙監視要員派遣」開示文書整理番号04-1118。

「難民問題」開示文書整理番号01-902。

「ルワンダ難民問題」開示文書整理番号04-1120。

## 情報公開請求開示文書

### 総理府（内閣府）国際平和協力本部事務局

「国際平和協力法の施行及び国際平和協力業務の実施準備について（平成四年八月一一日閣議内閣官房長官発言要旨）」府平第142号、一九九二年八月一一日。

「国際連合カンボディア暫定機構への警察官の派遣について（依頼）」府平第834号、一九九二年。

「国連モザンビーク活動（ONUMOZ）に関する国際平和協力業務の実施準備について（平成五年三月二六日閣議内閣官房長官発言要旨）」府平第144号、一九九三年三月二六日。

「モザンビーク国際平和協力業務の実施について」府平第835号、一九九三年四月二七日。

### 外務省

「ナミビアへの選挙監視要員の派遣」情報公開第01267号、開示請求番号2011-00146、一九八九年五月二六日。

「最近のナミビア情勢――国連ナミビア独立支援グループ（UNTAG）の活動を中心として」情報公開第01267号、開示請求番号2011-00146、一九八九年五月三一日。

「現在、世界各地で展開している国連平和維持軍・軍事監視員の派遣国リスト」情報公開第01267号、開示請求番号2011-00146、一九八九年五月三一日。

「ナミビアへの選挙監視要員の派遣について」情報公開第01267号、開示請求番号2011-00146、一九八九年六月一日。

「安保理決議四三五（骨子）（一九七八・九・二九）」情報公開第01267号、開示請求番号2011-00146、日付不明。

「ナミビア独立問題」情報公開第01267号、開示請求番号2011-00146、日付不明。

「国際連合平和協力法案に関する総理答弁案」情報公開第01876号、開示請求番号2011-00142、日付不明。

「イラクがクウェイト侵攻に至る経緯」情報公開第02290号、開示請求番号2011-00737、一九九〇年八月。

「海部総理大臣（中東貢献策について）――記者会見記録」情報公開第01876号、開示請求番号2011-00142、一九九〇年八月二九日。

「中東における平和回復活動に係る我が国の貢献策について」情報公開第01876号、開示請求番号2011-00142、一九九〇年八月二九日。

「国際連合平和協力法提案理由説明（案）」情報公開第01876号、開示請求番号2011-00142、一九九〇年一〇月一四日。

「国際連合平和協力法案趣旨説明（案）」情報公開第01876号、開示請求番号2011-00142、一九九〇年一〇月一五日。

「我が国掃海艇のペルシャ湾への派遣（湾岸諸国等の反応）」情報公開第0068号、開示請求番号2008-00682、一九九一年四月二一日午前〇時現在。

「掃海艇の派遣」情報公開第0068号、開示請求番号2008-00682、一九九一年四月二二日。

「カンボディア和平と我が国のPKO参加」情報公開第01879号、開示請求番号2011-00144、一九九一年五月八日。

「カンボディア各派軍の勢力及び支配・活動地域」情報公開第02284号、開示請求番号2011-00736、一九九一年七月一日。

「ソマリア、モザンビークに対する我が国の人的貢献に関する三省庁会議メモ」情報公開第01877号、開示請求番号2011-00145、一九九二年一月一二日。

「カンボディア情勢（UNTACの活動状況）」情報公開第0228号、開示請求番号2011-00736、一九九二年八月七日。

「UNTACへの我が国要員派遣の正式要請に関する想定問答」情報公開第01879号、開示請求番号2011-00144、一九九二年九月三日。

「国連カンボディア暫定統治機構への我が国要員派遣に関する国連の正式要請について」情報公開第0230号、開示請求番号2008-00681、一九九二年九月三日。

「国連カンボディア暫定機構（UNTAC）に対する我が国要員の派遣について」情報公開第0230号、開示請求番号2008-00681、一九九二年九月三日。

「カンボディア情勢（UNTACの活動状況）」情報公開第00236号、開示請求番号2011-00736、一九九二年一〇月一日。

「カンボディア要員に対する安全対策のその後」情報公開第02631号、開示請求番号2008-00155、日付不明。

「外務省コメント――モザンビークの包括和平協定の署名について」情報公開第02092号、開示請求番号2011-00735、一九九二年一〇月五日。

「モザンビーク情勢（和平協定署名と今後の見通し）」情報公開第00234号、開示請求番号2011-00735、一九九二年一〇月六日。

「モザンビーク和平（国連安保理決議797の採択）」情報公開第02092号、開示請求番号2011-00735、一九九二年一二月一七日。

「最近におけるモザンビークの治安状況」情報公開第02092号、開示請求番号2011-00735、一九九二年一二月二三日。

「ソマリア及びモザンビークに対する人的貢献に関する外務省よりの問題提起」情報公開第00933号、開示請求番号2013-00822、一九九三年一月一一日。

「モザンビーク情勢（和平協定署名及びその後の動き）」情報公開第02092号、開示請求番号2011-00735、一九九三年一月一二日。

「対ソマリア人的貢献（今後の方針）」情報公開第00933号、開示請求番号2013-00822、一九九三年一月一三日。

柿沢政務次官ご発言のポイント（記者との接触）」情報公開第00304号、開示請求番号2013-00822、一九九三年一月二六日。

「モザンビークPKOに対する要員派遣について」情報公開第01877号、開示請求番号2011-00145、一九九三年一月二九日。

「モザンビークへの参加分野検討資料」情報公開第01877号、開示請求番号2011-00145、一九九三年一月二九日。

「第四七回国連総会における渡辺外務大臣演説（『平和執行部隊』関連部分）」情報公開第01877号、開示請求番号2011-00145、日付不明。

「国連モザンビーク活動（ONUMOZ）の概要について」情報公開第01877号、開示請求番号2011-00145、一九九三年二月。

「ソマリア問題について」情報公開第01877号、開示請求番号2011-00145、一九九三年二月。

「小和田次官の対総理ブリーフ（第四〇回）（平成五年二月一日）」情報公開第00344号、開示請求番号2013-00821、一九九三年二月四日。

「ブトロス＝ガーリ事務総長の訪日（宮沢総理との会談）（二－一）」情報公開第00109号、開示請求番号2013-00823、一九九三年二月一六日。

「総理・ブトロス＝ガーリ事務総長会談（国政長ブリーフ概要）」情報公開第00109号、開示請求番号2013-00823、一九九三年二月一六日。

「モザンビーク調査団報告書の骨子（案）」情報公開第00360号、開示請求番号2013-00820、一九九三年三月四日。

「小和田次官の対官房長官ブリーフ（第四回）（平成五年二月二日）」情報公開第00344号、開示請求番号2013-00821、一九九三年三月九日。

「ONUMOZへの我が国の協力（調査団帰国後の対応戦略）」情報公開第00360号、開示請求番号2013-00820、一九九三年三月一五日。

「国連モザンビーク活動に対する今後の対応（部隊参加問題）」情報公開第00360号、開示請求番号2013-00820、一九九三年三月一七日。

「モザンビーク調査団の河野官房長官に対する報告（メモ）」情報公開第00360号、開示請求番号2013-00820、一九九三年三月一七日。

「モザンビーク調査団（河野官房長官への説明）」情報公開第00360号、開示請求番号2013-00820、一九九三年三月二二日。

「モザンビーク調査団（後藤田法務大臣への説明）」情報公開第00360号、開示請求番号2013-00820、日付不明。

「河野官房長官秘書官殿」情報公開第00360号、開示請求番号2013-00820、日付不明。

「国連モザンビーク活動への参加に係る現地の支援体制」情報公開第01451号、開示請求番号2008-00156、一九九三年三月二二日。

「当面のスケジュール（モザンビーク）（案）」情報公開第00360号、開示請求番号2013-00820、一九九三年三月二四日。

「モザンビークの現状と今後の見通し」情報公開第00345号、開示請求番号2013-00824、一九九三年四月一日。

「モザンビーク専門調査団派遣について」情報公開第00344号、開示請求番号2013-00821、一九九三年四月五日。

「国連モザンビーク活動にかかる防衛庁の準備状況について」情報公開第00344号、開示請求番号2013-00821、一九九三年四月六日。

「（メモ）」情報公開第01451号、開示請求番号2008-00156、日付不明。

「日本人文民警察官の強とうひ害事件」情報公開第00819号、開示請求番号2013-00849、一九九三年四月一四日。

「平成五年度における機構・定員要求について」情報公開第00345号、開示請求番号2013-00824、一九九三年四月一四日。

「在モザンビーク大使館の設置について」情報公開第01451号、開示請求番号2008-00156、一九九三年四月二〇日。

「モザンビーク現地支援体制における現地支援チームと大使館との業務の仕切り」情報公開第01451号、開示請求番号2008-00156、一九九三年四月二〇日。

「ＯＮＵＭＯＺへの要員派遣（正式要請書）」情報公開第02296号、開示請求番号2008-00684、一九九三年四月二七日。

「アンピル邦人文民警察官死亡事件（安全対策本部第一回会議）」情報公開第02631号、開示請求番号2008-00155、一九九三年五月五日。

「国際平和協力業務安全対策本部第一回会議の開催」情報公開第00935号、開示請求番号2013-00850、一九九三年五月五日。

「アンピルにおける文民警察要員襲撃事件の概要について」情報公開第00935号、開示請求番号2013-00850、一九九三年五月五日。

「第一回外務省対策本部の会議結果」情報公開第00935号、開示請求番号2013-00850、一九九三年五月五日。

「アンピルにおける文民警察要員の襲撃事件に関する神余国連政策課長のバックグラウンド・ブリーフィング」情報公開第00935号、開示請求番号2013-00850、一九九三年五月五日。

「本使の記者団質問への応答振り」情報公開第00935号、開示請求番号2013-00850、一九九三年五月五日。

「ＵＮＴＡＣ車列襲撃事件報告書の概要」情報公開第00935号、開示請求番号2013-00850、日付不明。

「林官房長の小沢元幹事長往訪（カンボディアＰＫＯ問題）」情報公開第00935号、開示請求番号2013-00850、一九九三年五月一三日。

「外務大臣、官房長官、党四役の会合（記録メモ）」情報公開第00935号、開示請求番号2013-00850、一九九三年五月一四日。

「施設部隊の安全対策について」情報公開第02631号、開示請求番号2008-00155、一九九三年五月一九日。

「ＵＮＴＡＣ要員安全対策強化のための緊急拠出について」情報公開第02631号、開示請求番号2008-00155、一九九三年五月二四日。

「国連モザンビーク活動への要員派遣に関する経緯」情報公開第02296号、開示請求番号2008–00684、一九九三年六月二一日。

「最近の旧ユーゴー情勢」情報公開第01481号、開示請求番号2011–00296、一九九三年一〇月二六日。

「ルワンダ難民支援実務調査団報告書」情報公開第02304号、開示請求番号2008–00685、日付不明。

「国際平和協力法に基づくルワンダ難民支援策（人的協力）について」情報公開第01649号、開示請求番号2011–00147、一九九四年八月。

「ルワンダ難民に対する人的協力」情報公開第01649号、開示請求番号2011–00147、一九九四年八月。

「ルワンダ支援（人的貢献）（案）」情報公開第02272号、開示請求番号2011–00734、一九九四年八月八日。

「ルワンダ難民支援（防衛庁の内話）」情報公開第00357号、開示請求番号2013–00817、一九九四年八月一一日。

「根回し先リスト（外務省関係分追加）」情報公開第00357号、開示請求番号2013–00817、一九九四年八月一五日。

「関係議員の反応」情報公開第00357号、開示請求番号2013–00817、一九九四年八月一五日。

「ルワンダ難民問題に関する人的支援（連立与党政策調整会議及び石原官房副長官への結果連絡：概要）」情報公開第00357号、開示請求番号2013–00817、一九九四年八月一八日。

「我が国による対ルワンダ支援」情報公開第01649号、開示請求番号2011–00147、一九九四年八月二二日。

「ルワンダ難民救援のための自衛隊部隊の派遣に係る内閣官房長官用想定問答（閣議後）」情報公開第02637号、開示請求番号2008–00154、日付不明。

「官房長官用想定」情報公開第02637号、開示請求番号2008–00154、日付不明。

「ルワンダ難民支援（連立与党調査団の報告）」情報公開第02304号、開示請求番号2008–00685、一九九四年九月一二日。

「ルワンダ難民救援国際平和協力業務の実施について」（Translation of Foreign Ministry Release, "Outline of International Peace Cooperation Assignments for the Relief of Rwandan Refugees", September 13, 1994.）情報公開第02304号、開示請求番号2008–00685、一九九四年九月一三日。

「ルワンダ難民救援国際平和協力業務の実施について（須藤中近東アフリカ局長による在京ザイール共和国臨時代理大使への申入れ）」情報公開第02637号、開示請求番号2008–00154、一九九四年九月一四日。

「ルワンダ難民救援のための自衛隊部隊派遣決定までのクロノロジー」情報公開第02304号、開示請求番号2008–00685、一九九四年九月一四日。

「対外応答要領」情報公開第02637号、開示請求番号2008–00154、一九九四年九月二二日。

「武器使用関係想定」情報公開第02637号、開示請求番号2008–00154、一九九四年九月三〇日。

「ルワンダ難民救援活動（人的貢献）に関する経緯」情報公開第02304号、開示請求番号2008–00685、一九九四年一〇月七日。

「ルワンダ難民救援活動（人的貢献）に関する経緯」情報公開第02304号、開示請求番号2008–00685、一九九四年一〇月一〇日。

「ルワンダ難民救援活動のための人的貢献に関する経緯」情報公開第02304号、開示請求番号2008–00685、一九九四年一〇月一二日。

「ルワンダ難民支援想定問答（文芸春秋一一月号）」情報公開第02637号、開示請求番号2008–00154、日付不明。

「ルワンダ難民救援国際平和協力業務の実施の結果及びこれを国会に報告する旨の閣議決定への当省の参加について」情報公開第02304号、開示請求番号2008–00685、一九九五年二月六日。

「イラクへの復興支援に関する説明ポイント（案）」情報公開第01730号、開示請求番号2011-00141、日付不明。

「茂木副大臣のイラク訪問（概要と所感）」情報公開第00700号、開示請求番号2008-00690、日付不明。

「バグダッド安全対策調査団報告」情報公開第00700号、開示請求番号2008-00690、日付不明。

「サマーワにおける雇用対策について」情報公開第00700号、開示請求番号2008-00690、二〇〇三年一月一三日。

「米国によるイラク問題に関する情報の提示について」情報公開第01313号、開示請求番号2012-00789、二〇〇三年二月六日。

「イラクにおける治安状況について」情報公開第00249号、開示請求番号2011-00738、二〇〇三年五月二二日。

「最近のイラク情勢について」情報公開第00249号、開示請求番号2011-00738、二〇〇三年七月二五日。

「最近のイラク情勢について」情報公開第00249号、開示請求番号2011-00738、二〇〇三年八月二七日。

「最近のイラク情勢について」情報公開第00249号、開示請求番号2011-00738、二〇〇三年九月一六日。

「最近のイラク情勢について」情報公開第00249号、開示請求番号2011-00738、二〇〇三年一〇月二九日。

「文民警察官死亡事件に係わる対応」情報公開第00935号、開示請求番号2013-00850、二〇〇三年一一月一三日。

「最近のイラク情勢について」情報公開第00249号、開示請求番号2011-00738、二〇〇三年一一月二七日。

「『イラクにおける人道・復興支援活動等の実施に関する特別措置法案』及び『平成一三年九月一一日のアメリカ合衆国において発生したテロリストによる攻撃等に対応して行われる国際連合憲章の目的達成のための諸外国の活動に対して我が国が実施する措置及び関連する国際連合決議等に基づく人道的措置に関する特別措置法の一部を改正する法律案』について（平成一五年六月一三日（金）閣議外務大臣発言要旨）」情報公開第01730号、開示請求番号2011-00141、日付不明。

「イラク人道復興支援特措法に基づく対応措置の実施及び対応措置に関する基本計画について（平成一五年一二月九日(火)臨時閣議外務大臣発言要旨）」情報公開第01730号、開示請求番号2011-00141、日付不明。

「イラクへの自衛隊派遣（実施要項の概要）」情報公開第00700号、開示請求番号2008-00690、二〇〇三年一二月一八日。

「イラク人道復興支援特措法における実施要項の概要」情報公開第00700号、開示請求番号2008-00690、二〇〇三年一二月一八日。

「自衛隊の活動に対する協力等について」情報公開第00700号、開示請求番号2008-00690、二〇〇三年一二月二五日。

「サマーワにおける主要な治安事件」情報公開第00700号、開示請求番号2008-00690、日付不明。

「サマーワにおける案件の概要及び今後の見通し」情報公開第00700号、開示請求番号2008-00690、二〇〇四年一月八日。

「サマーワにおける陸上自衛隊の任務との外務省の連携」情報公開第00700号、開示請求番号2008-00690、二〇〇四年一月八日。

「現地調査報告」情報公開第00700号、開示請求番号2008-00690、日付不明。

「イラク及びその周辺国等における調査について」情報公開第00700号、開示請求番号2008-00690、日付不明。

「イラク復興支援の今後のとり進めぶりについて（二橋副長官室会議用資料）」情報公開第00700号、開示請求番号2008-00690、二〇〇四年一月一三日。

「イラク復興支援の今後の進め方について」情報公開第00700号、開示請求番号2008-00690、二〇〇四年一月一四日。

「イラク復興支援のための諸活動の連携について」情報公開第00700号、開示請求番号2008-00690、二〇〇四年一月一五日。

「覚書」情報公開第00700号、開示請求番号2008-00690、二〇〇四年一月一六日。

「覚書」情報公開第00700号、開示請求番号2008-00690、二〇〇四年一月一九日。

「イラク人道復興支援特措法に基づく対応措置に関する基本計画」情報公開第00700号、開示請求番号2008-00690、日付不明。

「各国軍の展開状況」情報公開第00700号、開示請求番号2008-00690、日付不明。

**防衛庁（防衛省）・自衛隊**

「ペルシャ湾における掃海作業実施に係る現地調査について（メモ）」情報公開防官文第2274号、一九九一年五月二〇日。

「カンボディア国際平和協力調査団報告書」情報公開防官文第2267号、一九九二年七月一五日。

「対外応答要領」情報公開防官文第2267号、日付不明。

「カンボディアにおける国際連合平和維持活動のための国際平和協力業務実施に係る準備に関する長官指示」情報公開防官文第13882号、一九九二年八月一一日。

「平成五年度　陸上自衛隊史」情報公開防官文第13894号、526号、日付不明。

「平成六年度　陸上自衛隊史」情報公開防官文第13894号、526号、日付不明。

「官房長官発言関連想定」情報公開防官文第2268号、一九九三年三月二六日。

「国連モザンビーク活動（ＯＮＵＭＯＺ）に関する国際平和協力業務の実施準備について（防衛庁長官の各幕僚長に対する口頭指示要旨）」情報公開防官文第13883号、一九九三年三月二六日。

「モザンビーク専門調査団報告（総括メモ）」情報公開防官文第2268号、一九九三年四月二三日。

「ルワンダ政府調査団細部調査結果」情報公開防官文第2269号、日付不明。

「ルワンダ難民支援のために行われる人道的な国際救援活動のための国際平和協力業務の実施に係る準備の開始要請について」情報公開防官文第2269号、一九九四年九月一日。

「ルワンダ難民支援のために行われる人道的な国際救援活動のための国際平和協力業務の実施に係る準備に関する長官指示」情報公開防官文第13884号、一九九四年九月一日。

「受入同意取り付け状況」情報公開防官文第2269号、一九九四年九月二一日。

「ルワンダ難民救援活動主要想定問答」情報公開防官文第2269号、一九九四年九月二八日。

「ルワンダ難民救援隊派遣史」情報公開防官文第13892号、13189号、一九九七年七月。

「岡本内閣総理大臣補佐官のイラク出張」情報公開防官文第2273号、日付不明。

「専門調査チームの調査概要について」情報公開防官文第2273号、日付不明。

**警察庁**

「カンボディア派遣――日本文民警察要員活動記録」警察庁甲情公発第69-2、一九九四年二月。

「文民警察官派遣に際し実施した事前教養訓練の概要」警察庁甲情公発第66-2、二〇〇三年一一月。

## 公刊文書

**内閣官房**

『竹下内閣総理大臣演説集』日本広報協会、一九九〇年。

『宇野内閣総理大臣演説集』日本広報協会、一九九〇年。

『海部内閣総理大臣演説集』日本広報協会、一九九二年。

『宮沢内閣総理大臣演説集』日本広報協会、一九九四年。

『村山内閣総理大臣演説集』日本広報協会、一九九八年。

『小泉内閣総理大臣演説集』二〇〇九年。

**総理府（内閣府）国際平和協力本部事務局**

「カンボディア国際平和協力業務実施計画」一九九二年九月八日。

「カンボディア国際平和協力隊の設置等に関する政令」平成四年政令第二九五号、一九九二年九月一一日。

「カンボディア国際平和協力業務の実施の結果」一九九三年一一月。

「モザンビーク国際平和協力業務実施計画」一九九三年四月二七日。

「モザンビーク国際平和協力隊の設置等に関する政令」平成五年政令第一六六号、一九九三年五月六日。

『モザンビーク国際平和協力業務記録写真集』一九九五年。

「モザンビーク国際平和協力業務の実施の結果」一九九五年三月七日。

「ルワンダ難民救援国際平和協力業務実施計画」一九九四年九月一三日。

「ルワンダ難民救援国際平和協力隊の設置等に関する政令」平成六年政令第二九五号、一九九四年九月一六日。

「ルワンダ難民救援国際平和協力業務の実施の結果」一九九五年二月。

『ルワンダ難民救援国際平和協力業務記録写真集』一九九五年。

「我が国の国際平和協力業務の実績」二〇一四年七月一五日。

**外務省**

『外交青書』各年版。

『政府開発援助（ＯＤＡ）白書』財務省印刷局、各年版。

『我が国の政府開発援助』国際協力推進委員会、各年版。

『平和の定着に向けた日本の取り組み』二〇〇五年。

**防衛庁（防衛省）・自衛隊**

『日本の防衛――防衛白書』各年版。

**警察庁**

「国際協力推進要綱」二〇〇五年九月一五日。

『警察白書』各年版。

**その他**

安全保障と防衛力に関する懇談会「『安全保障と防衛力に関する懇談会』報告書――未来への安全保障・防衛力ビジョン」二〇〇四年一〇月。

安全保障の法的基盤の再構築に関する懇談会「『安全保障の法的基盤の再構築に関する懇談会』報告書」二〇一四年五月一五日。

国際平和協力懇談会「『国際平和協力懇談会』報告書」二〇〇二年一二月八日。

国会会議録検索システム〈http://kokkai.ndl.go.jp/〉。

総理府内閣総理大臣官房広報室「外交に関する世論調査」各回。

総理府内閣総理大臣官房広報室「自衛隊・防衛問題に関する世論調査」各回。

日本社会党、新生党、公明党、日本新党、民社党、新党さきがけ、社会民主連合、民主改革連合「連立政権樹立に関する合意事項」一九九三年七月二九日。

**書籍**

明石康『忍耐と希望――カンボジアの五六〇日』朝日新聞社、一九九五年。

阿川尚之『マサチューセッツ通り二五二〇番地』講談社、二〇〇六年。

秋山昌廣『日米の戦略対話が始まった――安保再定義の舞台裏』亜紀書房、二〇〇二年。

朝日新聞国際貢献取材班『海を渡った自衛隊』朝日新聞社、一九九三年。

朝日新聞「自衛隊五〇年」取材班『自衛隊――知られざる変容』朝日新聞社、二〇〇五年。

朝日新聞政治部『竹下政権の崩壊――リクルート事件と政治改革』朝日新聞社、一九八九年。

朝日新聞政治部『政界再編』朝日新聞社、一九九三年。

朝日新聞「湾岸危機」取材班『湾岸戦争と日本――問われる危機管理』朝日新聞社、一九九一年。

芦部信喜『憲法学I――憲法総論』有斐閣、一九九二年。

麻生幾『情報、官邸に達せず――「情報後進国」日本の悲劇』文藝春秋、一九九六年。

飯島勲『小泉官邸秘録』日本経済新聞社、二〇〇六年。

飯島勲『実録小泉外交』日本経済新聞出版社、二〇〇七年。

五百旗頭真『秩序変革期の日本の選択――「米・欧・日」三極システムのすすめ』PHP研究所、一九九一年。

五百旗頭真、伊藤元重、薬師寺克行編『宮澤喜一――保守本流の軌跡』朝日新聞社、二〇〇六年。

五百旗頭真、伊藤元重、薬師寺克行編『森喜朗――自民党と政権交代』朝日新聞社、二〇〇七年。

五百旗頭真、伊藤元重、薬師寺克行編『外交激変――元外務省事務次官柳井俊二』朝日新聞社、二〇〇七年。

五百旗頭真、伊藤元重、薬師寺克行編『岡本行夫――現場主義を貫いた外交官』朝日新聞出版、二〇〇八年。

五百旗頭真、宮城大蔵『橋本龍太郎外交回顧録』岩波書店、二〇一三年。

五十嵐広三『官邸の螺旋階段――市民派官房長官奮闘記』ぎょうせい、一九九七年。

池田維『カンボジア和平への道――証言 日本外交試練の五年間』都市出版、一九九六年。

石川真澄、山口二郎『戦後政治史』第三版、岩波書店、二〇一〇年。

石原信雄『官邸二六六八日――政策決定の舞台裏』日本放送出版協会、一九九五年。

石破茂『国防』新潮社、二〇〇五年。

伊勢崎賢治『自衛隊の国際貢献は憲法九条で――国連平和維持軍を統括した男の結論』かもがわ出版、二〇〇八年。

板垣雄三編『「対テロ戦争」とイスラム世界』岩波書店、二〇〇二年。

伊藤茂『動乱連立――その渦中から』中央公論新社、二〇〇一年。

稲田十一、吉田鈴香、伊勢崎賢治『紛争から平和構築へ』論創社、二〇〇三年。

猪口孝、岩井奉信『「族議員」の研究――自民党政権を牛耳る主役たち』日本経済新聞社、一九八七年。

今川幸雄『カンボジアと日本』連合出版、二〇〇〇年。

岩瀬達哉『われ万死に値す――ドキュメント竹下登』新潮社、一九九九年。

上杉勇司『変わりゆく国連PKOと紛争解決――平和創造と平和構築をつなぐ』明石書店、二〇〇四年。

植村秀樹『自衛隊は誰のものか』講談社、二〇〇二年。

内山融『小泉政権——「パトスの首相」は何を変えたのか』中央公論新社、二〇〇七年。

内海成治編『国際協力論を学ぶ人のために』世界思想社、二〇〇五年。

内海成治、中村安秀、勝間靖編『国際緊急人道支援』ナカニシヤ出版、二〇〇八年。

梅澤昇平『野党の政策過程』芦書房、二〇〇〇年。

大嶽秀夫『日本政治の対立軸——九三年以降の政界再編の中で』中央公論新社、一九九九年。

大嶽秀夫『小泉純一郎ポピュリズムの研究——その戦略と手法』東洋経済新報社、二〇〇六年。

大嶽秀夫編『政界再編の研究——新選挙制度による総選挙』有斐閣、一九九七年。

大塚智彦『アジアの中の自衛隊』東洋経済新報社、一九九五年。

岡野加穂留、藤本一美編『村山政権とデモクラシーの危機——臨床政治学的分析』東信堂、二〇〇〇年。

岡本行夫『砂漠の戦争——イラクを駆け抜けた友、奥克彦へ』文藝春秋、二〇〇四年。

緒方貞子、半澤朝彦編『グローバル・ガヴァナンスの歴史的変容——国連と国際政治史』ミネルヴァ書房、二〇〇七年。

奥克彦『イラク便り——復興人道支援二二一日の全記録』扶桑社、二〇〇四年。

小沢一郎『日本改造計画』講談社、一九九三年。（Translated by Louisa Rubinfien, Eric Gower, eds., *Blueprint for a New Japan: The Rethinking of a Nation*, Tokyo: Kodansha International, 1994）。

小野正博編『警察政策論』立花書房、二〇〇七年。

小浜裕久『日本の国際貢献』勁草書房、二〇〇五年。

折田正樹著、服部龍二、白鳥潤一郎編『外交証言録 湾岸戦争・普天間問題・イラク戦争』岩波書店、二〇一三年。

外交政策決定要因研究会編『日本の外交政策決定要因』ＰＨＰ研究所、一九九九年。

海部俊樹『志ある国家日本の構想』東洋経済新報社、一九九五年。

海部俊樹『政治とカネ——海部俊樹回顧録』新潮社、二〇一〇年。

加藤秀治郎編『日本の安全保障と憲法』南窓社、一九九八年。

金森和行インタビュー・構成『村山富市が語る「天命」の五六一日』ＫＫベストセラーズ、一九九六年。

金子貴一『報道できなかった自衛隊イラク従軍記』学習研究社、二〇〇七年。

神本光伸『ルワンダ難民救援隊ザイール・ゴマの八〇日——我が国最初の人道的国際救援活動』内外出版、二〇〇七年。

川端清隆『イラク危機はなぜ防げなかったのか——国連外交の六〇〇日』岩波書店、二〇〇七年。

川端清隆、持田繁『ＰＫＯ新時代——国連安保理からの証言』岩波書店、一九九七年。

川端正久編『アフリカと日本』勁草書房、一九九四年。

河辺一郎『国連と日本』岩波書店、一九九四年。

北岡伸一『自民党――政権党の三八年』読売新聞社、一九九五年。

木村汎編『国際危機学――危機管理と予防外交』世界思想社、二〇〇二年。

木村汎、朱建栄編『イラク戦争の衝撃――変わる米・欧・中・ロ関係と日本』勉誠出版、二〇〇三年。

清宮竜『宮沢喜一・全人像』改訂版、行研出版局、一九九二年。

草野厚『日米オレンジ交渉――経済摩擦をみる新しい視点』日本経済新聞社、一九八三年。

草野厚『政策過程分析入門』第二版、東京大学出版会、二〇一二年。

草野厚『連立政権――日本の政治一九九三～』文藝春秋、一九九九年。

草野厚編『政策過程分析の最前線』慶應義塾大学出版会、二〇〇八年。

草野厚、梅本哲也編『現代日本外交の分析』東京大学出版会、一九九五年。

国枝昌樹『湾岸危機――外交官の現場報告』朝日新聞社、一九九三年。

国正武重『湾岸戦争という転回点――動顛する日本政治』岩波書店、一九九九年。

功刀達朗編『国際協力――国連新時代と日本の役割』サイマル出版会、一九九五年。

久保亘『連立政権の真実』読売新聞社、一九九八年。

倉重篤郎『小泉政権・一九八〇日』上下巻、行研、二〇一三年。

栗山尚一『日米同盟――漂流からの脱却』日本経済新聞社、一九九七年。

経済広報センター、慶應義塾大学商学会編『日本の国際貢献』有斐閣、一九九五年。

香西茂『国連の平和維持活動』有斐閣、一九九一年。

河野雅治『和平工作――対カンボジア外交の証言』岩波書店、一九九九年。

後藤謙次『竹下政権・五七六日』行研、二〇〇〇年。

後藤田正晴『政治とは何か』講談社、一九八八年。

後藤田正晴『内閣官房長官』講談社、一九八九年。

後藤田正晴『政と官』講談社、一九九四年。

後藤田正晴著、政策研究院政策情報プロジェクト監修『情と理――後藤田正晴回顧録』上下巻、講談社、一九九八年。

斎藤直樹『イラク戦争と世界――二一世紀の世紀像を占う』現代図書、二〇〇四年。

斎藤直樹『検証　イラク戦争――アメリカの単独行動主義と混沌とする戦後復興』三一書房、二〇〇五年。

阪田雅裕編『政府の憲法解釈』有斐閣、二〇一三年。

櫻田大造、伊藤剛編『比較外交政策――イラク戦争への対応外交』明石書店、二〇〇四年。

佐々淳行『危機管理宰相論』文藝春秋、一九九五年。

佐々木毅編『政治改革一八〇〇日の真実』講談社、一九九九年。

佐々木芳隆『海を渡る自衛隊――ＰＫＯ立法と政治権力』岩波書店、一九九二年。

佐藤誠三郎、松崎哲久『自民党政権』中央公論社、一九八六年。

佐藤正久『イラク自衛隊「戦闘記」』講談社、二〇〇七年。

佐道明広『戦後日本の防衛と政治』吉川弘文館、二〇〇三年。

佐道明広『戦後政治と自衛隊』吉川弘文館、二〇〇六年。

産経新聞イラク取材班『誰も書かなかったイラク自衛隊の真実――人道復興支援二年半の軌跡』産経新聞出版、二〇〇六年。

信田智人『総理大臣の権力と指導力――吉田茂から村山富市まで』東洋経済新報社、一九九四年。

信田智人『官邸外交――政治リーダーシップの行方』朝日新聞社、二〇〇四年。

信田智人『冷戦後の日本外交――安全保障政策の国内政治過程』ミネルヴァ書房、二〇〇六年。

信田智人『日米同盟というリアリズム』千倉書房、二〇〇七年。

清水隆雄『自衛隊の海外派遣』国立国会図書館調査及び立法考査局、二〇〇五年。

下村恭民他『国際協力――その新しい潮流』有斐閣、二〇〇一年。

城山英明、鈴木寛、細野助博編『中央省庁の政策形成過程――日本官僚制の解剖』中央大学出版部、一九九九年。

城山英明、細野助博編『続・中央省庁の政策形成過程――その持続と変容』中央大学出版部、二〇〇二年。

神余隆博『新国連論――国際平和のための国連と日本の役割』大阪大学出版会、一九九五年。

神余隆博編『国際平和協力入門』有斐閣、一九九五年。

C・O・E・オーラル・政策研究プロジェクト『宮澤喜一オーラルヒストリー（元内閣総理大臣）』政策研究大学院大学、二〇〇四年。

C・O・E・オーラル・政策研究プロジェクト『栗山尚一（元駐米大使）オーラルヒストリー――湾岸戦争と日本外交』政策研究大学院大学、二〇〇五年。

C・O・E・オーラル・政策研究プロジェクト『海部俊樹（元内閣総理大臣）オーラル・ヒストリー』下巻、政策研究大学院大学、二〇〇五年。

C・O・E・オーラル・政策研究プロジェクト『今川幸雄――カンボジア和平と日本外交オーラル・ヒストリー（元駐カンボジア大使）』政策研究大学院大学、二〇〇五年。

C・O・E・オーラル・政策研究プロジェクト『波多野敬雄（元国連大使）オーラルヒストリー――ＵＮＴＡＣと国連外交』政策研究大学院大学、二〇〇五年。

C・O・E・オーラル・政策研究プロジェクト『谷野作太郎（元中国大使）オーラルヒストリー――カンボジア和平と日本外交』政策研究大学院大学、二〇〇五年。

C・O・E・オーラル・政策研究プロジェクト『有馬龍夫（元日本政府代表）オーラル・ヒストリー』政策研究大学院大学、二〇一一年。

関はじめ、落合畯、杉之尾宜生編『PKOの真実――知られざる自衛隊海外派遣のすべて』経済界、二〇〇四年。

添谷芳秀『日本の「ミドルパワー」外交――戦後日本の選択と構想』筑摩書房、二〇〇五年。

高井晋『国連PKOと平和協力法――国連PKOと国際平和協力法の理解のために』真正書籍出版部、一九九五年。

高橋和夫『燃えあがる海――湾岸現代史』東京大学出版会、一九九五年。

竹下登『証言　保守政権』読売新聞社、一九九一年。

竹下登著、政策研究大学院大学政策情報プロジェクトCOEオーラル・政策研究プロジェクト監修『政治とは何か――竹下登回顧録』講談社、二〇〇一年。

武村正義『小さくともキラリと光る国・日本』光文社、一九九四年。

武村正義、田中秀征『さきがけの志』東洋経済新報社、一九九五年。

田中明彦『安全保障――戦後五〇年の模索』読売新聞社、一九九七年。

田中秀征『さきがけと政権交代』東洋経済新報社、一九九四年。

手嶋龍一『一九九一年　日本の敗北』新潮社、一九九三年。

寺島実郎、小杉泰、藤原帰一編『「イラク戦争」検証と展望』岩波書店、二〇〇三年。

土井たか子『せいいっぱい――土井たか子　半自伝』朝日新聞社、一九九三年。

東京大学社会科学研究所編『「失われた一〇年」を超えて［Ⅱ］――小泉改革への時代』東京大学出版会、二〇〇六年。

豊田行二『海部俊樹・全人像』改訂版、行研出版局、一九九一年。

鳥海靖編『歴代内閣・首相事典』吉川弘文館、二〇〇九年。

中北浩爾『自民党政治の変容』NHK出版、二〇一四年。

中曽根康弘『政治と人生――中曽根康弘回顧録』講談社、一九九二年。

中曽根康弘『天地有情――五〇年の戦後政治を語る』文藝春秋、一九九六年。

中曽根康弘著、中島琢磨、服部龍二、昇亜美子、若月秀和、道下徳成、楠綾子、瀬川高央編『中曽根康弘が語る戦後日本外交』新潮社、二〇一二年。

仲衞『細川護熙の決断――歴史を変える男』東洋経済新報社、一九九三年。

中村明『戦後政治にゆれた憲法九条――内閣法制局の自信と強さ』西海出版、二〇〇九年。

中村ふじゑ、岩田功吉、門田誠、加藤則夫、福家洋介翻訳・解説、須貝良日録作成『アジアの新聞が報じた自衛隊の「海外派兵」』梨の木舎、一九九一年。

西川伸一『知られざる官庁・内閣法制局――立法の中枢』五月書房、二〇〇〇年。

西川吉光『国際平和協力論』晃洋書房、二〇〇四年。

日本経済新聞社編『「連立政権」の研究』日本経済新聞社、一九九四年。

野坂浩賢『政権――変革への道』すずさわ書店、一九九六年。

野中広務『私は闘う』文藝春秋、一九九六年。

野中広務『老兵は死なず――野中広務全回顧録』文藝春秋、二〇〇三年。

長谷川和年著、瀬川高央、服部龍二、若月秀和、加藤博章編『首相秘書官が語る中曽根外交の舞台裏――米・中・韓との相互信頼はいかに構築されたか』

朝日新聞出版、二〇一四年。

原彬久『戦後史のなかの日本社会党――その理想主義とは何であったのか』中央公論新社、二〇〇〇年。

原貴美恵編『「在外」日本人研究者がみた日本外交――現在・過去・未来』藤原書店、二〇〇九年。

原田勝広『国連改革と日本の役割』日本経済新聞社、一九九五年。

半田滋『闘えない軍隊――肥大化する自衛隊の苦悶』講談社、二〇〇五年。

半田滋『「戦地」派遣――変わる自衛隊』岩波書店、二〇〇九年。

久江雅彦『九・一一と日本外交』講談社、二〇〇二年。

久江雅彦『日本の国防――米軍化する自衛隊・迷走する政治』講談社、二〇一二年。

広瀬善男『国連の平和維持活動――国際法と憲法の視座から』信山社、一九九二年。

弘中喜通『宮沢政権・六四四日』行研出版局、一九九八年。

古川貞二郎『霞が関半生記――五人の総理を支えて』佐賀新聞社、二〇〇五年。

防衛省防衛研究所戦史部編『西元徹也オーラル・ヒストリー――元統合幕僚会議議長』上下巻、防衛省防衛研究所、二〇一〇年。

防衛大学校安全保障学研究会編『新訂第四版　安全保障学入門』亜紀書房、二〇〇九年。

星野昭吉編『国際化日本の現在――国際化をめぐる諸問題への学際的アプローチ』白桃書房、一九九四年。

細川護熙『内訟録――細川護熙総理大臣日記』日本経済新聞出版社、二〇一〇年。

細川護熙編『日本新党――責任ある変革』東洋経済新報社、一九九三年。

細谷千博、綿貫譲治編『対外政策決定過程の日米比較』東京大学出版会、一九七七年。

毎日新聞政治部『検証　海部内閣――政界再編の胎動』角川書店、一九九一年。

前田哲男『カンボジアPKO従軍記』毎日新聞社、一九九三年。

前田哲男『自衛隊の歴史』筑摩書房、一九九四年。

前田哲男『自衛隊――変容のゆくえ』岩波書店、二〇〇七年。

前田哲男編『検証・PKOと自衛隊』岩波書店、一九九六年。

待鳥聡史『首相政治の制度分析――現代日本政治の権力基盤形成』千倉書房、二〇一二年。

松井和久、中川雅彦編『アジアが見たイラク戦争――ユニラテラリズムの衝撃と恐怖』明石書店、二〇〇三年。

松本達也『PKOと国際貢献』建帛社、一九九四年。

マックス・ヴェーバー著、脇圭平訳『職業としての政治』岩波書店、二〇一一年。

御厨貴、渡邉昭夫インタビュー・構成『首相官邸の決断――内閣官房副長官石原信雄の二六〇〇日』中央公論社、一九九七年。

御厨貴、中村隆英編『聞き書　宮澤喜一回顧録』岩波書店、二〇〇五年。

御厨貴、牧原出編『聞き書　武村正義回顧録』岩波書店、二〇一一年。

水島朝穂『武力なき平和――日本国憲法の構想力』岩波書店、一九九七年。

水野均『海外非派兵の論理――日本人の独善的平和観を問う』新評論、一九九七年。

宮澤喜一『戦後政治の証言』読売新聞社、一九九一年。

宮澤喜一『新・護憲宣言――二一世紀の日本と世界』朝日新聞社、一九九五年。

宮澤喜一、高坂正堯『美しい日本への挑戦』文藝春秋、一九九一年。

三好範英『特派員報告カンボジアPKO――地域紛争解決と国連』亜紀書房、一九九四年。

村田良平『村田良平回想録――戦いに敗れし国に仕えて』上巻、ミネルヴァ書房、二〇〇八年。

村田良平『村田良平回想録――祖国の再生を次世代に託して』下巻、ミネルヴァ書房、二〇〇八年。

村山富市談、辻元清美インタビュー『そうじゃのう…――村山富市「首相体験」のすべてを語る』第三書館、一九九八年。

村山富市著、梶本幸治、園田原三、浜谷惇編『村山富市の証言録――自社さ連立政権の実相』新生舎出版、二〇一一年。

村山富市著、薬師寺克行編『村山富市回顧録』岩波書店、二〇一二年。

森本敏編『イラク戦争と自衛隊派遣』東洋経済新報社、二〇〇四年。

守屋武昌『日本防衛秘録』新潮社、二〇一三年。

薬師寺克行『外務省――外交力強化への道』岩波書店、二〇〇三年。

柳澤協二『検証　官邸のイラク戦争――元防衛官僚による批判と自省』岩波書店、二〇一三年。

山口二郎、生活経済政策研究所編『連立政治――同時代の検証』朝日新聞社、一九九七年。

山本慎一、川口智恵、田中（坂部）有佳子編『国際平和活動における包括的アプローチ――日本型協力システムの形成過程』内外出版、二〇一二年。

横田洋三、宮野洋一編『グローバルガバナンスと国連の将来』中央大学出版部、二〇〇八年。

読売新聞外報部『砂漠の聖戦――'90～'91湾岸戦争の真実』講談社、一九九一年。

読売新聞政治部『外交を喧嘩にした男――小泉外交二〇〇〇日の真実』新潮社、二〇〇六年。

若月秀和『大国日本の政治指導――一九七二～一九八九』吉川弘文館、二〇一二年。

渡辺昭夫編『戦後日本の宰相たち』中央公論社、一九九五年。

## 雑誌論文

明石康「カンボジア日記――初めて公にするＵＮＴＡＣ代表の全記録」『中央公論』第一〇九巻第三号、一九九四年三月。

秋山信将「国際平和協力法の一般法化に向けての課題と展望――自民党防衛政策検討小委員会案を手掛かりとして」『国際安全保障』第三六巻第一号、二〇〇八年六月。

秋山昌廣「ＰＫＯ部隊派遣に関する自衛隊の組織的取組み現況――国連ＰＫＯセミナーでの講演」『セキュリタリアン』第四六〇号、一九九七年五月。

阿部和義「湾岸戦争と日本の経済界の対応――対米関係の悪化を憂慮した経済界」『国際問題』第三七七号、一九九一年八月。

有沢直昭「不安だらけの自衛隊ルワンダ派遣」『世界』第六〇一号、一九九四年一一月。

安藤裕康「日本の復興支援は中東地域の平和と安定に向けて」『外交フォーラム』第一八〇号、二〇〇三年七月。

磯部晃一「国際任務と自衛隊――これまでのレビューと今後の課題」『国際安全保障』第三六巻第一号、二〇〇八年六月。

市川道夫、島晴子「自衛隊による国際活動に関する一考察」『国際安全保障』第三二巻第一号、二〇〇四年六月。

伊奈久喜「なぜいま自衛隊の国際協力活動を考えるのか」『国際安全保障』第三六巻第一号、二〇〇八年六月。

岩本勲「村山政権の成立と安全保障政策――その暫定的見通し」『大阪産業大学論集人文科学編』第八四号、一九九五年三月。

上杉勇司「日本の国際平和協力政策における自衛隊の国際平和活動の位置づけ――政策から研修カリキュラムにみる重点領域と課題」『国際安全保障』第三六巻第一号、二〇〇八年六月。

上杉勇司「平和協力国家日本の構想――平和構築支援と文民専門家派遣体制の強化策」『海外事情』第五六巻第九号、二〇〇八年九月。

内田久司「共産圏諸国と国連の平和維持活動」『国際問題』第七四号、一九六六年五月。

浦部浩之「エルサルバドル和平と日本のＰＫＯ参加」『地理』第三九巻第一二号、一九九四年一二月。

浦部浩之「モザンビーク和平と国連平和維持活動」『地理』第四〇巻第一〇号、一九九五年一〇月。

大竹米蔵「国際緊急援助体制の一層の整備――国際緊急援助隊の派遣に関する法律（昭和六二・九・一六公布、法律第九三号）」『時の法令』第一三三四号、一九八八年七月。

岡留康文「防衛庁の省移行――防衛庁設置法等改正案」『立法と調査』第二六〇号、二〇〇六年一〇月。

岡本行夫「インド洋からナイルを経てイラクの復興支援へ」『外交フォーラム』第一八〇号、二〇〇三年七月。

海部俊樹、北岡伸一「日本外交インタビューシリーズ(7)海部俊樹――湾岸戦争での苦悩と教訓」『国際問題』第五二〇号、二〇〇三年七月。

桂敬一「湾岸戦争とジャーナリズム――世界と日本」『国際問題』第三七七号、一九九一年八月。

加藤博章「冷戦下自衛隊海外派遣の挫折――一九八七年ペルシャ湾掃海艇派遣の政策決定過程」『戦略研究』第一〇号、二〇一一年九月。

加藤博章「ナショナリズムと自衛隊――一九八七年・九一年の掃海艇派遣問題を中心に」『国際政治』第一七〇号、二〇一二年一〇月。

川田司「国連改革と日本――改革の経緯と今後の方向性」『国際問題』第四六五号、一九九八年一二月。

北岡伸一「湾岸戦争と日本の外交」『国際問題』第三七七号、一九九一年八月。

北岡伸一「同時多発テロと日本外交」『国際問題』第五〇五号、二〇〇二年三月。

北岡伸一「改めて説く『自衛隊イラク派遣』の意味」『中央公論』第一一九巻二号、二〇〇四年二月。

草野厚「PKO参加の新たな展望」、田中明彦監修『「新しい戦争」時代の安全保障――いま日本の外交力が問われている』都市出版、二〇〇二年。

栗山尚一「国際協力構想が意味するもの」『世界の動き』第四七四号、一九八八年八月。

黒江哲郎「防衛庁設置法の一部を改正する法律（省移行関連法）」『ジュリスト』第一三三九号、二〇〇七年三月。

近藤重克「国連改革と自衛隊の国際平和協力活動――期待と課題」『国際問題』第五四三号、二〇〇五年六月。

斎藤直樹「国連平和維持活動への我が国の参加問題――『PKO協力法』の成立過程を中心として」『平成国際大学論集』第七号、二〇〇三年三月。

斎藤直樹「イラク復興支援への自衛隊派遣に関する一考察」『二一世紀社会デザイン研究』第三号、二〇〇四年。

斉藤実「国際連合平和維持活動への警察職員の派遣について」『警察学論集』第四五巻第一二号、一九九二年一二月。

西連寺大樹「日本の国連平和維持活動参加問題――文官派遣に至るまで」『政治経済史学』第四三四号、二〇〇二年一〇月。

酒井啓亘「国連平和維持活動（PKO）の新たな展開と日本――ポスト冷戦期の議論を中心に」『国際法外交雑誌』第一〇五巻第二号、二〇〇六年八月。

阪口規純「戦後日本の安全保障構想と国連一九四五―一九五二」『国際公共政策研究』第三巻第一号、一九九八年一〇月。

阪口規純「国連の集団安全保障と日本――国連軍参加に関する政府解釈の変遷」『国際公共政策研究』第三巻第二号、一九九九年三月。

阪口規純「湾岸戦争後の日本の安全保障論議に関する一考察――小沢一郎・自由党党首の安全保障論を巡って」『国際公共政策研究』第四巻第一号、一九九九年九月。

阪口規純「佐藤政権期の国連協力法案の検討――内閣法制局見解を中心に」『政治経済史学』第五一六号、二〇〇九年一〇月。

佐々木芳隆「危ないガラス細工――熟しないままの自衛隊海外出動（PKO）法案」『世界』第五六一号、一九九一年一一月。

佐藤誠三郎「『戦後意識』の惰性を断つ秋」『中央公論』第一二六四号、一九九〇年一一月。

佐藤誠「モザンビークPKO派遣への疑問――日本はモザンビークをどれだけ知っているのか?」『世界』第五八五号、一九九三年八月。

信田智人「小泉首相のリーダーシップと安全保障政策過程――テロ対策特措法と有事関連法を事例とした同心円モデル分析」『日本政治研究』第一巻第二号、二〇〇四年。

篠原新「村山政権期における日本社会党の政策転換――村山首相を中心として」、九州大学政治研究会『政治研究』第五五号、二〇〇八年三月。

志村尚子「国連平和活動と日本の役割」『国連』第三二号、二〇〇三年。

庄司貴由「PKF凍結解除の政策過程――参加五原則『一括処理』と『先行処理』の相剋」『二一世紀社会デザイン研究』第六号、二〇〇八年。

庄司貴由「イラク自衛隊派遣の政策過程――国際協調の模索」『法学政治学論究』第八一号、二〇〇九年六月。

庄司貴由「未完の安全確保――モザンビーク自衛隊派遣の政策決定過程」『Keio SFC Journal』第九巻第一号、二〇〇九年九月。

庄司貴由「竹下内閣と国連平和維持活動——国連ナミビア独立支援グループ（UNTAG）参加問題と外務省」『国際政治』第一六〇号、二〇一〇年三月。

庄司貴由「法案作成をめぐる争い——外務省と国連平和協力法案作成過程」『年報政治学』二〇一一-Ⅱ号、二〇一一年一二月。

庄司貴由「宮澤政権下での文民警察官派遣政策の形成と展開——要員の安全確保をめぐって」『国際安全保障』第三九巻第四号、二〇一二年三月。

神保謙「なぜ日本がイラクに自衛隊を派遣するのか——『空間横断の安全保障』の出現と日本の役割」『世界週報』四一四〇号、二〇〇四年三月三〇日。

神余隆博「日本の外交機構と対国連政策」『国際問題』第四〇八号、一九九四年三月。

神余隆博「ポスト冷戦の国連平和維持活動の新展開——三つのPKOにみる国連平和維持活動の将来構造とわが国の役割に関する一考察」『阪大法学』一七〇号、一九九四年三月。

神余隆博「日本の国連平和活動」、国際法学会編『日本と国際法の一〇〇年——安全保障』三省堂、二〇〇一年。

水藤晉「湾岸戦争と日本の野党」『国際問題』第三七七号、一九九一年八月。

助川康「一九九〇年代以降の防衛分野における立法と政党の態度」『防衛研究所紀要』第九巻第三号、二〇〇七年二月。

鈴木佑司「カンボジアの教訓——『国際貢献』の陥穽」『世界』第五八四号、一九九三年七月。

添谷芳秀「日本のPKO政策——政治環境の構図」、慶應義塾大学『法学研究』第七三巻第一号、二〇〇一年一月。

高見勝利「憲法九条と国連平和維持活動への自衛隊派遣」『法学教室』第一五一号、一九九三年四月。

滝澤美佐子「平和活動における文民の役割——カナダの平和構築活動と日本の開発援助型アプローチ」、中部大学国際関係学部『国際関係学部紀要』第二八号、二〇〇二年三月。

竹内行夫「孤独な決断」『外交フォーラム』第七巻第一号、一九九四年一月。

竹田純「日本の外交政策決定における官庁間調整」『国際問題』第二〇一号、一九七六年一二月。

田中忠「国連の平和維持活動と日本の参加・協力」『法学セミナー』第四四三号、一九九一年一一月。

田村重信「自衛隊のルワンダ派遣と今後の課題」『月刊自由民主』第五〇〇号、一九九四年一一月。

俵孝太郎「宇野政権で再生なるか自民党」『中央公論』第一〇四巻第七号、一九八九年七月。

千々和泰明「イラク戦争に至る日米関係——二レベルゲームの視座」『日本政治研究』第四巻第一号、二〇〇七年一月。

出川展恒「自衛隊派遣をイラクで取材して」『国際安全保障』第三六巻第一号、二〇〇八年六月。

友田錫「総選挙後のカンボジア情勢と日本の役割・政策」『国際問題』第四〇三号、一九九三年一〇月。

友田錫「カンボジアで気を吐く日本外交」『中央公論』第一一三巻第一一号、一九九八年一〇月。

中内康夫「国際緊急援助隊の沿革と今日の課題——求められる大規模災害に対する国際協力の推進」『立法と調査』第三二三号、二〇一一年一二月。

長岡佐知「冷戦後の日本の平和活動をめぐる政策・実施枠組みの変化——『安全保障』と『開発』の融合の視点」『Keio SFC Journal』第七巻第一号、二〇〇七年。

中澤香世「モザンビークでの成功経験を生かせるか――アフリカでのＰＫＯと自衛隊の役割」『外交フォーラム』第二四五号、二〇〇八年一二月。

永田博美「日本のＰＫＯ政策――その批判的検討と今後のあり方」『国際安全保障』第二九巻第一号、二〇〇一年六月。

永田博美「ＰＫＯと文民警察の役割――破綻国家における警察再建支援についての一考察」『海外事情』第五〇巻第一一号、二〇〇二年一一月。

永田博美「破綻国家の再建と警察改革支援の役割――人間の安全保障の視点から」『国際安全保障』第三〇巻三号、二〇〇二年一二月。

西修「ＰＫＯ法案をめぐる問題点」『防衛法研究』第一六号、一九九二年五月。

西川伸一「内閣法制局――その制度的権力への接近」、明治大学政治経済研究所『政経論叢』第六五巻第五、六号、一九九七年三月。

西元徹也「自衛隊と国際平和協力――実行組織の立場から」『国際安全保障』第三四巻第一号、二〇〇六年六月。

日本社会党「『国連平和協力機構』設置大綱――国連中心の平和協力の推進について」『月刊社会党』日本社会党中央本部機関紙局、第四二三号、一九九一年一月。

日本社会党書記長山口鶴男「談話」一九九〇年九月二七日、日本社会党政策審議会編『政策資料』第二九〇号、一九九〇年一一月一日。

野中尚人「ＰＫＯ協力法案をめぐる国内政治過程と日本外交」、日本経済調査協議会編『国連改革と日本』日本経済調査協議会、一九九四年八月。

野中尚人「先祖帰り？――連立政権時代における政策過程の変容」『レヴァイアサン』臨時増刊号、一九九八年六月。

浜谷英博「国連の平和維持活動と自衛隊の参加」『新防衛論集』第一八巻第一号、一九九〇年六月。

浜谷英博「国際平和協力懇談会報告書と自衛隊の海外派遣恒久法の検討――国際平和協力活動の新段階」『松阪大学政策研究』第四巻第一号、二〇〇四年。

日高六郎「アジアの目――『国連平和協力法』はどうみられているのか」『世界』第五四八号、一九九〇年一二月。

深瀬忠一「国際協力と平和」『ジュリスト』第一〇〇〇号、一九九二年五月一日。

福田菊「戦わないＰＫＯと自衛隊」『新防衛論集』第二二巻第一号、一九九四年七月。

福田菊「ＰＫＯにおける文民警察（ＣＩＶＰＯＬ）」、龍谷大学国際文化学会『国際文化研究』第六号、二〇〇二年。

福田毅「欧米諸国における軍隊の海外派遣手続き（事例紹介）――議会の役割を中心に」『レファレンス』第六八六号、二〇〇八年三月。

藤重博美「冷戦後における自衛隊の役割とその変容――規範の相克と止揚、そして『積極主義』への転回」『国際政治』第一五四号、二〇〇八年一二月。

藤重博美「国連警察――その役割の変遷と今後への課題」『警察政策』第一五巻、二〇一三年三月。

船田さやか「紛争後の国際選挙監視に関する研究ノート――モザンビークにおける国連選挙監視の経験から」、津田塾大学『国際関係学研究』第二三号別冊、一九九六年。

古川純「国連平和協力法案の虚像と実像――湾岸危機を利用した解釈改憲と自衛隊再評価の企て」『法律時報』第六三巻第一号、一九九一年一月。

細川護熙「『自由社会連合』結党宣言」『文藝春秋』第七〇巻第六号、一九九二年六月。

堀江浩一郎「新生ナミビアに日本は何ができるのか」『中央公論』第一〇五巻第一号、一九九〇年一月。

松本昌悦「平和的生存権（一）――国連平和協力法案から中東湾岸戦争への自衛隊機派遣まで」『中京法学』第二五巻第四号、一九九一年三月。

水野均「国連の平和維持活動をめぐる日本社会党の対応――『避戦論』と『二つの国連』のはざまで」『防衛法研究』第二三号、一九九九年一〇月。

緑間栄「国連平和協力法案の法的意味」『沖縄法学』第二一号、一九九一年一〇月。

宮澤喜一、五百旗頭眞「日本外交インタビューシリーズ(1)宮澤喜一――激動の半世紀を生きて」『国際問題』第五〇〇号、二〇〇一年一一月。

村上友章「岸内閣と国連外交――PKO原体験としてのレバノン危機」、神戸大学大学院国際協力研究科『国際協力論集』第一一巻第一号、二〇〇三年九月。

村上友章「カンボジアPKOと日本――『平和の定着』政策の原型」、軍事史学会編『PKOの史的検証』第四二巻第三・四合併号、錦正社、二〇〇七年三月。

村上友章「戦後日本とPKO――『外交三原則』の五〇年」『創文』第四九六号、二〇〇七年四月。

村上友章「吉田路線とPKO参加問題」『国際政治』第一五一号、二〇〇八年三月。

村田晃嗣「イラク戦争後の日米関係」『国際問題』第五二八号、二〇〇四年三月。

村田晃嗣「日米関係の新展開――小泉＝ブッシュ時代の遺産と課題」『国際問題』第五五八号、二〇〇七年一・二月。

柳井俊二「国連平和維持活動と他の諸活動への協力に関する法律」『日本国際法年報』第三六巻、一九九三年。

柳井俊二「日本のPKO――法と政治の一〇年史」、中央大学法学会『法学新報』第一〇九巻第五、六号、二〇〇三年三月。

柳沢香枝「日本の国際緊急援助隊三〇年を振り返る」『外交』第七号、二〇一一年五月。

山内敏弘「日本国憲法とPKO」『法律時報』第六三巻第七号、一九九一年六月。

山内敏弘「憲法政治の崩壊をもたらすPKO法案」『法律時報』第六三巻一三号、一九九一年一二月。

山内敏弘「PKO法と平和憲法の危機」『法律時報』第六四巻第一〇号、一九九二年九月。

山内敏弘「PKO協力法の憲法上の問題点」『ジュリスト』第一〇一一号、一九九二年一一月。

山内敏弘「防衛省設置法と自衛隊海外出動の本来任務化」『龍谷法学』第四〇巻第三号、二〇〇七年一二月。

山崎裕人「カンボジア文民警察日記」『文藝春秋』第七一巻第九号、一九九三年九月。

山崎裕人「信頼ある『市民警察』誕生のお手伝い」『外交フォーラム』第二一巻第九号、二〇〇八年九月。

山元一「憲法九条と国際協力」『法学教室』二七七号、二〇〇三年一〇月。

横田洋三「国内紛争と日本――法的枠組みの再検討」『国際問題』第四八〇号、二〇〇〇年三月。

渡辺昭夫「外交政策と官僚――『政策の現場』理解促進のための一試論」『国際問題』第二〇一号、一九七六年一二月。

「国連平和協力についての見解」一九九〇年一〇月一五日、公明党政策審議会『政策と提言』第八五号、一九九〇年一一月。

「『国連平和協力法の考え方』についての市川書記長談話」一九九〇年九月二七日、公明党政策審議会『政策と提言』第八四号、一九九〇年一〇月。

「『国連平和協力法案』の最終案に関する市川書記長談話」一九九〇年一〇月一五日、公明党政策審議会『政策と提言』第八五号、一九九〇年一一月。

### 未公刊論文

長岡佐知「冷戦後における自衛隊の平和活動の拡大――国際規範の内部化の視点」慶應義塾大学大学院政策・メディア研究科博士論文、二〇〇八年二月。

村上友章「国連平和維持活動と戦後日本外交一九四六―一九九三」神戸大学大学院国際協力研究科博士論文、二〇〇四年九月。

### 新聞

『朝日新聞』。
『産経新聞』。
『日本経済新聞』。
『毎日新聞』。
『読売新聞』。
『官報号外』。

## 外国語文献

### 公刊文書

Boutros Boutros-Ghali, An Agenda for Peace: Preventive Diplomacy, Peacemaking and Peace-keeping, A/47/277, S/24111, June 17, 1992.（「平和への課題――予防外交、平和創造、平和維持」一九九二年六月一七日、国際連合広報センター訳『平和への課題 一九九五年』第二版、一九九五年）。
General Assembly, Security Council, Report of the Panel on United Nations Peace Operations, A/55/305, S/2000/809, August 23, 2000.
Official Document System of the United Nations, 〈http://documents.un.org/〉.
Secretariat of the International Peace Cooperation Headquarters, Cabinet Office, *Paths to Peace: History of Japan's International Peace Cooperation*, Tokyo, 2014.（内閣府国際平和協力本部事務局『平和への道――我が国の国際平和協力のあゆみ』二〇一四年）。
United Nations Peacekeeping Troop and Police Contributors, 〈http://www.un.org/en/peacekeeping/resources/statistics/contributors.shtml〉.

## 書籍


Alex Morrison and James Kiras, eds., *UN Peace Operations and the Role of Japan,* Clementsport, N.S.: Canadian Keeping Press, 1996.（内藤嘉昭訳『国連平和活動と日本の役割』文化書房博文社、二〇〇一年）。

Charles E. Lindblom, Edward J. Woodhouse, *The Policy-Making Process,* 3rd ed. Englewood Cliffs, N.J.: Prentice Hall, 1993.（藪野祐三、案浦明子訳『政策形成の過程――民主主義と公共性』東京大学出版会、二〇〇四年）。

Craig Carby and Mary Brown Bullock, eds., *Japan: a new kind of superpower?,* Woodrow Wilson Center Press, 1994.

Danny Unger and Paul Blackburn, eds., *Japan's Emerging Global Role,* Boulder, Colorado: Lynne Rienner, 1993.

Gary King, Robert O. Keohane, Sidney Verba, *Designing Social Inquiry: Scientific Inference in Qualitative Research,* Princeton, NJ: Princeton University Press, 1994.（真渕勝監訳『社会科学のリサーチ・デザイン――定性的研究における科学的推論』勁草書房、二〇〇四年）。

Gerald L. Curtis and Michael Blaker, eds., *Japan's Foreign Policy After the Cold War: Coping with Change,* Studies of the East Asian Institute, Armonk, New York: M. E. Sharpe, 1993.

Glenn D. Hook, *Militarization and Demilitarization in Contemporary Japan,* London and New York: Routledge, 1996.

Glenn D. Hook, Julie Gilson, Christopher W. Hughes and Hugo Dobson, *Japan's International Relations: Politics, economics and security,* 2nd ed., London: Routledge, 2005.

Graham T. Allison, *Essence of Decision: Explaining the Cuban Missile Crisis,* Boston: Little Brown and Company, 1971.（宮里政玄訳『決定の本質――キューバ・ミサイル危機の分析』中央公論社、一九七七年）。

Graham T. Allison and Philip Zelikow, *Essence of Decision: Explaining the Cuban Missile Crisis,* 2nd ed. New York: Longman, 1999.

Hans Blix, *Disarming Iraq,* New York: Pantheon Books, 2004.（伊藤真訳、納屋政嗣監修『イラク大量破壊兵器査察の真実』ＤＨＣ、二〇〇四年）。

Hugo Dobson, *Japan and United Nations Peacekeeping: New Pressures, New Responses,* London: RoutledgeCurzon, 2003.

James Mann, *Rise of the Vulcans: The History of Bush's War Cabinet,* New York: Viking, 2004.（渡辺昭夫監訳『ウルカヌスの群像――ブッシュ政権とイラク戦争』共同通信社、二〇〇四年）。

Karel G. van Wolferen, *The Enigma of Japanese Power,* New York: Alfred A Knopf, 1989.

Kenneth B. Pyle, *The Japanese Question: Power and Purpose in a New Era,* Washington, D.C.: AEI Press, 1992.（加藤幹雄訳『日本への疑問――戦後の五〇年と新しい道』サイマル出版会、一九九五年）。

Kenneth B. Pyle, *Japan Rising: The Resurgence of Japanese Power and Purpose,* New York: Public Affairs, 2007.

Liang Pan, *The United Nations in Japan's Foreign and Security Policymaking, 1945–1992: National Security, Party Politics, and International Status,*

Cambridge, Mass.: Harvard University Asia Center, 2005.

L. William Heinrich, Jr., Akiho Shibata, and Yoshihide Soeya, *United Nations Peace-keeping Operations: A Guide to Japanese Policies*, Tokyo: United Nations University Press, 1999.

Mely Caballero-Anthony & Amitav Acharya, eds., *UN Peace Operations and Asian Security*, New York: Routledge, 2005.

Michael H. Armacost, *Friends or Rivals: the Insider's Account of U.S.-Japan Relations*, New York: Columbia University Press, 1996.（読売新聞社外報部訳『友か敵か』読売新聞社、一九九六年）。

Michael J. Green, *Japan's Reluctant Realism: Foreign Policy Challenges in an Era of Uncertain Power*, New York: Palgrave, 2001.

Michael J. Green and Patrick M. Cronin, eds., *The U.S.-Japan Alliance: Past, Present, and Future*, New York: Council on Foreign Relations Press, 1999.（川上高司監訳『日米同盟――米国の戦略』勁草書房、一九九九年）。

Peter J. Katzenstein, *Cultural Norms & National Security: Police and Military in Postwar Japan*, Ithaca: Cornell University Press, 1996.（有賀誠訳『文化と国防――戦後日本の警察と軍隊』日本経済評論社、二〇〇七年）。

Peter J. Katzenstein, *Rethinking Japanese Security: Internal and External Dimensions*, London: Routledge, 2008.

Peter J. Katzenstein and Nobuo Okawara, *Japan's National Security: Structures, Norms, and Policy Responses in a Changing World*, Ithaca: Cornell University Press, 1993.

Reinhard Drifte, *Japan's Foreign Policy*, London: Routledge, 1990.

Reinhard Drifte, *Japan's Foreign Policy in the 1990s: From Economic Superpower to What Power?*, London: Macmillan Press, 1996.（吉田康彦訳『二一世紀の日本外交――経済大国からX大国へ』近代文芸社、一九九八年）。

Reinhard Drifte, *Japan's Quest for a Permanent Security Council Seat: A Matter of Pride or Justice*, New York: St Martin's Press, 2000.（吉田康彦訳『国連安保理と日本――常任理事国入り問題の軌跡』岩波書店、二〇〇〇年）。

Richard J. Samuels, Rich Nation, *Strong Army: National Security and the Technological Transformation of Japan*, Ithaca, New York: Cornell University Press, 1994.（奥田章順訳『富国強兵の遺産――技術戦略にみる日本の総合安全保障』三田出版会、一九九七年）。

Richard J. Samuels, *Securing Japan: Tokyo's Grand Strategy and the Future of East Asia*, Ithaca: Cornell University Press, 2007.（白石隆監訳、中西真雄美訳『日本防衛の大戦略――富国強兵からゴルディロックス・コンセンサスまで』日本経済新聞出版社、二〇〇九年）。

Robert B. Oakley, Michael J. Dziedzic and Eliot M. Goldberg, eds., *Policing the New World Disorder: Peace Operations and Public Security*, Washington D.C.: National Defense University Press, 1998.

Roméo Dallaire with Brent Beardsley, *Shake Hands with the Devil: The Failure of Humanity in Rwanda*, Random House of Canada, 2003.（金田耕一訳『なぜ、世界はルワンダを救えなかったのか――PKO司令官の手記』風行社、二〇一二年）。

Ron Matthews and Keisuke Matsuyama, eds., *Japan's military renaissance?*, New York: St. Martin's Press, 1993.

Ronald Dore, *Japan, Internationalism and the UN,* London: New York: Routledge, 1997.

Samantha Power, *A Problem from Hell: America and the Age of Genocide,* New York: Basic Books, 2002.（星野尚美訳『集団人間破壊の時代——平和維持活動の現実と市民の役割』ミネルヴァ書房、二〇一〇年）。

Selig S. Harrison and Masashi Nishihara, eds., *UN Peacekeeping: Japanese and American Perspectives,* Carnegie Endowment for International Peace, 1995.（西原正、セリグ・S・ハリソン共編『国連PKOと日米安保——新しい日米協力のあり方』亜紀書房、一九九五年）。

S. Javed Maswood, *Japanese Defence: The Search for Political Power,* Pasir Panjang, Singapore: Regional Strategic Studies Programme, Institute of Southeast Asean Studies, 1990.

Steven R. Ratner, *The New UN Peacekeeping: Building Peace in Lands of Conflict after the Cold War,* New York: St. Martin's Press, 1995.

Takashi Inoguchi, *Japan's International Relations,* London: Pinter Publishers, 1991.

Takashi Inoguchi, *Japan's Foreign Policy in an Era of Global Change,* New York: St. Martin's Press, 1993.

Thomas U. Berger, Mike M. Mochizuki and Jitsuo Tsuchiyama, eds., *Japan in International Politics: The Foreign Policies of an Adaptive State,* Boulder: Lynne Rienner Publishers, 2007.

Tomohito Shinoda, *Leading Japan: The Role of the Prime Minister,* Westport, Conn.: Praeger, 2000.

Tomohito Shinoda, *Koizumi Diplomacy: Japan's Kantei Approach to Foreign and Defense Affairs,* Seattle: University of Washington Press, 2007.

Tor Tanke Holm and Espen Barth Eide, eds., *Peacebuilding and Police Reform,* London: Frank Cass, 2000.

Trevor Findlay, *Cambodia: The Legacy and Lessons of UNTAC,* Oxford: Oxford University Press, 1995.

Trevor Findlay, eds., *Challenges for the new peacekeepers,* Oxford: Oxford University Press, 1996.

Tsuneo Akaha and Frank Langdon, eds., *Japan in the Posthegemonic World,* Boulder: Lynne Rienner Publishers, 1993.

United Nations, *The United Nations and Cambodia, 1991–1995,* New York: United Nations Department of Public Information, 1995.

United Nations, *The United Nations and Mozambique, 1992–1995,* New York: Department of Public Information United Nations, 1995.

United Nations, *The United Nations and Rwanda, 1993–1996,* New York: United Nations Department of Public Information, 1996.

Yoshihide Soeya, Masayuki Tadokoro, and David A. Welch, eds., *Japan as a 'Normal Country'?: A Nation in Search of Its Place in the World,* Toronto: University of Toronto Press, 2011.（添谷芳秀、田所昌幸、デイヴィッド・A・ウェルチ編『「普通」の国 日本』千倉書房、二〇一四年）。

## 雑誌論文

Akiho Shibata, "Japanese Peacekeeping Legislation and Recent Developments in U.N. Operations", *Yale Journal of International Law,* Vol. 19, 1994.

Akiho Shibata, "Japan: Moderate Commitment within Legal Strictures", Charlotte Ku and Harold K. Jacobson, eds., *Democratic Accountability and the*

*Use of Force in International Law,* Cambridge: Cambridge University Press, 2003.

Andrew H. K. Kim, "Japan and Peacekeeping Operations", *Military Review,* April 1994.

Aurelia George, "Japan's Participation in U.N. Peacekeeping Operations: Radical Departure or Predictable Response?", *Asian Survey,* Vol. 33, No. 6, June 1993.

Aurelia George Mulgan, "International Peacekeeping and Japan's Role: Catalyst or Cautionary Tale?", *Asian Survey,* Vol. 35, No. 12, December 1995.

Bhubhindar Singh, "Japan's Post–Cold War Security Policy: Bringing Back the Normal State", *Contemporary Southeast Asia,* Vol. 24, No. 1, 2002.

Bhubhindar Singh, "Japan's security policy: from a peace state to an international state", *The Pacific Review,* Vol. 21, No. 3, July 2008.

Boutros Boutros–Ghali, "Beyond Peacekeeping: H. E. Boutros Boutros–Ghali Secretary–General of the United Nations Conference at New York University School of Law on the Future of Collective Security January 22, 1993", *New York University Journal of International Law and Politics,* Vol. 25, Fall 1992.

Boutros Boutros–Ghali, "The United Nations at the Crossroads", *Brown Journal of Foreign Affairs,* Vol. 1, Winter 1993–1994.

Caroline Rose, "Japanese Role in PKO and Humanitarian Assistance", Takashi Inoguchi and Purnendra Jain, eds., *Japanese Foreign Policy Today,* New York: Palgrave, 2000.

Christopher W. Hughes, "Why Japan Could Revise Its Constitution and What It Would Mean for Japanese Security Policy", *Orbis,* Fall 2004.

Christopher W. Hughes, "Japan's Security Policy, the U.S.–Japan Alliance, and the 'War On Terror': Incrementalism Confirmed or Radical Leap?" *Australian Journal of International Affairs,* Vol. 58, No. 4, December 2004.

Courtney Purrington and A. K., "Tokyo's Policy Responses During The Gulf Crisis", *Asian Survey,* Vol. 31, No, 4, April 1991.

Courtney Purrington, "Tokyo's Policy Responses During the Gulf War and the Impact of the 'Iraqi Shock' on Japan", *Pacific Affairs,* Vol. 65, No. 2, 1992.

Elizabeth Jean Latham, "Civpol Certification: A Model for Recruitment and Training of Civilian Police Monitors", *World Affairs,* Vol. 163, No. 4, Spring 2002.

Hisashi Owada, "A Japanese Perspective on Peacekeeping", Daniel Warner, eds., *New Dimensions of Peacekeeping,* Boston: M Nijhoff Publishers, 1995.

Hisashi Owada, "Japan's Constitutional Power to Participate in Peace–Keeping", *New York University Journal of International Law and Politics,* Vol. 27, No. 271, 1996–1997.

James E. Auer, "Article Nine of Japan's Constitution: From Renunciation of Armed Force 'Forever' to the Third Largest Defense Budget in the World", *Law and Contemporary Problems,* Vol. 53, No. 2, Spring 1990.

Jennifer M. Lind, "Pacifism or Passing the Back?: Testing Theories of Japanese Security Policy", *International Security,* Vol. 29, No. 1, Summer 2004.

Jiro Yamaguchi, "The Gulf War and the Transformation of Japanese Constitutional Politics", *Journal of Japanese Studies,* Vol. 18, No. 1, 1992.

John M. Maki "The Constitution of Japan: Pacifism, Popular Sovereignty, and Fundamental Human Rights", *Law and Contemporary Problems,* Vol. 53, No. 1, Winter 1990.

Karel G. van Wolferen, "The Japan Problem", *Foreign Affairs,* Vol. 65, No. 2, Winter 1986/1987.

Katsumi Ishizuka, "Japan and UN Peace Operations", *Japanese Journal of Political Science,* Vol. 5, No.1, 2004.

Kenichi Ito, "The Japanese State of Mind: Deliberations on the Gulf Crisis", *Journal of Japanese Studies,* Vol. 17, No. 2, 1991.

Kimberley Marten Zisk, "Japan's United Nations Peacekeeping Dilemma", *Asia–Pacific Review,* Vol. 8, No. 1, 2001.

Kiyofuku Chuma, "The Debate over Japan's Participation in Peace–keeping Operations", *Japan Review of International Affairs,* Fall 1992.

Koji Sato, "The Pursuit of the Principle of International Cooperation in the Constitution of Japan", *The Japanese Annual of International Law,* No. 36, 1993.

Masaru Tamamoto, "Japan's Uncertain Role", *World Policy Journal,* Vol. 8, No. 4, Fall 1991.

Mayumi Ito, "Expanding Japan's Role in the United Nations", *The Pacific Review,* Vol. 8, No. 2, 1995.

Milton Leitenberg, "The Participation of Japanese Military Forces in United Nations Peacekeeping Operations", *Asian Perspective,* Vol. 20, No. 1, Spring–Summer 1996.

Nobuo Okawara and Peter J. Katzenstein, "Asian–Pacific Security, and the Case for Analytical Eclecticism", *International Security,* Vol. 26, No. 3, 2001.

Paul Midford, "Japan's Response to Terror: Dispatching the SDF to the Arabian Sea", *Asian Survey,* Vol. 43, No. 2, 2003.

Peter J. Katzenstein and Nobuo Okawara, "Japan's National Security: Structures, Norms and Policies", *International Security,* Vol. 17, No. 4, Spring 1993.

Peter J. Woolley, "Japan's 1991 Minesweeping Decision: An Organizational Response", *Asian Survey,* Vol. 36, No. 8, August 1996.

Peter Mckillop, "Japan's G–rated adventure", *Newsweek,* Vol. 120, Issue 16, 19 October 1992.

Richard J. Samuels, "Japan's Goldilocks Strategy", *The Washington Quarterly,* Vol. 29, No. 4, Autumn 2006.

Ryo Yamamoto, "Legal Issues Concerning Japan's Participation in United Nations Peace–Keeping Operations (1991–2003)", *The Japanese Annual of International Law,* No. 47, 2004.

Sadako Ogata, "The United Nations and Japanese Diplomacy", *Japanese Review of International Affairs,* Fall/Winter 1990.

Shigeru Kozai, "Japanese Participation in United Nations Forces: Possibilities and Limitations", *The Japanese Annual of International Law,* No. 9, 1965.

Shigeru Kozai, "UN Peace–Keeping and Japan: Problems and Prospects", Nisuke Ando, eds., *Japan and International Law, Past, Present and Future: International Symposium to Mark the Centennial of the Japanese Association of International Law,* The Hague: London: Kluwer Law International, 1999.

Shigeru Kozai, "Japan and PKO: Japanese Experiences and its Policy", *Osaka Gakuin University International Studies,* Vol. 12, No. 2, December 2001.

Shunji Yanai, "Law Concerning Cooperation for United Nations Peace-Keeping Operations and Other Operations: The Japanese PKO Experience", *The Japanese Annual of International Law,* No. 36, 1993.

S. Javed Maswood, "Japan and the Gulf Crisis: Still Searching for a Role", *The Pacific Review,* Vol. 5, No. 2, 1992.

Sun-Ki Chai, "Entrenching the Yoshida Defense Doctrine: Three Techniques for Institutionalization", *International Organization,* Vol. 51, No. 3, Summer 1997.

Tadashi Ikeda, "Japan's International Contribution", *Japan Review of International Affairs,* Spring/Summer, 1989.

Takako Hirose, "Japanese Foreign Policy and Self-Defence Forces", N. S. Sisodia and G. V. C. Naidu eds., *Changing Security Dynamic in Eastern Asia: Focus on Japan,* New Delhi: Institute for Defence Studies and Analyses, 2005.

Takashi Inoguchi, "Japan's Response to the Gulf Crisis: An Analytic Overview", *Journal of Japanese Studies,* Vol. 17, No. 2, 1991.

Takashi Inoguchi, "Japan's United Nations Peacekeeping and Other Operations", *International Journal,* Vol. 50, No. 2, Spring, 1995.（河野勉訳「日本の国連平和維持及び他の諸活動」『レヴァイアサン』臨時増刊号、一九九六年一月）。

Takashi Inoguchi, and Paul Bacon, "Japan's Emerging Role as a 'Global Ordinary Power'", *International Relations of Asia-Pacific,* Vol. 6, No. 1, 2005.

Takeshi Igarashi, "Peace-Making and Party Politics: The Formation of Domestic Foreign-Policy System in Postwar Japan", *Journal of Japanese Studies,* Vol. 11, No. 2, Summer 1985.

Thomas U. Berger, "From Sword to Chrysanthemum: Japan's Culture of Anti-militarism", *International Security,* Vol. 17, No. 4, Spring 1993.

Tomohito Shinoda, "Koizumi's Top-Down Leadership in the Anti-Terrorism Legislation: The Impact of Institutional Changes", *SAIS Review,* Winter/Spring, 2003.

Tomohito Shinoda, "Japan's Top-Down Policy Process to Dispatch the SDF to Iraq", *Japanese Journal of Political Science,* Vol. 7, No. 1, 2005.

Toshiki Kaifu, "Japan's Vision", *Foreign policy,* No. 80, Fall 1990.

Yasuaki Chijiwa, "Insights into Japan-U.S. Relations on the Eve of the Iraq War: Dilemmas over 'Showing the Flag'", *Asian Survey,* Vol. 45, No. 6, November/December 2005.

Yasuhiro Takeda, "Japan's Role in the Cambodian Peace Process: Diplomacy, Manpower, and Finance", *Asian Survey,* Vol. 38, No. 6, June 1998.

Yasushi Akashi, "Japan in the United Nations", *The Japanese Annual of International Law,* Vol. 15, 1971.

Yoichi Funabashi, "Japan and the New World Order", *Foreign Affairs,* Vol. 70, No. 5, 1991/1992.

Yoshihide Soeya, "Japan: Normative Constraints Versus Structural Imperatives", Muthiah Alagappa, eds., *Asian Security Practice: Material and Ideational Influences,* Stanford, Calif.: Stanford University Press, 1998.

Young-sun Song, "Japanese Peacekeeping Operations: Yesterday, Today, and Tomorrow", *Asian Perspective,* Vol. 20, No. 1, Spring-Summer 1996.

## 未公刊論文

Teewin Suputtikun, "International Role Construction and Role-Related Idea Change: The Case of Japan's Dispatch of SDF Abroad", Ph.D. Dissertation, Waseda University, June 2011.

## 新聞

*New York Times*
*The Indonesia Times*
*The Japan Times*
*Washington Post*

# インタビュー協力者一覧

役職名は原則として、各事例当時のものである。

秋山昌廣　防衛庁人事局長、二〇〇九年六月二二日。
石垣泰司　外務省国連局参事官、二〇一〇年一月五日。
石破茂　防衛庁長官、二〇〇六年二月一三日、四月六日。
伊藤康成　防衛庁防衛局防衛政策課長、二〇一四年六月一九日。
今川幸雄　在カンボジア日本国大使館特命全権大使、二〇一〇年九月一〇日。
大森敬治　内閣官房副長官補、二〇〇五年二月一四日。
河村延樹　防衛庁運用局運用課長、二〇〇五年三月二八日。
杉田和博　警察庁長官官房総務審議官、二〇〇九年八月六日。
高見澤将林　防衛庁防衛局防衛政策課長、二〇〇五年一〇月二〇日。
竹内行夫　外務省事務次官、二〇〇七年一月二五日、二月二日。
田中節夫　警察庁長官官房総務審議官、二〇〇九年七月一日。
玉澤徳一郎　防衛庁長官、二〇〇九年一二月一六日。

田村重信　自由民主党政務調査会事務副部長、二〇〇五年四月一二日。
中谷元　防衛庁長官、二〇〇六年七月二〇日。
古川貞二郎　内閣官房副長官、二〇〇五年七月六日、七月二七日。
増田好平　内閣審議官、二〇〇五年一月二六日。
守屋武昌　防衛庁事務次官、二〇〇六年一一月一六日。
柳井俊二　総理府国際平和協力本部事務局長、外務省総合外交政策局長、二〇一〇年九月二日。
山崎拓　自由民主党安全保障調査会長代理、二〇一三年一二月五日。
山崎裕人　警察庁警視正、二〇〇九年四月二日。
渡邉昭夫　青山学院大学教授、二〇一〇年二月一二日。

# あとがき

本書は、慶應義塾大学大学院政策・メディア研究科に提出した博士論文（二〇一一年三月取得）の内容を基礎とし、大幅に加筆・修正を施したものである。大幅に書き改めた章もあるが、初出は次の通りである。

第一章　「竹下内閣と国連平和維持活動――国連ナミビア独立支援グループ（ＵＮＴＡＧ）参加問題と外務省」『国際政治』第一六〇号、二〇一〇年三月。

第二章　「法案作成をめぐる争い――外務省と国連平和協力法案作成過程」『年報政治学』二〇一一-Ⅱ号、二〇一一年一二月。

第三章　「宮澤政権下での文民警察官派遣政策の形成と展開――要員の安全確保をめぐって」『国際安全保障』第三九巻第四号、二〇一二年三月。

第四章　「未完の安全確保――モザンビーク自衛隊派遣の政策決定過程」『Keio SFC Journal』第九巻第一号、二〇〇九年九月。

第五章　「村山内閣と『人道的な国際救援活動』――ルワンダ難民救援活動参加問題と外務省」日本国際政治学会二〇一三年度研究大会発表論文、二〇一三年一〇月二五日。

第六章　「イラク自衛隊派遣の政策過程――国際協調の模索」『法学政治学論究』第八一号、二〇〇九年六月。

本書を上梓するまで、私は、学部、修士、博士と全て異なる大学、研究室に所属してきたため、人様以上に多くの方々からご指導、お力添えいただいてきた。

まず、博士論文主査である草野厚先生（現慶應義塾大学名誉教授）のお名前を挙げねばならない。社会人経験もなく、博士課程で最も若輩者の末っ子に、何度も手をさしのべられ、その都度適切な助言をして下さった。研究に対する鋭い勘所や、あらゆる分析手法を巧みに駆使し、政治現象の内奥に迫る先生の姿勢には、驚嘆させられるばかりである。自衛隊海外派遣をめぐる政治過程だけでなく、文民警察官のそれも含めるようご助言下さったのは先生で、やがて私が冷戦末期の文民派遣にも目を向ける契機となった。遙か遠く先生の背中を追いかけながら、知力と人間力を培い、余りある学恩に報いたい。

草野研究会の兄弟子で、長らくインターネットという斬新な視角で国際政治を分析してきた土屋大洋先生は、外部進学者の私にとって範となる存在だった。他の研究科から進学された先生には、研究手法、論文執筆から身の振り方に至るまで、ご自身の経験に基づいたご教示を賜り、一つ一つの迷いや疑問は氷解していった。後期博士課程進学直後、全ての面で未熟だった筆者が、曲がりなりにも出版に漕ぎ着けられたのは、一〇年以上も前に先生が切り拓いた道があったからでもある。

また、政官関係、オーラル・ヒストリーをご専門とされる清水唯一朗先生からは、副査のお一人とは思えないほど、熱意に満ちたご指導をいただいた。情報公開請求のタイミング、日本政治学会の学会発表の方法など、手とり足とり懇切丁寧にご指導下さった。先生の研究室で最初に受けた緻密な論文指導は、あたかも口頭試問を連想させるような緊張感に満ちていて、冷や汗の連続だった。「うまずたゆまず」という言葉をしばしば口にされる先生がかけて下さったある言葉が、今も背中を後押しし続ける。

さらに、神保謙先生からも、副査の労をお執りいただく幸運に恵まれた。安全保障、地域研究を専門とされ、世界中の国際会議を飛び回り、帰国直後に空港から直行して授業や指導を行うことも厭わない先生からは、研究対象の時期だけでなく、現在、未来を考察する大切さをご指摘いただいた。先生の講義は、理論と歴史を架橋し、まさにその点を強く意識したものだった。研究計画発表のとき、米国の影響が比較的少ないアフリカ等の事例を挙げる面白さを評価していただいたことで、自身の研究を再確認することにつながった。

本書を執筆する過程で、修士論文の執筆でご指導を賜った先生方にも、引き続きお世話になった。秋山昌廣先生（現東京財団理事長）には、多忙を極める海外出張や論文執筆の傍ら、持ち前の面倒見の良さと寛大さで何度も励ましていただいた。可能な限り多くの関係者にインタビューを行えるよう、さりげなく同席する機会を与えて下さったのも秋山先生である。同じく、五十嵐暁朗先生（現立教大学名誉教授）にもこの場を借りてお礼を申し上げたい。とりわけ欠けがちな、市民社会、公共性、平和学を重視する先生の政治学の講義は、今も筆者の研究に確かな足跡を残している。出版準備を進めるにあたり、先生からは、ご自身の「経験知」に立脚した惜しみない数々の貴重なご助言を賜った。

その他に学部時代の先生からも、ご縁があり継続的にご指導をいただいている。ソ連現代史を専門とする木村英亮先生（現横浜国立大学名誉教授）は、今でも学部時代と同様に支援をして下さっている。研究成果を持って伺い、それを沈思黙考し、突然話し始める先生を見ると、かつて先生の研究室で旧ソ連関係の書籍で埋まった本棚に囲まれ、ご指導いただいた時のことを思い出す。現在、筆者が助手を勤める二松學舎大学の菅原淳子先生にも深謝したい。東欧史、とくにブルガリアに造詣が深い先生は、他大学への大学院進学に際し、研究生活の在り方を事前にご教示下さった。また、日本国際政治学会での発表前に、研究対象が異なる研究者の視点でご教示下さり、大変心強かった。どこまでも教育や研究に真摯に向き合う先生の厳しくも温かいご指導に、今に至るまで支えられている。

他の書籍と同様、本書も、学内外の方々からの知的刺激を受けて生まれた。幸いにも、本書のいくつかの章は、日本国際政治学会、日本政治学会で研究報告の機会を頂戴し、司会、討論、部会責任者をご担当された、菅英輝、村上友章、我部政明、北原鉄也、松並潤の諸先生方をはじめ、多くの先生方からも建設的、かつ的確なご指摘を賜った。どのコメントも、本書の内容を練磨していくうえで、不可欠なものだった。また、政治外交検証研究会、戦後外交史研究会、八王子サロンなどの研究会でも勉強する贅沢な機会にも恵まれ、細谷雄一、五百旗頭薫、宮城大蔵、小宮一夫、高橋和宏、渡邉昭夫の諸先生方をはじめ、そこで知り合った先生方が展開された議論から、多くのご教示をいただいた。ただただ頭が下がるばかりである。

本書はまた、筆者のインタビューをご快諾下さった方々の協力を抜きにしては、語れない。ご多忙な業務の合間を見つけては、文書では窺い知れない情報を初対面の筆者に惜しげもなく語って下さった。当初の予定時間を大幅に超え、膝詰め数時間に及ぶインタビューは、まさに「発見」の連続であった。実際に、政治とは何か、外交とは何か、という永遠の難題に日々向き合ってこられた方々からの証言が、どれだけ筆者の理解を進めてくれたかは計り知れない。感謝の念で一杯である。

北海学園大学の若月秀和先生には、何とお礼を申し上げたらよいのだろうか。面識のない私の論文をご一読下さり、日本経済評論社にご紹介の労をお執りいただいた。日本国際政治学会で初めてご挨拶に伺ったとき、先生は、自衛隊海外派遣が日本外交に有する意義を語りながら、何度も激励して下さった。出版助成金申請にあたっても、詳細なご助言を賜った。若月先生のご高配なくしては、刊行まで漕ぎ着けられなかっただろう。

本書の加筆・修正のほとんどは、大学、研究所に籍を置きながら進められたものである。二松學舍大学、および既出の戦後外交史研究会では、佐藤晋先生から本書の内容をはじめ、教育・研究について有形無形のご指導を賜っている。東京財団の亀井善太郎研究員には、山崎拓氏をご紹介いただいたばかりか、インタビューに伴走していただいた。非常勤講師を勤める相模女子大学では、福田須美子先生、相原貴史先生から、政治学、ひいては社会科学を苦手とする学生にどのように理解を促すのかを、教育学の見地から詳細にご教示賜っている。これらのご配慮と励ましに、筆者は幾度となく助けられた。感謝の言葉もない。

なお、本書の刊行に際しては、平成二六年度日本学術振興会科学研究費補助金（研究成果公開促進費）の交付を受けた。関係各位に深く感謝申し上げたい。そして、刊行をご快諾下さり、編集を担当されたのが、日本経済評論社出版部の新井由紀子氏である。数多の書籍を世に送り出してきた新井氏は、深い洞察力に加え、絶妙なバランス感覚をもって、まだ駆け出しの人間を刊行まで一から導いて下さった。栗原哲也代表取締役からも、折に触れてコメントを頂戴し、ときに「前祝い」と称しての激励をいただいた。かねてより憧憬を抱き、序章で引用したカッツェンスタインの邦訳を刊行した出版社で、奇しくも本書を刊行できるとは夢にも思わなかった。新井氏、栗原氏をはじめ、日本経済評論社の皆様にも厚くお礼申し上げる。また、校正作業にあたっては、鈴木順子氏と折原健太氏の助力を得た。記して謝意を表したい。

最後に、私事で恐縮であるが、父敏夫と、母久美子、そして弟雄己は、何の躊躇いもなく、見守り続けてくれている。心からの謝意を表し、筆を置くこととする。

二〇一五年二月

庄司貴由

### [や行]



### [ら行]



### [わ行]

## [た行]



## [な行]



## [は行]



## [ま行]

### ［さ行］

# 人　名

## ［あ行］



## ［か行］

［ら行］



［わ行］

## [は行]



## [ま行]



## [や行]

## [た行]



## [な行]

### ［さ行］

# 索　引

## 事　項

### [あ行]



### [か行]

著者紹介

**庄司貴由**（しょうじ たかゆき）

1982年、千葉県市川市生まれ。2011年、慶應義塾大学大学院政策・メディア研究科後期博士課程修了。博士（政策・メディア）。現在、二松學舍大学東アジア学術総合研究所助手。東京財団リサーチ・アシスタント。主な業績に、「竹下内閣と国連平和維持活動——国連ナミビア独立支援グループ（UNTAG）参加問題と外務省」『国際政治』第160号、2010年。「法案作成をめぐる争い——外務省と国連平和協力法案作成過程」『年報政治学』2011-Ⅱ号、2011年。『CSR 白書2014——統合を目指す CSR その現状と課題』東京財団、2014年（共著）、ほか。

**自衛隊海外派遣と日本外交**
**——冷戦後における人的貢献の模索**

2015年2月19日　第1刷発行　定価（本体 4500円＋税）

著者　庄司貴由
発行者　栗原哲也

発行所　株式会社　日本経済評論社
〒101-0051　東京都千代田区神田神保町3-2
電話 03-3230-1661　FAX 03-3265-2993
URL : http://www.nikkeihyo.co.jp/
印刷＊藤原印刷・製本＊高地製本所
装幀＊渡辺美知子

乱丁・落丁本はお取り替えいたします。　Printed in Japan

ISBN978-4-8188-2370-9